绿色金融

政策与产品

清华大学国家金融研究院绿色金融研究中心　编著

中国出版集团
中 译 出 版 社

图书在版编目（CIP）数据

绿色金融 / 清华大学国家金融研究院绿色金融研究中心编著 . -- 北京 : 中译出版社 , 2022.10
ISBN 978-7-5001-7188-1

Ⅰ . ①绿⋯ Ⅱ . ①清⋯ Ⅲ . ①金融业—绿色经济—研究—中国 Ⅳ . ① F832

中国版本图书馆 CIP 数据核字（2022）第 170036 号

绿色金融
LÜSE JINRONG

编　　著：清华大学国家金融研究院绿色金融研究中心
策划编辑：龙彬彬
责任编辑：龙彬彬
营销编辑：马　萱

出版发行：中译出版社
地　　址：北京市西城区新街口外大街 28 号普天德胜大厦主楼 4 层
电　　话：（010）68002494（编辑部）
邮　　编：100088
电子邮箱：book@ctph.com.cn
网　　址：http://www.ctph.com.cn

印　　刷：北京顶佳世纪印刷有限公司
经　　销：新华书店
规　　格：710 mm × 1000 mm　1/16
印　　张：21
字　　数：250 千字
版　　次：2022 年 10 月第 1 版
印　　次：2022 年 10 月第 1 次印刷

ISBN 978-7-5001-7188-1　　　　定价：79.00 元

“绿色金融”系列总主编：鞠建东

鞠建东，清华大学五道口金融学院紫光讲席教授，教育部长江学者，清华大学国家金融研究院绿色金融研究中心主任。2014—2017 年担任上海财经大学国际工商管理学院院长、教授，2009—2015 年担任清华大学经济管理学院教授、国际经济研究中心主任，2004—2011 年任国际货币基金组织常驻学者、访问学者，世界银行咨询顾问，1995—2014 年担任美国俄克拉荷马大学（University of Oklahoma）经济系助理教授、副教授、终身教授；南京大学数学学士、清华大学经济学硕士、美国宾夕法尼亚州立大学经济学博士。

本书主编：吴　琼

本书编委（按姓氏拼音排序）：

黎　菁	李佳蔚	吴　琼
杨绿原	杨粟裕	

序　言

自工业革命以来，全球经济在科技的推动下得到了飞速发展。而在享受经济社会丰硕成果的同时，如何可持续发展成为全人类所要面对的共同课题。联合国因此提出了包括消除贫困、性别平等、优质教育、气候行动等 17 项可持续发展目标。在一系列环境恶化、极端气候事件的影响下，从改善地区基础设施到出台国家级政策法案，从基础科学研究到跨行业机制协同，全球各地区各行业的从业人员和监管机构，竭尽全力呼吁并积极行动，保护自然生态环境。这也是人类命运共同体的一个事实认知。

国际结共识：直面气候风险，推动全球绿色发展

国际社会不断尝试通过基于科学研究的约束机制来扭转气候变化趋势。1988 年，世界气象组织（WMO）和联合国环境规划署（UNEP）联合建立了联合国政府间气候变化专门委员会（Intergovernmental

Panel on Climate Change，简称 IPCC），至今已发布了六次评估报告，为全球研究气候变化影响、适应与缓释措施、气候韧性发展提供了全面客观且公开透明的信息。在科学研究的基础上，全球气候变暖且有一系列潜在危害已经成为国际共识。

在《联合国气候变化框架公约》基础上，具有里程碑意义的《京都议定书》和《巴黎协定》明确了全球气候行动的阶段性目标。通过国家自主贡献这一机制，各国纷纷以全球升温 1.5℃或 2.0℃为基准，充分考量自身国情，提出“碳中和”目标，进而推动一系列经济产业结构调整和国际合作。

中国有目标：聚焦“双碳”目标，明确金融行业定位

2020 年 9 月，习近平主席向世界宣布我国“30・60”目标：“中国将提高国家自主贡献力度，采取更加有利的政策和措施，二氧化碳排放力争于 2030 年前达到峰值，努力争取 2060 年前实现碳中和”。此后，在中央经济工作会议、政府工作报告等一系列重要会议与文件中，都充分体现了这一战略的指导意义，同时“1+N”政策体系也在逐步成型。

实际上，我国对绿色发展的重视在此之前很早就已开始，并且积极促进行业协同，特别是金融业对低碳转型的推动。2016 年，七部委联合印发《关于构建绿色金融体系的指导意见》，这是金融业支持绿色发展的顶层设计。经过几年的飞速发展，我国逐步构建了绿色金融三大功能与五大支柱框架，从资源配置、风险管理和市场定价方面充分发挥金融体系的引导作用，标准体系、信息披露、激励机制、产

品体系和国际合作这五大支柱也在不断丰富内涵、夯实基础。

清华在行动：服务国家战略，强化绿金研究能力

清华大学国家金融研究院绿色金融研究中心（以下简称“绿金中心”）正式成立于 2018 年末，是我国最早成立的专门从事绿色金融研究的智库之一，致力于绿色金融与可持续发展领域的学术与政策研究、工具创新、产研结合与国际合作。随着国家“双碳”目标的提出，中心全力服务于国家战略与全球发展，重点在“双碳”目标实现机制与路径、环境气候风险分析、绿色和可持续金融标准开发、绿色金融基础设施和产品创新、转型金融与 ESG（Environmental, Social and Governance，简称 ESG）投资等方向展开深入研究，努力打造世界一流绿色金融研究平台。

为了更好地推广绿色金融理念，绿金中心拟推出系列绿色金融相关书籍，此为第一册，着重普及基础知识，包括当前我国绿色金融政策、绿色金融产品，以及国内外典型案例。希望让更多金融从业人员与相关行业读者了解、参与并积极推动绿色金融的蓬勃发展，让更多机构投身于经济社会绿色转型与可持续发展。

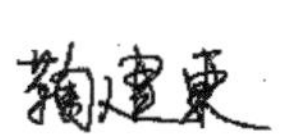

2022 年 9 月

目录

第一篇

绿色金融基础知识

第一章 起源与定义

第二章 三大功能与五大支柱

第三章 环境与气候风险管理

附　录　相关政策

第一篇

绿色金融基础知识

第一章

起源与定义

绿色金融的起源和发展

金融机构开始高度关注潜在环境污染所带来的信贷风险可能要追溯到1980年美国颁布的《综合环境反应补偿与责任法》(*Comprehensive Environmental Response, Compensation, and Liability Act*)，该法案因拉夫运河（The Love Canal）事件而生，因其中包含超级基金而闻名于世，故又被称为“超级基金（Superfund）法案”。1988年德国在法兰克福成立生态银行，主要经营自然与环境保护信贷业务，是世界首家以保护生态为目的的银行。

2003年6月，花旗银行、荷兰银行和巴克莱银行等采用世界银行环境保护标准与国际金融公司（IFC）的社会责任方针，形成并发布了赤道原则（Equator Principles，简称EPs），旨在评估和管理项目中的环境与社会风险。2007年欧洲投资银行发布了全球首支绿色债券，筹集资金用于气候相关项目。2013年国际金融公司与摩根大通共同发行IFC绿色债券，此后绿色金融市场开始蓬勃发展。2015年3月国际资本市场协会（ICMA）联合上百家金融机构共同出台了《绿色债券原则》（Green Bond Principles，简称 GBP）。这两项原则可以说是国际绿色金融发展的里程碑。[①]

在国内，中国人民银行和环保总局于 1995 年分别发布了《关于贯彻信贷政策与环保工作通知》和《关于运用绿色信贷促进环保工作的通知》。2007 年 11 月，银监会发布《节能减排授信工作指导意见》，提出要高度关注高耗能、高污染给银行业金融机构带来的风险并制定应对方案，同时制定高耗能、高污染行业授信政策和操作细则，节能减排授信程序和规范等一系列重点内容。[②] 在《节能减排授信工作指导意见》引导下，2008 年兴业银行成为国内首家采纳赤道原则的金融机构。

2012 年 2 月，银监会印发《绿色信贷指引》，这是我国绿色信贷体系的纲领性文件。2015 年 9 月，中共中央、国务院印发《生态文明体制改革总体方案》，要求健全环境治理和生态保护市场体系，明确建立绿色金融体系。2016 年 8 月，七部委联合发布《关于构建绿色金融体系的指导意见》，指出了构建绿色金融体系的意义，并提出大力发展绿色信贷、推动证券市场支持绿色投资、设立绿色发展基

① 苏博，瞿亢 . 绿色金融发展的国际经验及启示［EB/OL］.（2016-05-13）［2021-11-05］. https://kns.cnki.net/kcms/detail/detail.aspx?dbcode=CJFD&dbname=CJFDLAST2016&filename=JRGJ201605013&uniplatform=NZKPT&v=NUy8iKOTiw2VdKDFyYm4ZURFJ7qyECATU9C2UEGaS_rPAatD5pyxCd1ksxw6A5fA.

② 中国银监会 . 中国银监会有关部门负责人就《节能减排授信工作指导意见》答记者问［EB/OL］.（2007-12-29）［2021-11-05］. http://www.gov.cn/zwhd/2007-12/29/content_846830.htm.

金、发展绿色保险等举措，构建了我国绿色金融体系的顶层框架。①2017 年 7 月，七部委联合印发浙江省湖州市、衢州市，江西省赣江新区，广东省广州市，贵州省贵安新区，新疆维吾尔自治区哈密市、昌吉州和克拉玛依市《建设绿色金融改革创新试验区总体方案》。②

2016 年我国担任 G20 主席国，首次将绿色发展理念融入 G20 议题。中国人民银行与英格兰银行发起成立 G20 绿色金融研究小组，共同担任小组主席，并于 2017 年 7 月发布《G20 绿色金融综合报

① 中国人民银行，财政部，发展改革委，环境保护部，银监会，证监会，保监会．关于构建绿色金融体系的指导意见［EB/OL］.（2016–08–31）［2021–11–05］. http://www.pbc.gov.cn/goutongjiaoliu/113456/113469/3131687/index.html.

② 中国人民银行，发展改革委，财政部，环境保护部，银监会，证监会，保监会．关于印发《浙江省湖州市、衢州市建设绿色金融改革创新试验区总体方案》的通知［EB/OL］.（2017–06–26）［2021–11–05］. http://www.pbc.gov.cn/goutongjiaoliu/113456/113469/3332861/index.html.

中国人民银行，发展改革委，财政部，环境保护部，银监会，证监会，保监会．关于印发《江西省赣江新区建设绿色金融改革创新试验区总体方案》的通知［EB/OL］.（2017–06–25）［2021–11–05］. http://www.pbc.gov.cn/goutongjiaoliu/113456/113469/3332986/index.html.

中国人民银行，发展改革委，财政部，环境保护部，银监会，证监会，保监会．关于印发《广东省广州市建设绿色金融改革创新试验区总体方案》的通知［EB/OL］.（2017–06–26）［2021–11–05］. http://www.pbc.gov.cn/goutongjiaoliu/113456/113469/3332928/index.html.

中国人民银行，发展改革委，财政部，环境保护部，银监会，证监会，保监会．关于印发《贵州省贵安新区建设绿色金融改革创新试验区总体方案》的通知［EB/OL］.（2017–06–26）［2021–11–05］. http://www.pbc.gov.cn/goutongjiaoliu/113456/113469/3332973/index.html.

中国人民银行，发展改革委，财政部，环境保护部，银监会，证监会，保监会．关于印发《新疆维吾尔自治区哈密市、昌吉州和克拉玛依市建设绿色金融改革创新试验区总体方案》的通知［EB/OL］.（2017–06–26）［2021–11–05］. http://www.pbc.gov.cn/goutongjiaoliu/113456/113469/3332945/index.html.

告》。[①] 此后，绿色金融研究小组演化为可持续金融研究小组，以绿色金融为核心议题，也研究包括就业和收入分配等其他可持续发展要素。[②] 研究小组连续三年提出政策建议，这些政策建议被纳入峰会成果。2021 年 4 月可持续金融研究小组升级为可持续金融工作组，由中国人民银行与美国财政部联合牵头，于 2021 年 10 月发布 G20 首个关于可持续金融的框架性文件《可持续金融路线图》，为引导国际市场资金支持应对气候变化提供重要指引。[③]

2017 年 12 月，为推动央行和监管机构间绿色金融合作，中国人民银行与荷兰央行、法国央行和宏观审慎与处置委员会、英格兰银行、德国央行、瑞典金融管理局、新加坡金管局以及墨西哥央行，这八家央行和监管机构共同发起央行与监管机构绿色金融网络（NGFS），重点关注气候变化对宏观金融稳定、微观审慎监管的影响，旨在强化金融体系风险管理，动员资本进行绿色低碳投资。[④] 截至 2022 年 4 月，NGFS 成员扩展至 114 家正式成员和 18 家观察机构，已成为央行和金融监管机构开展绿色金融研究合作的重要平台。[⑤]

---

① G20 绿色金融研究小组 . 2017 年 G20 绿色金融综合报告［EB/OL］.（2017-07-08）［2021-11-05］. http://www.pbc.gov.cn/goutongjiaoliu/113456/ 113469/3344238/2017071318325492375.pdf?from=app.

② G20 可持续金融研究小组. 2018 年第一次小组会召开［EB/OL］.（2018-02-24）［2021-11-05］. http://www.pbc.gov.cn/goutongjiaoliu/113456/113469/3487066/index.html.

③ 中国人民银行 . 2021 年央行工作盘点 | ④积极推进金融国际合作和对外开放［EB/OL］.（2021-12-30）［2022-01-01］. https://mp.weixin.qq.com/s/cpY4fz29R7rc0iMzwwYgug.

④ 国务院新闻办公室 . 国新办绿色金融有关情况吹风会文字实录［C］. 北京，2021.

⑤ NGFS Membership.［EB/OL］.（2022-05-23）［2022-05-23］. https://www.ngfs.net/en/about-us/membership.

2018 年底，中国人民银行指导中国金融学会绿色金融专业委员会与伦敦金融城共同推出《“一带一路”绿色投资原则》（GIP），助推“一带一路”绿色可持续发展，并列入 2019 年“一带一路”国际合作高峰论坛成果。GIP 对金融机构参加“一带一路”投融资提出七条原则，包括充分了解 ESG 风险、披露环境信息、运用绿色金融工具等。①

2019 年 10 月，欧盟与包括中国在内的其他七国共同发起可持续金融国际平台（IPSF），宗旨在于深化国际合作，推动绿色金融标准国际趋同，动员私人部门参与环境可持续投资。② 2021 年 11 月，中国人民银行与欧盟委员会相关部门共同牵头完成《可持续金融共同分类目录》，覆盖了中欧绿色与可持续金融目录所共同认可的、对减缓气候变化有显著贡献的经济活动清单，包括能源、制造、建筑、交通、固废和林业六大领域的主要经济活动，对推动中欧绿色投融资合作、引导跨境气候投融资活动、降低跨境交易绿色认证成本具有重要意义。③ 2022 年 6 月 3 日，IPSF 发布了《可持续金融共同分类目录》更新版，覆盖了 72 项符合中欧“可持续贡献”标准的减缓气候变化活动。④

2020 年 9 月 22 日，习近平总书记在第七十五届联合国大会一般

---

① 国务院新闻办公室．国新办绿色金融有关情况吹风会文字实录［C］．北京，2021.

② 同①．

③ 中国人民银行．中国人民银行与欧盟委员会相关部门共同牵头完成《可持续金融共同分类目录》［EB/OL］．（2021-11-04）［2021-11-20］．http://www.pbc.gov.cn/goutongjiaoliu/113456/113469/4380064/index.html.

④ International Platform on Sustainable Finance［EB/OL］．（2022-06-03）［2022-06-06］．https://ec.europa.eu/info/business-economy-euro/banking-and-finance/sustainable-finance/international-platform-sustainable-finance_en#main.

性辩论上发表重要讲话，庄严宣布“中国将提高国家自主贡献力度，采取更加有力的政策和措施，二氧化碳排放力争于 2030 年前达到峰值，努力争取 2060 年前实现碳中和”。[①] 同年 12 月，习近平总书记在气候雄心峰会上进一步宣布：“到 2030 年，中国单位国内生产总值二氧化碳排放将比 2005 年下降 65% 以上，非化石能源占一次能源消费比重将达到 25% 左右，森林蓄积量将比 2005 年增加 60 亿立方米，风电、太阳能发电总装机容量将达到 12 亿千瓦以上。”[②]

2021 年 3 月，李克强总理在《政府工作报告》中把“深入实施可持续发展战略……促进生产生活方式绿色转型”列为 2021 年八大重点工作之一，提出“扎实做好碳达峰、碳中和各项工作……实施金融支持绿色低碳发展专项政策，设立碳减排支持工具”等一系列举措。[③] 在党中央、国务院决策部署下，绿色金融成为中国人民银行“十四五”时期乃至更长时期最重要的工作之一。2021 年 6 月，中国人民银行印发《银行业金融机构绿色金融评价方案》[④]。同年 11 月，中国人民银行创设推出碳减排支持工具这一结构性货币政策工具，引导金融机构在自主决策、自担风险的前提下，向碳减排重点领域内的

---

① 新华社 . 习近平在第七十五届联合国大会一般性辩论上发表重要讲话［EB/OL］.（2020–09–22）［2021–11–20］. http://www.gov.cn/xinwen/2020–09/22/content_5546168.htm.

② 新华社 . 习近平在气候雄心峰会上发表重要讲话［EB/OL］.（2020–12–13）［2021–11–20］. http://www.gov.cn/xinwen/2020–12/13/content_5569136.htm.

③ 新华社 . 2021 政府工作报告［EB/OL］.（2021–03–12）［2021–11–20］. http://www.gov.cn/premier/2021–03/12/content_5592671.htm.

④ 中国人民银行 . 中国人民银行关于印发《银行业金融机构绿色金融评价方案》的通知［EB/OL］.（2021–06–09）［2021–11–20］. http://www.pbc.gov.cn/tiaofasi/144941/3581332/4265383/index.html.

各类企业一视同仁提供碳减排贷款。[①] 2022 年 6 月 1 日，中国银保监会发布《银行业保险业绿色金融指引》，进一步强化了绿色金融政策的指导性、覆盖面和有效性，积极服务兼具环境和社会效益的各类经济活动，有序推进碳达峰、碳中和工作。[②]

绿色金融与绿色产业

绿色金融及相关概念

随着经济生活水平的提升，可持续发展已成为全球共识，继而出现了较多相关概念。

（1）绿色金融：指为支持环境改善、应对气候变化和资源节约高效利用的经济活动，即对环保、节能、清洁能源、绿色交通、绿色建筑等领域的项目投融资、项目运营、风险管理等所提供的金融服务。[③]

（2）气候投融资：指为实现国家自主贡献目标和低碳发展目标，引导和促进更多资金投向应对气候变化领域的投资和融资活动，是绿

① 中国人民银行 . 人民银行推出碳减排支持工具［EB/OL］.（2021–11–08）［2021–11–20］. http://www.pbc.gov.cn/goutongjiaoliu/113456/113469/4384182/index.html.

② 中国银保监会关于印发银行业保险业绿色金融指引的通知［EB/OL］.（2022–06–02）［2022–06–06］. http://www.cbirc.gov.cn/cn/view/pages/ItemDetail.html?docId=1054663&itemId=928.

③ 中国人民银行，财政部，发展改革委，环境保护部，银监会，证监会，保监会 . 关于构建绿色金融体系的指导意见［EB/OL］.（2016–08–31）［2021–11–20］. http://www.pbc.gov.cn/goutongjiaoliu/113456/113469/3131687/index.html.

色金融的重要组成部分。支持范围包括减缓和适应两个方面：①

减缓气候变化包括调整产业结构，积极发展战略性新兴产业；优化能源结构，大力发展非化石能源，实施节能降碳改造工程项目；开展碳捕集、利用与封存试点示范；控制工业、农业、废弃物处理等非能源活动温室气体排放；增加森林、草原及其他碳汇等。

适应气候变化包括提高农业、水资源、林业和生态系统、海洋、气象、防灾减灾救灾等重点领域适应能力；加强适应基础能力建设，加快基础设施建设、提高科技能力等。

（3）ESG投资：指在投资决策中除了财务因素以外，同时也将环境、社会和治理因素纳入考量。②

（4）责任投资：指将环境、社会和治理（ESG）因素纳入投资决策并积极行使股东权利的投资策略和实践。③

（5）可持续金融：指金融部门在投资决策中纳入环境、社会和治理（ESG）因素，引导长期资金进入可持续经济活动或项目。④

简单来说，绿色金融具有明确的节能环保和应对气候变化导向，气候投融资是其专门应对气候变化经济活动的重要组成部分。ESG因素很好地概括了投资决策中所考量的非财务信息。从应用场景看，

---

① 生态环境部办公厅等九办公厅．关于气候投融资试点工作方案［EB/OL］.（2021-12-25）［2022-01-01］. http://www.gov.cn/zhengce/zhengceku/2021-12/25/5664524/files/10bf58f69f4d40269e07f3b84a47bb78.pdf.

② ESG Investing［EB/OL］.［2021-11-23］. https://etfdb.com/esg-investing/.

③ PRI. What is responsible investment?［EB/OL］.［2021-11-23］. https://www.unpri.org/an-introduction-to-responsible-investment/what-is-responsible-investment/4780.article.

④ The World Bank. Sustainable Finance［EB/OL］.（2021-08-05）［2021-11-30］. https://www.worldbank.org/en/topic/financialsector/brief/sustainable-finance.

责任投资范围大于 ESG 投资。时期不同，主体不同，可持续发展的内涵也不尽相同，因而即便同样考量了 ESG 因素，可持续金融的覆盖范围或许是最广的。

绿色产业

总体来说，我们所说的绿色产业主要参考国家发展和改革委员会制定的《绿色产业指导目录（2019 年版）》以及中国人民银行、发展改革委、证监会在此基础上研究制定的《绿色债券支持项目目录（2021 年版）》（见表 1.1）。

表 1.1 《绿色产业指导目录（2019 年版）》与《绿色债券支持项目目录（2021 年版）》[①]

《绿色产业指导目录（2019 年版）》		《绿色债券支持项目目录（2021 年版）》	
一级类	二级类	一级领域	二级领域
节能环保产业	高效节能装备制造	节能环保产业	能效提升
	先进环保装备制造		可持续建筑
	资源循环利用装备制造		污染防治
	新能源汽车和绿色船舶制造		水资源节约和非常规水资源利用
	节能改造		资源综合利用
	污染治理		绿色交通
	资源循环利用		—

① 中国人民银行，发展改革委，证监会，关于印发《绿色债券支持项目目录（2021 年版）》的通知［EB/OL］.（2021-04-21）［2021-11-20］. http://www.pbc.gov.cn/goutongjiaoliu/113456/113469/4236341/index.html.

续表

《绿色产业指导目录（2019 年版）》		《绿色债券支持项目目录（2021 年版）》	
一级类	二级类	一级领域	二级领域
清洁生产产业	产业园区绿色升级	清洁生产产业	污染防治
	无毒无害原料替代使用与危险废物治理		绿色农业
	生产过程废气处理处置及资源化综合利用		资源综合利用
	生产过程节水和废水处理处置及资源化综合利用		水资源节约和非常规水资源利用
	生产过程废渣处理处置及资源化综合利用		—
清洁能源产业	新能源与清洁能源装备制造	清洁能源产业	能效提升
	清洁能源设施建设和运营		清洁能源
	传统能源清洁高效利用		—
	能源系统高效运行		—
生态环境产业	生态农业	生态环境产业	绿色农业
	生态保护		生态保护与建设
	生态修复		—
基础设施绿色升级	建筑节能与绿色建筑	基础设施绿色升级	能效提升
	绿色交通		可持续建筑
	环境基础设施		污染防治
	城镇能源基础设施		水资源节约和非常规水资源利用
	海绵城市		绿色交通
	园林绿化		生态保护与建设
绿色服务	咨询服务	绿色服务	咨询服务
	项目运营管理		运营管理服务
	项目评估审计核查		项目评估审计核查服务
	监测检测		监测检测服务
	产品技术认证和推广		技术产品认证和推广

在这两份目录中，绿色产业主要从产业功能上进行分类，一级分类均为节能环保产业、清洁生产产业、清洁能源产业、生态环境产

业、基础设施绿色升级和绿色服务六大类。在细分小类中提供了详细解释，覆盖了我国绿色需求的主要行业。在《欧盟可持续金融分类方案》（*EU Taxonomy*）中，经济活动按照环境目标划分为减缓气候变化、适应气候变化、海洋与水资源可持续利用与保护、循环经济、污染防治和生物多样性六大类。也就是说，能够实现相应环境效益的产业都有可能得到《欧盟可持续金融分类方案》支持，不局限于具体产业功能。长远来看，绿色产业目录将随着社会经济发展阶段不断调整，推动全球可持续发展。

转型金融与高碳产业

转型金融

在碳中和背景下，高碳行业的转型发展受到空前关注，进而引发了关于转型金融的热烈讨论。从世界范围看，关于转型金融的定义求同存异，核心原则基本一致。

《欧盟可持续金融分类方案》是帮助投资者了解经济活动是否可持续的工具，引导经济低碳转型[①]，其中列示了转型活动主要类别（见表 1.2）。

① UNPRI.EU Sustainable Finance Taxonomy [EB/OL].（2021-11）[2021-12-01]. https://www.unpri.org/policy/eu-sustainable-finance-taxonomy.

表 1.2 《欧盟可持续金融分类方案》转型活动类别

大类别	细分类别
农业和林业	造林
	森林修复，重新造林
	植树造林
	管理现有森林
	森林保护
制造业	低碳制造技术
	制氢
电力，燃气，蒸汽和空调供给	太阳能光伏发电
	聚光太阳能发电
	风能发电
	海洋能源发电
	电力的传输与分配
	电能储存
	热能储存
	储氢
	天然气输配网改造
	区域供热 / 制冷分配
	电动热泵的安装和运行
	集中太阳能的热冷电联产
	利用集中太阳能供热 / 制冷
	利用热损供热 / 制冷
水，污水，废物和修复	集水，处理和供水
	集中废水处理
	污泥厌氧消化
	源分类馏分中无害废物的分别收集和运输
	生物废物的厌氧消化
	生物废物堆肥
	从无危害废物中回收材料
	填埋气体的收集与利用
	空气中二氧化碳的直接捕捉
	人为排放物捕捉
	二氧化碳的运输
	捕捉二氧化碳的永久封存

续表

大类别	细分类别
交通和仓储业	低碳交通基础设施（陆路运输）
	低碳交通基础设施（水运）
建筑业	新建筑建设
	个别翻新措施，现场安装可再生能源以及专业、科学和技术性的活动
信息与通信技术行业	数据驱动的气候变化监测解决方案

日本经济产业省环境创新金融研究组将转型融资（Transition Finance）定义为一种重视应对气候变化、实现脱碳社会的公司所采取的促进长期、战略性温室气体减排举措的融资手段。①

国际资本市场协会（International Capital Market Association，简称ICMA）在2020年12月发布的《气候转型金融手册》中这样描述：转型金融是支持发行人实施其气候转型战略的融资方案。该战略应以将全球温度升幅最好控制在1.5℃以内，至少控制在2℃以内为目标，应明确说明发行人计划如何调整其业务模式从而为向低碳经济转型做出积极贡献。企业制定应对气候变化相关风险的公司战略是发行转型贴标金融融资工具的前提。②

气候债券倡议组织（Climate Bonds Initiative，简称CBI）提出了转型的五项原则：符合1.5℃温控目标的碳排放轨迹；以科学为基础设定减排目标；不计入碳抵消（offsets）；技术可行性优于经济竞争

① Financial Services Agency，Ministry of Economy，Trade and Industry，and Ministry of the Environment，Japan.Basic Guidelines on Climate Transition Finance［EB/OL］.（2021-05）［2021-11-20］. https://www.meti.go.jp/press/2021/05/20210507001/20210507001-3.pdf.

② Climate Transition Finance.Handbook-Guidance for Issuers［EB/OL］.（2020-12）［2021-11-20］. https://www.icmagroup.org/assets/documents/Regulatory/Green-Bonds/Climate-Transition-Finance-Handbook-December-2020-091220.pdf.

性；刻不容缓的行动而非空口承诺。CBI 还对绿色标签与转型标签进行了简单区分：绿色标签适用于对低碳经济发展具有长期作用的投资项目，其已达到近零排放，或已根据《巴黎协定》拟定脱碳实施路径；而转型标签适用于为 2030 碳排放减半及 2050 净零排放目标做出重大贡献但不具有长期作用，或者将发挥长期作用但目前尚未拟定净零排放实施路径的投资活动。[①]

实际上，我国可持续发展挂钩债券也属于转型金融范畴，在交易商协会《可持续发展挂钩债券（SLB）十问十答》[②]中，将可持续发展挂钩债券定义为将债券条款与发行人可持续发展目标相挂钩的债务融资工具。挂钩目标包括关键绩效指标（KPI）和可持续发展绩效目标（SPT），其中，关键绩效指标（KPI）是对发行人运营有核心作用的可持续发展业绩指标。可持续发展绩效目标（SPT）是对关键绩效指标的量化评估目标，并需明确达成时限。第三方机构对相关指标进行验证，如果关键绩效指标在上述时限未达到（或达到）预定的可持续发展绩效目标，将触发债券条款的调整。

关键绩效指标（KPI）还要具备以下四个特征：一是与国家可持续发展战略保持一致；二是可以被客观计算与量化，并可以设置明确的基准值与目标值；三是指标的量化结果可以被权威第三方机构事后校验和重复验算；四是可以体现一个时间阶段内的成效并具备可持续

---

① CBI. 为可信赖的低碳转型提供金融支持－执行摘要［EB/OL］.（2020-09）［2021-11-20］. https://www.climatebonds.net/files/reports/chinese-financing-credible-transitions-summary-note.pdf.

② 中国银行间市场交易商协会 . 交易商协会推出可持续发展挂钩债券－可持续发展挂钩债券（SLB）十问十答［EB/OL］.（2021-04-28）［2021-11-20］. http://www.nafmii.org.cn/xhdt/202104/t20210428_85556.html.

性，不建议设立短期指标、与长期运营关系不大的一次性指标或仅体现某一具体时点状态的指标。

可持续发展绩效目标（SPT）的设定，应遵循“实质性、可验证、时限性”原则，应当具体、量化、可测度，可与基准值、行业标准值或平均值等进行比较，可被实际值所验证，与“一切照常”的运营情景相比在可持续发展方面有实质性改进。

总体来说，相较于绿色金融，转型金融应更具有国家或地区特色，所覆盖的经济活动范围更加广泛，这也意味着转型金融的国际标准或许趋同，但可能难以统一。究其根本，转型金融有三项核心要素：目标导向，即转型活动有显著的减排效应和转型路径，融资条件与转型目标挂钩；MRV 原则，即转型目标可衡量（measurable）、可报告（reportable）、可核查（verifiable）；奖罚分明，即转型金融产品配套奖励或惩罚措施。①

高碳产业

高碳产业是指碳密集度高的产业，煤电、钢铁、水泥、有色金属、化工、石化、造纸、民航这八大行业通常被认为是高碳行业（见表 1.3）。

---

① 中国金融学会绿色金融专业委员会 . 绿金委课题组发布《碳中和愿景下的绿色金融路线图研究》报告全文［EB/OL］.（2021-12-03）［2022-01-01］. http://www.greenfinance.org.cn/displaynews.php?id=3547.

表 1.3　2019 年部分行业碳排放情况

行业	碳排放量（亿吨二氧化碳）	碳排放占比（%）
电力、热力生产与供应	46.42	47.39
黑色金属采选与加工	18.63	19.02
非金属矿产品	11.12	11.35
石油加工与炼焦	1.72	1.76
化工原料及化工产品	1.64	1.67
国内与国际航空	0.94	0.96
有色金属采选与加工	0.67	0.68
造纸及纸产品	0.13	0.13

来源：中国碳核算数据库，Carbon Monitor[①]，清华大学国家金融研究院绿色金融研究中心整理。

尽管受到疫情影响，在 2021 年的行业数据中，电力与工业的碳排放仍然占据了绝对比例（见表 1.4）。

表 1.4　2021 年部分行业碳排放情况

行业	碳排放量（亿吨二氧化碳）	碳排放占比（%）	较上年碳排放变化（%）
电力	50.79	45.57	10.9
工业	43.02	38.60	2.7
地面交通	9.06	8.13	12.2
居民住宅	7.90	7.09	−1.2
国内航空	0.58	0.05	12.2
国际航空	0.11	0.01	−13.8

来源：Carbon Monitor[②]，清华大学国家金融研究院绿色金融研究中心整理。

高碳行业的低碳转型，主要依靠新材料、新技术或新工艺的研

① 全球实时碳数据 . Carbon Monitor［EB/OL］.［2021-11-24］. https://carbonmonitor.org.cn/.

② 同① .

发，部分转型路径列示如表 1.5。

表 1.5 高碳行业低碳转型部分技术路径

行业	低碳转型的部分技术路径
煤电	改善投煤方式，降低供电煤耗；清洁能源发电
钢铁	发展低碳炼铁技术、余热回收技术、碳捕捉技术等；提高清洁能源使用比例和废钢回收利用率
水泥	生产环节碳捕捉，总产量循环利用，能效改进和燃料替代
有色金属	电解铝行业工艺优化；提高矿石品质；提高清洁能源使用比例
化工	绿氢，原材料替代，碳捕捉技术
石化	绿氢，碳捕捉与封存，循环利用
民航	优化运营、航线、机队等，燃料替代
造纸	林业碳汇；浆纸一体化；工艺与设备优化

来源：清华大学国家金融研究院绿色金融研究中心根据公开资料整理。

绿色金融大事记

在全球各界的努力下，绿色金融蓬勃发展。从国内看，一系列政策法规的出台，使得绿色金融逐渐深入并广泛影响着经济活动。作为发展中国家，我国也积极参与国际对话，努力推动全球绿色发展。从国际看，各国因地施策，各组织积极倡议，可持续金融与绿色发展已经成为共识。图 1.1 和 1.2 为国内与国际绿色金融大事记。

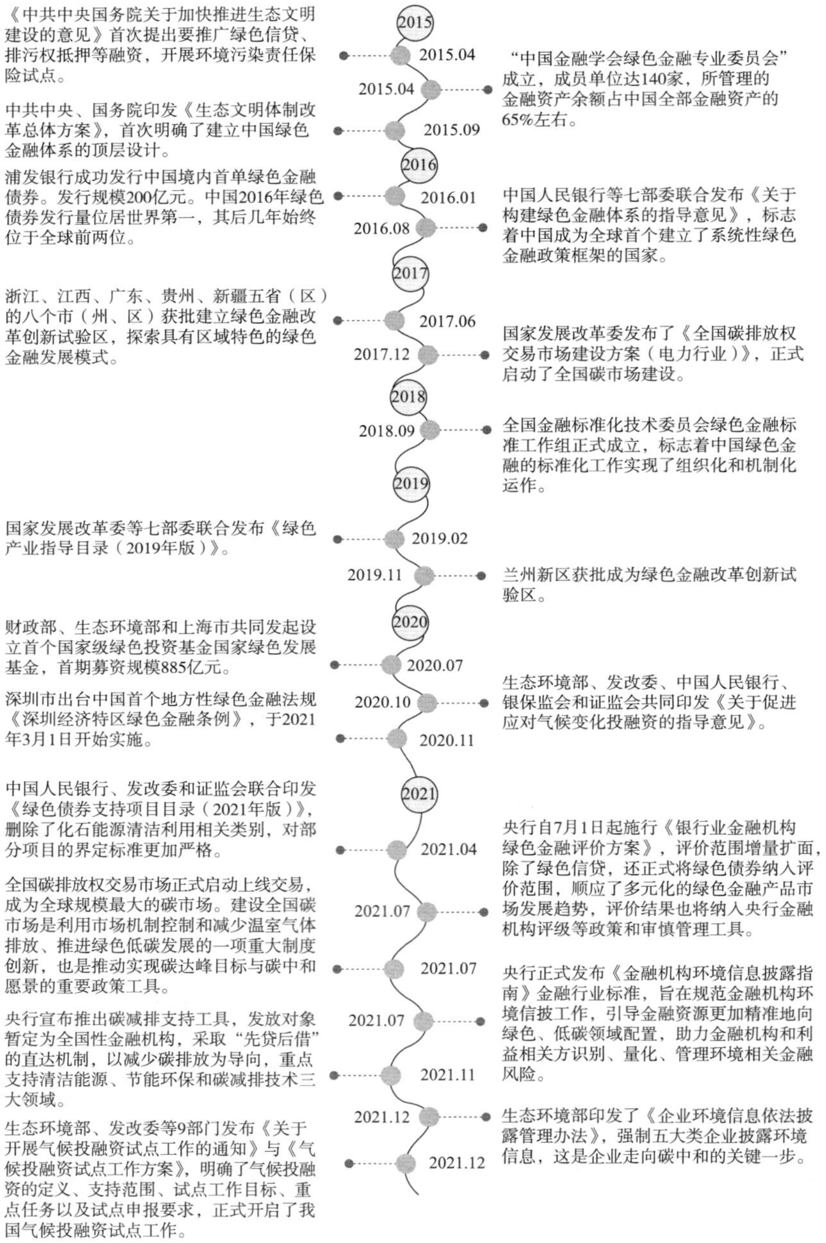

图 1.1　中国绿色金融大事记

来源：清华大学国家金融研究院绿色金融研究中心整理。

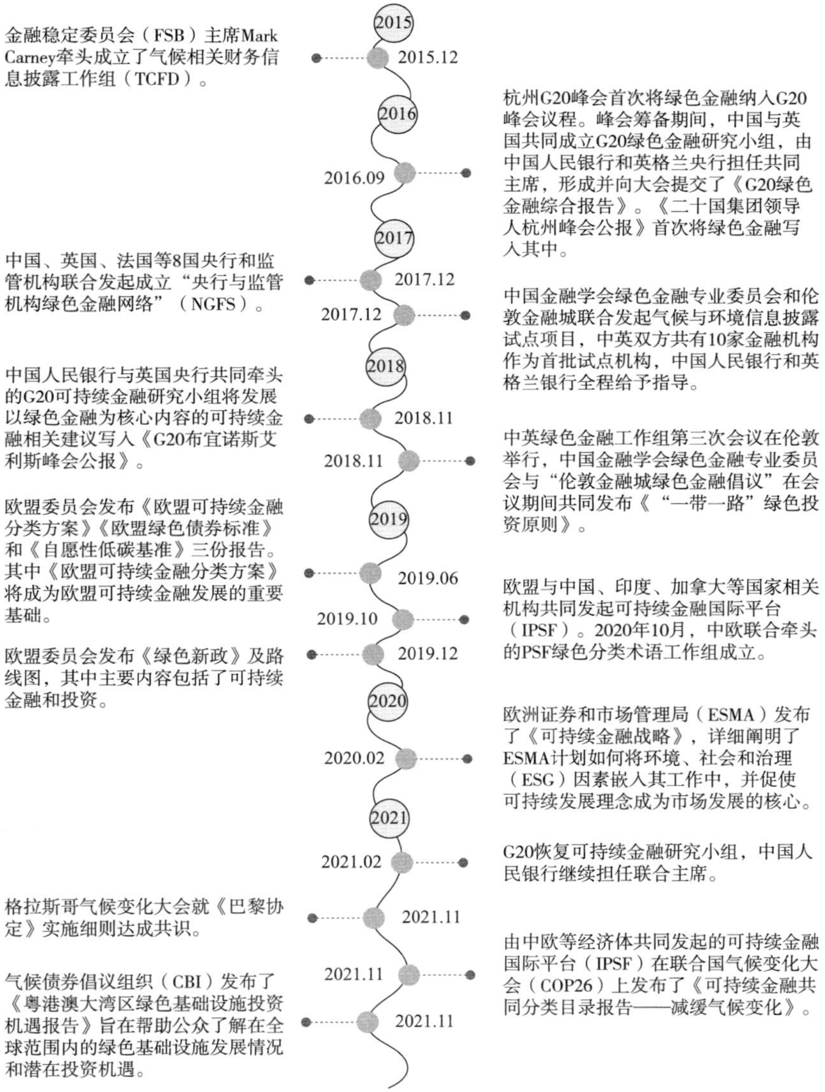

图 1.2　国际绿色金融大事记

来源：清华大学国家金融研究院绿色金融研究中心整理。

第二章

三大功能与五大支柱

为助力实现“碳达峰、碳中和”战略目标，落实党的十九届五中全会和2020年12月16日至18日中央经济工作会议的有关精神，2021年3月，中国人民银行行长易纲、副行长陈雨露公开表示，已初步确立“三大功能”“五大支柱”的绿色金融发展政策思路。

绿色金融三大功能

我国绿色金融在资源配置、风险管理和市场定价方面的功能逐渐显现，这离不开一系列政策的支持与推动（见图2.1）。比如，2017年12月19日，中国人民银行印发《关于推广信贷资产质押和央行内部（企业）评级工作的通知》，明确将优先接收符合标准的绿色贷款作为信贷政策支持再贷款、常备借贷便利（Standing Lending Facility，以下简称 SLF）等工具的合格信贷资产担保品；2018 年 6 月，中国人民银行再次宣布适当扩大中期借贷便利（Medium-term Lending Facility，以下简称 MLF）担保品范围，将不低于 AA 级的绿色债券、优质绿色贷款等特定领域的资产纳入其中。2021 年 6 月 10 日，易纲行长在陆家嘴论坛指出，中国人民银行已展开金融机构气候变化压力测试，并持续监测评估金融机构绿色转型。2017 年 12 月 18 日，国家发改委发布《全国碳排放权交易市场建设方案（发电行业）》。2021 年 5 月 17 日，生态环境部发布《碳排放权登记管理规则（试行）》《碳排放权交易管理办法（试行）》《碳排放权结算管理规则（试行）》等。

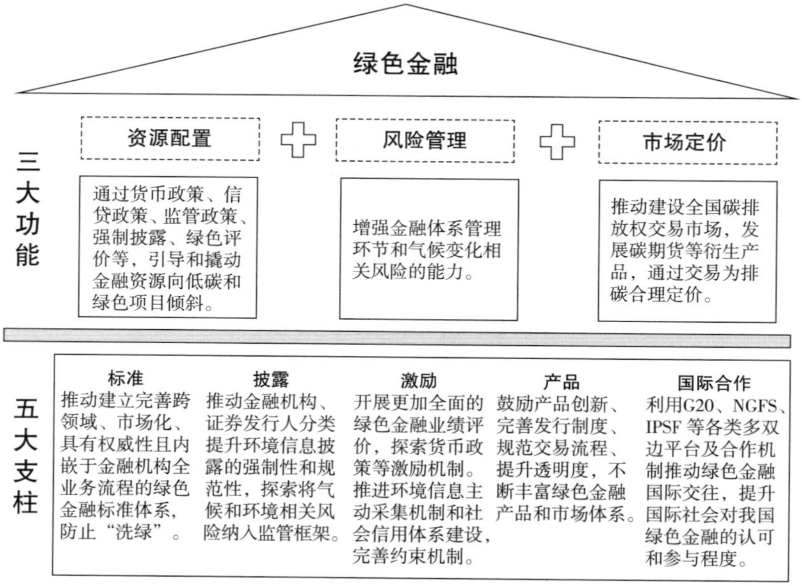

图 2.1　绿色金融三大功能与五大支柱

来源：清华大学国家金融研究院绿色金融研究中心整理。

2021年初，在国新办绿色金融有关会议上，中国人民银行表示将从六个方面更好地强化绿色金融三大功能：一是构建长效机制，完善金融支持绿色低碳转型的顶层设计；二是完善绿色金融标准，推动金融机构开展碳核算；三是创新绿色金融产品和服务，构建多层次绿色金融市场体系；四是防范气候变化相关金融风险；五是推动地方金融改革创新试点；六是深化国际合作，积极参与全球气候治理。①

绿色金融五大支柱

标准体系

绿色金融标准是政策法规的重要补充，是规范绿色金融业务、确保绿色金融自身可持续发展的必要技术基础。广义上绿色金融标准包括绿色金融活动分类方法、信息披露、环境影响评价、金融产品、环境和社会风险管理等相关标准和指南。中国绿色金融标准体系总结如表2.1。

表2.1　中国绿色金融标准体系

项目	标准和指南
绿色金融目录	• 七部委《绿色产业指导目录（2019年版）》 • 中国人民银行、发展改革委、证监会《绿色债券支持项目目录（2021年版）》

① 国务院新闻办公室．国新办绿色金融有关情况吹风会文字实录［C］．北京，2021.

续表

项目	标准和指南		
绿色金融产品标准	绿色信贷	指引	• 原银监会《绿色信贷指引》 • 原银监会《关于印发能效信贷指引的通知》 • 原银监会《银行业保险业绿色金融指引》
		业绩评价	• 原银监会、银行业协会《绿色信贷实施情况关键评价指标》《中国银行业绿色银行评价实施方案（试行）》 • 中国人民银行《关于开展银行业存款类金融机构绿色信贷业绩评价的通知》
		统计报送	• 银监会《关于绿色融资统计制度有关工作的通知》 • 中国人民银行《关于修订绿色贷款专项统计制度的通知》
绿色金融产品标准	绿色债券	指引	• 中国人民银行《关于绿色金融债券发行管理》 • 国家发改委《绿色债券发行指引》 • 证监会《关于支持绿色债券发展的指导意见》 • 中国人民银行《关于支持绿色金融改革创新试验区发行绿色债务融资工具的通知》 • 中国银行间市场交易协会《关于发布“非金融企业绿色债务融资工具业务指引”及配套表格的公告》《关于明确碳中和债相关机制的通知》《可持续发展挂钩债券（SLB）十问十答》等 • 中国银行间市场交易商协会发布《中国绿色债券原则》
		评估认证	• 中国人民银行、证监会《绿色债券评估认证行为指引（暂行）》
		存续监管	• 中国人民银行《关于加强绿色金融债券存续期监督管理有关事宜的通知》
	绿色投资	指引	• 中国证券投资基金业协会《绿色投资指引（试行）》
	绿色信托	指引	• 中国信托业协会《绿色信托指引》
环境信息披露	金融机构		• 中国人民银行金融标准委员会《金融机构环境信息披露指南（试行）》
	上市公司		• 证监会《公开发行证券的公司信息披露内容与格式准则第2号——年度报告的内容与格式》等 • 港交所《环境、社会及管治报告指引》等
国际合作	ISO/TC322		• 中方为重要创始成员，牵头制定《可持续金融关键术语表》
	可持续金融国际平台（IPSF）		• 发布《可持续金融共同分类目录报告——减缓气候变化》

来源：清华大学国家金融研究院绿色金融研究中心整理。

绿色金融分类目录

绿色金融界定标准，也称绿色金融分类目录，主要用于界定和遴选符合各类绿色金融产品支持和适用范围的绿色项目和绿色领域的专业性目录清单。

1. 国际绿色与可持续金融分类目录[①]

按照出台主体划分，可主要分为国际和区域组织、国家和地区、市场机构三类。

（1）国际和区域组织：绿色债券目录包括国际资本市场协会（ICMA）的绿色债券准则（GBP）、气候债券倡议（CBI）的气候债券标准（CBS）、多边银行—国际开发金融俱乐部（MDB–IDFC）推出的《气候减缓融资原则》；绿色信贷目录包括由国际金融公司联合十家银行共同推出的赤道原则（EPs）和由贷款市场协会、亚太贷款市场协会、银团及贷款转让协会共同推出的绿色信贷原则（GLP）等。

（2）国家和地区：《欧盟分类气候授权法案》（*EU Taxonomy Climate Delegated Act*），欧洲所有投资者和大型企业都将被要求每年报告其投资组合和活动中的可持续部分，并且绿色和可持续金融产品将必须符合分类方案的定义。此外，还有加州的《绿色债券承诺》、香港品质保证局（HKQAA）推出的绿色金融认证计划等。

（3）市场机构：如彭博新能源（Bloomberg NEF）的《绿色债券指南》。

---

① 中国人民银行研究局．中国绿色金融发展报告 2019［M］．北京：中国金融出版社，2020.

2. 国内绿色金融分类目录

现行标准包括：七部委《绿色产业指导目录（2019 年版）》，中国人民银行、发展改革委、证监会《绿色债券支持项目目录（2021 年版）》，银保监会《关于绿色融资统计制度有关工作的通知》，中国人民银行《关于修订绿色贷款专项统计制度的通知》和中国银行间市场交易商协会《中国绿色债券原则》。

2015 年 12 月，中国人民银行发布由中国金融学会绿色金融专业委员会编制的《绿色债券支持项目目录（2015 年版）》，这是我国第一份关于绿色债券界定与分类的文件。同年 12 月，发展改革委发布了《绿色债券发行指引》，给出了对企业债券的适用范围和支持重点。彼时中国不同类型的债券由于监管主体不同所适用的绿色债券分类目录尚未统一。2019 年 3 月，七部委《绿色产业指导目录（2019 年版）》出台，该目录是我国绿色金融标准体系的一部纲领性文件，为《绿色贷款专项统计制度》《绿色信贷统计制度》《绿色债券支持项目目录》提供重要依据[①]。2021 年 4 月，中国人民银行、发展改革委、证监会出台《绿色债券支持项目目录（2021 年版）》，统一了绿色债券市场目录。

新版《绿色债券支持项目目录（2021 年版）》与《绿色产业指导目录（2019 年版）》《绿色债券支持项目目录（2015 年版）》的主要差异见表 2.2。

---

① 中国人民银行研究局 . 中国绿色金融发展报告 2019［M］. 北京：中国金融出版社，2020.

表 2.2　三版绿色债券分类目录主要差异

条目	中国人民银行、发展改革委、证监会《绿色债券支持项目目录（2021 年版）》	中国人民银行《绿色债券支持项目目录（2015 年版）》	七部委《绿色产业指导目录（2019 年版）》
发布时间	2021.04	2015.12	2019.03
适用对象	所有绿色类型债券	绿色金融债	是推动绿色产业的纲领性文件，也是绿色信贷统计制度和绿色债券目录的重要制定依据
分类	节能环保产业、清洁生产产业、清洁能源产业、生态环境产业、基础设施绿色升级、绿色服务 6 个一级分类。该目录对《绿色产业指导目录（2019 年版）》三级分类进行了细化，增加为四级分类	包括节能、污染防治、资源节约与循环利用、清洁交通、清洁能源、生态保护和适应气候变化 6 大领域	节能环保、清洁生产、清洁能源、生态环境、基础设施绿色升级和绿色服务 6 个一级大类、30 个二级分类和 211 个三级分类
2021 年新版目录相对于《绿色产业指导目录（2019 年版）》主要增添项和删除项	增添项：二氧化碳捕集、利用与封存工程建设和运营；新能源汽车和清洁能源汽车的贸易活动和购置消费等 删除项：清洁煤相关目录		
2021 年新版目录相对于《绿色债券支持项目目录（2015 年版）》主要增添项和删除项	增添项： · 新增了绿色服务领域这个一级目录 · 增加了绿色装备制造类项目，包括高效节能装备制造、先进环保装备制造、资源循环利用装备制造、绿色船舶制造、新能源与清洁能源装备制造等；核电类项目，包括核电装备制造、核电站建设和运营；产业园区绿色升级相关项目，包括园区产业链接循环化改造、园区资源利用高效化改造 · 在具体支持项目层面，还增加了二氧化碳捕集、利用与封存工程建设和运营等新型技术项目 删除项：清洁煤相关目录		

来源：商道融绿《解读〈绿色债券支持项目目录（2021 年版）〉》。

绿色金融标准发展趋势

总的来说，绿色金融标准有着“国内统一、国际接轨、清晰可执行”的发展趋势。[①]

以《绿色债券支持项目目录（2021年版）》为例，其统一了各类型的绿色债券分类目录，《绿色贷款专项统计制度》《绿色信贷统计制度》《绿色债券支持项目目录》均以《绿色产业指导目录（2019年版）》为主要参考依据。这体现了国内统一。

《绿色债券支持项目目录（2021年版）》中纳入了关于“无重大损害”原则（Do No Significant Harm）的表述，且煤炭等化石能源清洁利用等高碳排放项目不再纳入支持范围，使其更接近欧盟分类方案和全球通行原则。可持续金融国际平台（IPSF）发起设立可持续金融分类目录工作组，通过比对我国《绿色债券支持项目目录》和欧洲《可持续金融分类方案——气候授权法案》，编制并于2021年11月发布了《可持续金融共同分类目录报告——减缓气候变化》。

《绿色债券支持项目目录（2021年版）》增添并设置了技术筛选标准和详细说明，增强了对开展相关业务的实际指导作用。

信息披露

国际主流环境信息披露框架和要求

目前国际主流环境/可持续披露框架多为自愿性披露倡议。近年来，各家披露倡议加强了合作，环境/可持续发展相关披露标准逐步

① 马骏，徐稼轩，张芳．新版《绿债目录》发布的意义及绿色债券市场改革展望［J］.（2020-08）［2022-05-24］. https://kns.cnki.net/kcms/detail/detail.aspx?dbcode=CJFD&dbname=CJFDLAST2020&filename=ZHQU202008006&uniplatform=NZKPT&v=XNNHP8sN98aQYt0dsyaxPge9zywxtb5nIZcWbY1yF22cG_Hy2PXGshDsmHxhnYG2.

走向一致。2021 年 3 月国际财务报告准则（IFRS）基金会宣布成立工作组加快全球可持续标准融合，将进一步以 TCFD 建议为基础，制定与气候相关的报告和其他可持续性主题的标准。该工作组由 IFRS 基金会担任主席，包含国际会计准则理事会（IASB）的参与，国际证券委员会组织（IOSCO）作为观察机构参与。工作组将与 TCFD、价值报告基金会（由可持续发展会计标准委员会 SASB、国际综合报告委员会 IIRC 合并成立）、气候信息披露标准委员会（CDSB）、世界经济论坛（WEF）、GRI、CDP 等密切合作。2021 年 4 月，IFRS 基金会宣布将于 2021 年 11 月 COP26 会议前成立新的国际可持续发展标准委员会（ISSB）。见表 2.3。

2021 年 3 月，《欧盟金融服务领域可持续相关信息披露条例》正式生效。该条例主要涉及两个方面：一是在决策或投资建议流程中整合和考虑可持续性风险以及不利的可持续性影响。二是提供与金融产品有关的可持续性信息。该条例规定的披露义务适用于所有金融市场参与者，特别是另类投资基金管理（AIFM）、可转让证券集合投资（UCIT）投资管理公司、提供投资组合管理的保险和信贷机构以及提供投资和 / 或保险建议的金融顾问。从 2022 年 1 月 1 日起，《可持续金融信息披露条例》（SFDR）中的定期报告要求开始适用。《分类条例》（Taxonomy Regulation）中有关气候变化减缓和适应目标的披露要求也从这一天开始适用。

美国也有较为全面的环境法律法规。美国证券交易委员会（SEC）涉及的环境会计信息披露要求，主要考虑环境政策、环境成本和环境负债等方面内容。近年来，SEC 加快了推动气候变化相关信息披露和 ESG 披露的脚步。在 2021 年 3 月 15 日 SEC 关于气候变化

表 2.3　国际主要环境信息披露倡议和特点

倡议名称	倡议机构	目的	核心披露要求	披露形式	覆盖度
气候相关财务信息披露框架	国际金融稳定委员会（FSB）气候相关财务信息披露工作组（TCFD）	提出针对气候的信息披露的建议，以“促进更明智的投资、信贷和保险承销决策”并“相应地使利益相关者能够更好地理解金融部门和金融机构与碳有关资产的集中度和金融系统面临的与气候相关的风险”	气候变化对业务的潜在财务影响，以治理、战略、风险管理、指标和目标为披露框架，分十一个相关建议进行信息披露	建议编制者在其核心（即公开）年度财务申报中披露信息	截至 2020 年，已有超过 1500 家组织机构表示支持 TCFD 建议。全球最大的 100 家上市公司中有近 60% 支持 TCFD 且或遵循 TCFD 的建议进行报告； 据公开报道，英国（2022 年）和新西兰将强制（2023 年）采用 TCFD 披露框架
全球环境信息研究中心（CDP，原名碳披露项目）年度调查问卷	2000 年由包括美林、高盛等 35 家全球主要法人投资机构共同发起的独立非营利性组织	最初作为组织自愿报告其碳排放量的数据库	气候变化、水资源、森林和供应链等	问卷形式	2020 年，超过 9600 家公司通过 CDP 披露了环境数据，占全球总市值的 50% 以上
环境和气候变化信息披露框架	气候披露标准委员会（CDSB）	最初只关注与气候变化相关的风险和机遇，2013 年其范围扩大到包括环境信息和自然资本，2018 年强调“CDSB 框架是公司寻求施行 TCFD 建议的重要工具”	公司治理，管理层的环境政策、战略和目标，风险与机遇，环境影响来源，表现和综合分析，未来展望	鼓励将信息整合到主流报告（如公司年报）	截至 2020 年，全球超过 455 家公司在年报中参考了 CDSB

续表

倡议名称	倡议机构	目的	核心披露要求	披露形式	覆盖度
GRI 可持续发展报告标准	全球可持续发展标准委员会（GSSB）	提供测度和报告组织的经济、环境和社会绩效的通用框架	GRI 标准主要由通用 100 系列和 200（经济议题）、300（环境议题）、400（社会议题）三个议题专项标准构成，其对信息披露质量有要求、建议和指南三种级别	出具可持续发展独立报告	GRI 是最受欢迎的企业社会责任报告框架，已被来自 100 多个国家的上万家机构应用
SASB 披露标准	可持续发展会计标准委员会（SASB）	通过制定补充年度财务报告的披露准则，并提供有关的最可能对公司财务产生重大影响的可持续发展问题的信息来为投资者提供帮助	按照 77 个行业分类列出报告制定准则，并基于各行业的可持续发展问题的多方利益相关者进行分析	独立报告或财务报告披露	2019 年，单独采用 SASB 报告的有 778 家，参考 SASB 的有 3 298 家
国际综合报告框架	国际综合报告委员会（IIRC）	在于制定一套指导原则和内容元素，这些原则和元素统驭综合报告的整体内容。同时，框架解释这些原则和元素依据的基础概念	机构概述和外部环境、治理、商业模式、风险和机遇、战略和资源配置、绩效、前景展望、编制和列报基础	综合报告	2020 年，IIRC 估计到目前为止大约有 2 000 家大企业采用了报告框架
负责任银行原则（PRB）	联合国环境规划署金融倡议组织（UNEP FI）	提供了一个框架，帮助银行将可持续发展作为其业务的核心	所有签署行需公开披露其原则落实情况、其业务对环境和社会带来的负面影响以及对社会目标的贡献。围绕一致性、影响与目标设定、客户与顾客、利益相关方、公司治理与银行文化、透明度与责任承担六大原则，披露指标共分六大类 13 小类	签署银行自签署日起 18 个月内发布实施情况自评报告，此后每年随年报周期定期发布报告	至今已有 229 家银行签署，这些银行占全球银行业的三分之一以上

来源：清华大学国家金融研究院绿色金融研究中心整理。

信息披露的征求意见声明中，TCFD、SASB 和 CDSB 等第三方标准或组织被纳入考量。2021 年 6 月，SEC 完成了关于扩大公司气候变化信息披露的公开意见征求，并成立了一个气候与 ESG 执法工作组。

TCFD 披露框架与全球应用

2017 年 6 月，TCFD 发布披露框架建议（见表 2.4），主要分为治理、战略、风控和指标目标四个模块，共计 11 个披露建议。七项披露原则为：息息相关、准确完整、清晰易懂、前后一致、可评可比、客观及时和可查可靠。

表 2.4 TCFD 披露框架建议

模块	具体内容	建议
治理	披露气候相关风险与机遇的治理机制	（1）描述本机构董事会对气候相关风险与机遇的监督
		（2）描述本机构管理层在评估和管理气候相关风险与机遇方面的作用
战略	披露重大气候相关风险与机遇对业务、战略和财务规划的实际以及潜在影响	（3）描述本机构已经识别的短中长期气候相关风险与机遇
		（4）描述气候相关风险与机遇对本机构业务、战略和财务规划的影响
		（5）描述在不同的气候情景（包括 2℃或更低温升情景）下本机构的战略韧性
风险管理	披露识别、评估和管理气候相关风险的方法	（6）描述本机构识别、评估气候相关风险的流程
		（7）描述本机构管理气候相关风险的流程
		（8）描述本机构如何在全面风险管理中纳入气候相关风险的识别、评估和管理流程
指标目标	披露评估重大气候相关风险与机遇的指标目标	（9）披露本机构根据战略与风险管理流程来评估气候相关风险与机遇所使用的指标
		（10）披露范围 1、范围 2 和范围 3（如适用）温室气体排放和相关风险
		（11）描述本机构管理气候相关风险与机遇的目标及其完成情况

来源：2021 TCFD 实施指引（Implementing Guidance）。

针对金融机构，TCFD 在此基础上提出特别要求（见表 2.5）。以银行为例，TCFD 建议描述碳相关资产信贷集中度，并披露信贷及其他金融业务活动所面临的气候相关转型或物理风险。银行应当在传统银行业风险分类（信用风险、市场风险、流动性风险和操作风险）的背景下考虑气候相关风险。银行还应当提供评估信贷及其他金融业务活动所面临的短中长期气候相关转型或物理风险的评估指标，这些指标一般指信贷敞口、持有的股权和债权、交易头寸等，且需按照行业、区位、信用评级等分类描述。

表 2.5　TCFD 针对金融机构的特别披露建议

金融行业	治理		战略			风险管理			指标目标		
	1	2	3	4	5	6	7	8	9	10	11
银行			√			√			√	√	
保险				√	√	√	√		√	√	
资产所有人				√	√	√	√		√	√	
资产管理人				√		√	√		√	√	

来源：2021 TCFD 现状报告（Status Report）。

截至 2021 年 10 月，全球声明支持 TCFD 披露框架的公司超过 2 600 家，覆盖 89 个国家或地区，总市值超过 25 万亿美元，较去年增长了近 99%。其中金融机构超过 1 069 家，管理资产总额超 194 万亿美元（见表 2.6）。2021 年，TCFD 评估了 1 651 家企业在 2018—2020 年的气候披露情况。气候相关财务信息披露的平均水平显著提高。相较于其他建议，各企业披露各自在气候方面所面临的风险和机遇的可能性更高，其中有一半以上的企业在其 2020 年报告中纳入了这类信息。战略弹性相关的信息披露占比最低，但已从 2018 年的 5% 增长至 2020 年的 13%。在信息披露方面，建材和建筑行业做得最好，平均披露水平为 38%。2019—2020 年，保险业的信息披露平均水平显著提高了 11 个百分点。欧洲仍是信息披露方面的领先地区。

表 2.6　TCFD 支持者数量飞速攀升

（家）

类型	2018 年	2019 年	2020 年	2021 年
金融机构	287	374	700	1 069
非金融机构	226	411	812	1 547
合计	513	785	1 512	2 616

来源：2021 TCFD 现状报告（Status Report）。

国内环境信息披露要求与进程

对于上市公司，中国人民银行牵头的《落实〈关于构建绿色金融体系的指导意见〉的分工方案》中要求“分步骤建立强制性上市公司披露环境信息的制度”（见表 2.7）。对于金融机构，中国人民银行行长易纲 2020 年 12 月 9 日在新加坡金融科技节上表示“研究建立强制性金融机构环境信息披露制度”（见图 2.2）。

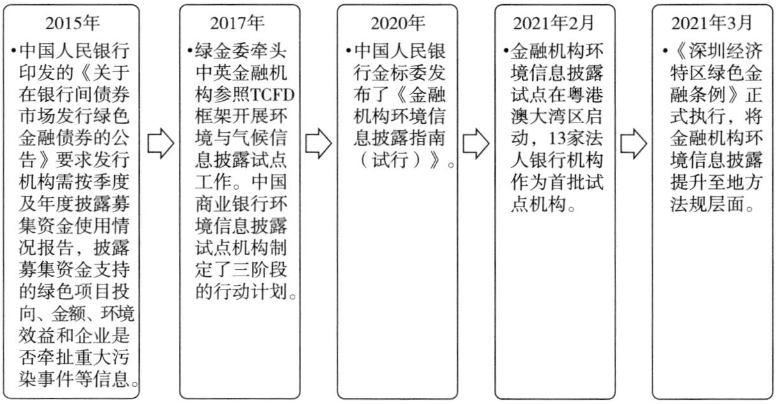

图 2.2　国内金融机构环境信息披露进程

来源：清华大学国家金融研究院绿色金融研究中心整理。

表 2.7 针对 A 股和港股上市公司的环境信息披露政策

适用范围	政策出台时间	文件名称	主要披露要求
A 股上市公司	2017.07	中国人民银行牵头《落实〈关于构建绿色金融体系的指导意见〉的分工方案》	分步骤建立强制性上市公司披露环境信息的制度。方案分为“三步走”：第一步为 2017 年底修订上市公司定期报告内容和格式准则，自愿披露；第二步为 2018 年 3 月强制要求重点排污单位披露环境信息，不披露就解释；第三步为 2020 年 12 月前要求所有上市公司强制环境信息披露
	2017.12	证监会《公开发行证券的公司信息披露内容与格式准则第 2 号——年度报告的内容与格式（2017 年修订）》和《公开发行证券的公司信息披露内容与格式准则第 3 号——半年度报告的内容与格式（2017 年修订）》	重点排污单位的公司或其子公司：排污信息（包括但不限于主要污染物及特征污染物的名称、排放方式、排放口数量和分布情况、排放浓度和总量、超标排放情况、执行的污染物排放标准、核定的排放总量）、防治污染设施的建设和运行情况、建设项目环境影响评价及其他环境保护行政许可情况、突发环境事件应急预案、环境自行监测方案； 重点排污单位之外的公司可以参照上述要求披露其环境信息，若不披露的，应当充分说明原因。鼓励公司自愿披露有利于保护生态、防治污染、履行环境责任的相关信息
	2018.9	证监会修订《上市公司治理准则》	上市公司应当依照法律法规和有关部门的要求，披露环境信息以及履行扶贫等社会责任相关情况

续表

适用范围	政策出台时间	文件名称	主要披露要求
A股上市公司	2021.5	证监会发布《公开发行证券的公司信息披露内容与格式准则第2号——年度报告的内容与格式（征求意见稿）》《公开发行证券的公司信息披露内容与格式准则第3号——半年度报告的内容与格式（征求意见稿）》	新增环境和社会责任章节。将定期报告正文与环境保护、社会责任有关条文统一整合至新增后的“第五节 环境和社会责任”，并在定期报告新增报告期内公司因环境问题受到行政处罚情况的披露内容，鼓励公司自愿披露在报告期内为减少其碳排放所采取的措施及效果和巩固拓展脱贫攻坚成果、乡村振兴等工作情况
港股上市公司	2012.8	港交所发布《环境、社会及管治报告指引》及实施意见，并将其列入《上市规则》附录	2013年1月1日开始生效，对上市公司在环境保护、劳动权益、健康与安全、反腐败、社会投资等方面做出了披露建议。所列指标的要求均为“建议披露”，并分为“一般披露”和“关键绩效指标”两种类型
	2015.12	港交所首次修订《环境、社会及管治报告指引》	第一步：2016年1月1日起，环境和社会部分由“一般披露”升级为“不遵循就解释”；第二步：2017年1月1日起，环境范畴KPI的披露责任提升至“不遵守就解释”
	2019.12	港交所二次修订《环境、社会及管治报告指引》	2020年7月1日开始生效，所有“建议披露”的指标均被提升至“不遵守就解释”，并增加了需要强制披露的内容。强制披露的内容包括ESG报告原则（包括重要性、量化及一致性）的应用情况、汇报的范围，以及ESG管治架构（董事会对于ESG事务的监管，方针政策）

来源：清华大学国家金融研究院绿色金融研究中心整理。

激励机制

绿色金融业绩评价

1. 中国人民银行

宏观审慎评估（MPA）是中国人民银行针对银行业机构的考核体系，考核对象分为三档，分别执行不同的激励政策。MPA 包含七大方面 14 个指标，“信贷政策执行情况”为七个方面之一。2018 年 2 月，中国人民银行在《中国货币政策执行报告（2017 年第 4 季度）》中披露，2017 年第 3 季度 MPA 将绿色金融纳入了“信贷政策执行情况”中进行评估。

2021 年 5 月，中国人民银行印发《银行业金融机构绿色金融评价方案》，评价指标包括定量和定性两类，其中，定量指标权重 80%，定性指标权重 20%。定量指标包括绿色金融业务余额占比、绿色金融业务余额份额占比、绿色金融业务余额同比增速、绿色金融业务风险余额占比等四项；定性指标包括执行国家及地方绿色金融政策情况、机构自身绿色金融发展战略的实施情况、金融支持绿色产业发展情况。绿色金融业务范围包括但不限于绿色贷款、绿色证券、绿色股权投资、绿色租赁和绿色信托等，纳入境内绿色债券持有量统计的产品包含绿色金融债、绿色企业债、绿色公司债、绿色债务融资工具、绿色资产证券化、经绿色债券评估认证机构认证为绿色的地方政府专项债券等产品。绿色金融评价自 2021 年 7 月起实施，每季度开展一次，评价结果将纳入央行金融机构评级等中国人民银行政策和审慎管理工具。

2. 财政部

《商业银行绩效评价办法》建于 2009 年，2016 年进行修订，财政部于 2020 年 12 月修改完善后印发：绩效评价指标体系由修改完善前的赢利能力、经营增长、资产质量、偿付能力四类指标，调整为服务国家发展目标和实体经济、发展质量、风险防控、经营效益四类，每类权重均为 25%，兼顾了考核重点和平衡关系。[①]“服务生态文明战略情况”为第一类指标之一，具体以综合对标（行业对标 + 历史对标）形式考核绿色信贷占比，权重为 6%。[②]

3. 中国银行业协会

2018 年 3 月，中国银行业协会印发《中国银行业绿色银行评价实施方案（试行）》，以各主要银行每年正式报送至银保监会的《绿色信贷实施情况关键指标填报表》及其附件、《绿色信贷实施情况自评价报告》作为基础材料，每年评价一次。[③]

绿色金融货币政策

1. 信贷政策

再贷款是指央行为实现货币政策目标而对金融机构发放的贷款，其作用为通过影响商业银行获取信贷资金的成本和额度调节基础货币

① 新华社 . 财政部修改完善商业银行绩效评价办法［EB/OL］.（2021-01-05）［2021-11-20］. http://www.mof.gov.cn/zhengwuxinxi/caijingshidian/xinhuanet/202101/t20210105_3639078.htm.

② 财政部 . 商业银行绩效评价指标体系［EB/OL］.（2021-01）［2021-11-20］. http://jrs.mof.gov.cn/gongzuotongzhi/202101/P020210104389633044160.pdf.

③ 中国银行业协会 . 银协发［2017］171 号关于印发《中国银行业绿色银行评价实施方案（试行）》的通知［EB/OL］.（2018-03-09）［2021-11-20］. https://www.china-cba.net/Index/show/catid/16/id/19006.html.

总量和优化信贷结构。2017 年 12 月，中国人民银行印发《关于推广信贷资产质押和央行内部（企业）评级工作的通知》，明确将优先接受符合标准的绿色贷款作为信贷政策支持再贷款、SLF 等工具的合格信贷资产担保品。2017 年，中国人民银行向湖州银行首批发放 5 亿元支持绿色小微信贷的再贷款，对接包括“绿色园区贷”在内的 3 个产品。

2. 抵押品管理

SLF、MLF 是指央行对存款性金融机构的流动性供给渠道，以抵质押的方式发放。2018 年 6 月，中国人民银行再次宣布适当扩大 MLF 担保品范围，将不低于 AA 级的绿色债券、优质绿色贷款等特定领域的资产纳入其中。

地方绿色金融政策

1. 绿色金融立法

我国首部绿色金融法律法规，同时也是全球首部规范绿色金融的综合性法案——《深圳经济特区绿色金融条例》（以下简称《条例》）2020 年 10 月 29 日经深圳市人民代表大会通过，于 2021 年 3 月 1 日正式实施。

《条例》以中国人民银行等七部委发布的《关于构建绿色金融体系的指导意见》为依据，充分借鉴吸收了发达国家关于绿色金融发展的制度设计，通过特区立法权，在绿色金融立法方面先行先试，为营造绿色金融发展营造优良的法治环境，为促进经济社会可持续发展提供法制支撑。《条例》内容分为九章，分别为：总则、制度与标准、产品与服务、投资评估、环境信息披露、促进与保障、监督与管理、法律责任、附则。

2021 年 9 月 29 日浙江省第十三届人民代表大会常务委员会第三十一次会议批准《湖州市绿色金融促进条例》(以下简称《条例》)自 2022 年 1 月 1 日起正式施行。①《条例》分为总则、产品与服务、碳减排与碳金融、标准与数字化改革、激励与保障、法律责任、附则，共七章四十五条。《条例》聚焦国家重大战略，坚持绿色赋能和问题导向，充分彰显了湖州特色，首次以法规形式明确了碳减排与碳金融的政策措施，针对能源、工业、建筑、交通、农业、居民生活等六大领域的碳减排做出了制度安排，首次将碳排放信息披露、项目碳评价、企业碳评价等基础性、前瞻性制度列入地方性法规，推动减污降碳协同增效，促进经济社会全面绿色低碳转型。②

2. 激励政策

各省市纷纷推出激励政策、引导绿色低碳转型（见表 2.8）。

表 2.8　各省市激励政策

政策类别	案例
绿色评价奖励	湖州市：连续 2 年绿色银行评级前三名的银行机构，给予每家 50 万元奖励
专营机构建设	湖州市：对监管部门批准设立或认可的绿色金融事业部（业务中心）、绿色金融专营分支行等专营机构，给予单家银行一次性奖励 50 万元
信贷贴息	湖州市：将绿色信贷分为深绿、中绿、浅绿三个等级，分别给予 12%、9% 和 6% 的贴息

① 湖州市人民政府 . 湖州市绿色金融促进条例［EB/OL］.（2021-10-15）［2021-11-20］. http://www.huzhou.gov.cn/art/2021/10/15/art_1229213553_59045542.html.

② 新浪财经 . 湖州出台首部绿色金融促进条例［EB/OL］.（2021-10-14）［2021-11-20］. https://baijiahao.baidu.com/s?id=1713525399739343184&wfr=spider&for=pc.

续表

政策类别	案例
风险补偿	深圳市：对合作银行向战略性新兴产业项目库内绿色低碳企业发放信用贷款，单笔最高按照实际贷款本金损失的 50% 给予合作银行补贴
信贷担保	深圳市：对已获得担保贷款的绿色低碳企业，按实际发生担保费用的 50% 给予融资担保补贴
绿债贴息	江苏省：对绿色债券、绿色 ABS 提供 30% 的贴息
债券担保	江苏省：给予第三方担保机构每只债券 30 万奖励
保费补贴	湖州市：支持推行环境污染强制责任保险制度，试点期间给予参保企业保费 20%~50% 的补助
认证补贴	贵阳市：绿色项目认证奖励企业成功获得贵安新区绿色项目认证所产生的费用，按实际情况据实奖励
专项资金	湖州市：全市每年安排绿色金融改革创新试验区建设专项资金 10 亿元（其中市本级 5 亿元），鼓励全市绿色金融改革创新
人才奖励	广州市：人才落户、子女教育医疗、购房等方面享受相应待遇

来源：地方政府公开文件，清华大学国家金融研究院绿色金融研究中心整理。

产品体系

本书第二篇将详述绿色金融产品体系中各类产品，因此本小节仅对主要产品类型做简要描述。

绿色信贷

绿色信贷[①]是环保总局、中国人民银行、银监会三部门为了遏制高耗能高污染产业的盲目扩张，于 2007 年 7 月 12 日联合提出的一项全新的信贷政策——《关于落实环境保护政策法规防范信贷风险的意

① 生态环境部 . 关于落实环保政策法规防范信贷风险的意见［EB/OL］.（2007-07-18）［2021-11-20］. http://www.mee.gov.cn/gkml/zj/wj/200910/t20091022_172469.htm.

见》(以下简称《意见》)。

绿色信贷的本质在于正确处理金融业与可持续发展的关系。其主要表现形式为:为生态保护、生态建设和绿色产业融资,构建新的金融体系和完善金融工具。

根据《意见》指示,绿色信贷应该包含以下两层含义:

其一,绿色信贷的目标之一是帮助和促使企业降低能耗,节约资源,将生态环境要素纳入金融业的核算和决策之中,扭转企业污染环境、浪费资源的粗放经营模式,避免陷入先污染后治理、再污染再治理的恶性循环。

其二,金融业应密切关注环保产业、生态产业等“无眼前利益”产业的发展,注重人类的长远利益,以未来的良好生态经济效益和环境反哺金融业,促成金融与生态的良性循环。

中国是全球最早建立绿色信贷定义、统计、评价等指标体系的国家,并最先进入可持续银行网络(SBN)矩阵评估的成熟阶段。近年来,我国绿色信贷规模呈现逐步上升的趋势。截至 2021 年末,国内 21 家主要银行绿色信贷余额达 15.1 万亿元,占其各项贷款的 10.6%(见图 2.3)。绿色信贷环境效益逐步显现,按照信贷资金占绿色项目总投资的比例测算,21 家主要银行绿色信贷每年可支持节约标准煤超过 4 亿吨,减排二氧化碳当量超过 7 亿吨。①

① 银保监会.截至 2021 年末国内 21 家主要银行绿色信贷余额达 15.1 万亿元[EB/OL].(2022-03-23)[2022-05-31]. https://baijiahao.baidu.com/s?id=1728079417851351107&wfr=spider&for=pc.

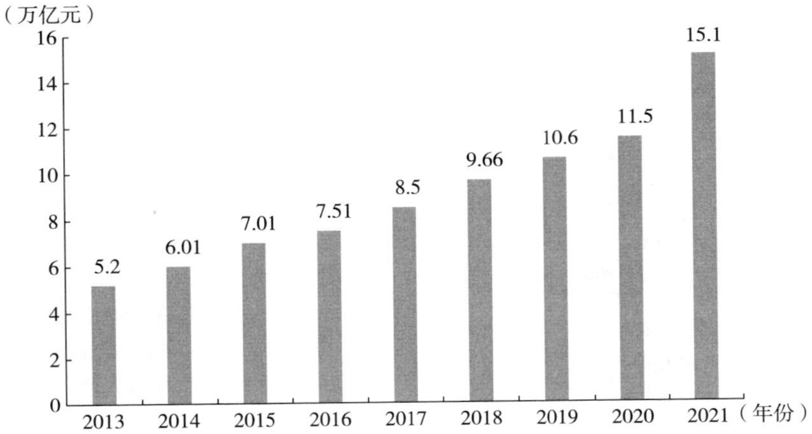

图 2.3　2013—2021 年我国绿色信贷余额规模（万亿元）

来源：银保监会，清华大学国家金融研究中心绿色金融研究中心整理。

绿色债券

绿色债券是指将募集资金专门用于支持符合规定条件的绿色产业、绿色项目或绿色经济活动，依照法定程序发行并按约定还本付息的有价证券。绿色债券的四大核心要素包括：募集资金用途、项目评估与遴选、募集资金管理和存续期信息披露。[①]

2016 年，中国绿债市场正式启动，目前已成为全球前两大绿色债券发行市场。中国二级市场存量绿色金融债交易活跃。2021 年共 769 只绿色债券参与交易投资，交易量共计 8 683.56 亿元，规模较 2020 年增长 40%。绿色金融债约占总交易量的 35%。[②]

---

① 中国人民银行，发展改革委，证监会．关于印发《绿色债券支持项目目录（2021 年版）》的通知［EB/OL］．（2021-04-02）［2021-11-20］．http://www.gov.cn/zhengce/zhengceku/2021-04/22/content_5601284.htm.

② 关于发布《中国绿色债券原则》的公告［EB/OL］．（2022-07-29）［2022-08-04］．http://www.nafmii.org.cn/ggtz/gg/202207/P020220729683303814431.pdf.

表 2.9　绿色债券品种

分类		定义
普通绿色债券	蓝色债券	符合《中国绿色债券原则》要求，募集资金投向可持续型海洋经济领域，促进海洋资源的可持续利用，用于支持海洋保护和海洋资源可持续利用相关项目的有价证券
	碳中和债	符合《中国绿色债券原则》要求，募集资金专项用于具有碳减排效益的绿色项目，通过专项产品持续引导资金流向绿色低碳循环领域，助力实现碳中和愿景的有价证券
碳收益绿色债券（环境权益相关的绿色债券）		符合《中国绿色债券原则》要求，募集资金投向符合规定条件的绿色项目，债券条款与水权、排污权、碳排放权等各类资源环境权益相挂钩的有价证券。例如产品定价按照固定利率加浮动利率确定，浮动利率挂钩所投碳资产相关收益
绿色项目收益债券		符合《中国绿色债券原则》要求，募集资金用于绿色项目建设且以绿色项目产生的经营性现金流为主要偿债来源的有价证券
绿色资产支持证券		符合《中国绿色债券原则》要求，募集资金用于绿色项目或以绿色项目所产生的现金流作为收益支持的结构化融资工具

来源：《中国绿色债券原则》。

根据央行研究局的数据，2021 年，中国绿色债券市场继续稳健发展，境内发行主体共发行各类绿色债券 628 只，规模合计 6 040.91 亿元，发行数量和发行规模均约为 2020 年的 3 倍（见图 2.4、2.5）。① 截至 2021 年末，境内绿色债券余额达 1.1 万亿元，与普通债券相比，2021 年 77% 的绿色债券具有发行成本优势。②

① 中国人民银行研究局课题组 . 2021 年我国绿色债券市场发展回顾与展望［J］.（2022-04）［2022-05-26］. https://kns.cnki.net/kcms/detail/detail.aspx?dbcode=CJFD&dbname=CJFDAUTO&filename=ZHQU202204014&uniplatform=NZKPT&v=NRrkoEpPnhp46pnCJIHlD27vvTYf1DlnD7yI2jVJjkvN09N1jWKHGS7bh0N5Tl9Q.

② 中国人民银行研究局 . 绿色金融助力碳达峰碳中和［EB/OL］.（2022-03-04）［2022-05-26］. http://www.pbc.gov.cn/goutongjiaoliu/113456/113469/4500507/index.html.

图 2.4 2016—2021 年中国境内绿色债券发行数量及规模（亿元）

来源：中国人民银行研究局，清华大学国家金融研究院绿色金融研究中心整理。

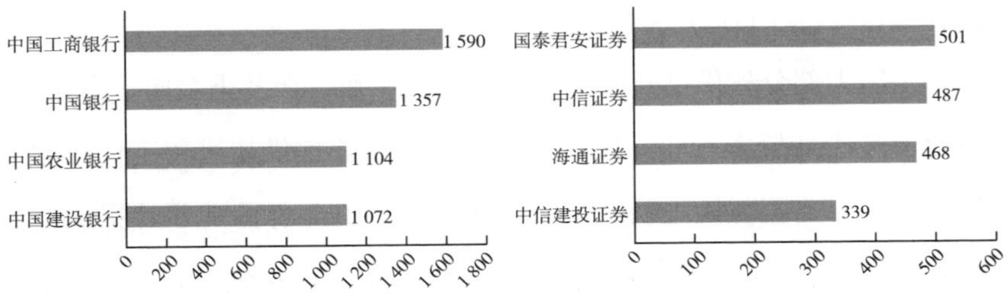

图 2.5 2021 年银行与证券公司绿色债券承销规模 Top4（亿元）

来源：中国人民银行研究局，清华大学国家金融研究院绿色金融研究中心整理。

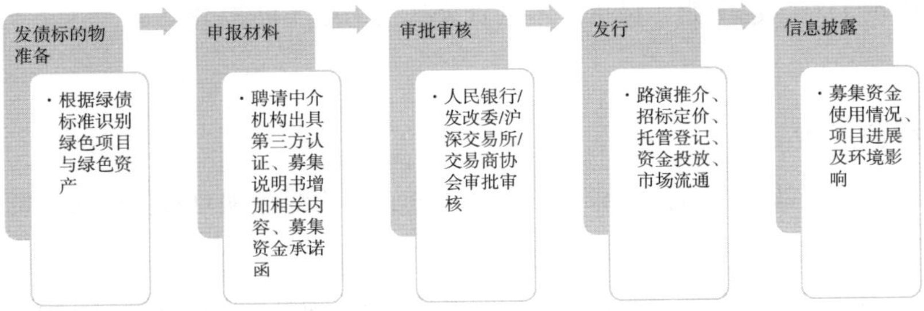

图 2.6 绿色债券发行流程

来源：清华大学国家金融研究院绿色金融研究中心整理。

绿色保险

狭义的绿色保险是指环境污染责任保险，是以企业发生污染事故对第三者造成的损害应承担的赔偿责任为标的的保险。广义的绿色保险是通过产品设计融入绿色理念，借助保险的风险管理机制及派生功能，助推经济活动绿色化。随着实践的深入，绿色保险的保障范围不断拓宽，已逐步涉及气候变化、绿色能源、绿色农业、绿色建筑、节能环保等绿色产业，成为绿色金融体系的重要组成部分。绿色保险还包括保险资金的绿色运用，即绿色保险资管，指保险公司根据保险资金成本、期限的特性，通过债权投资计划、股权投资计划、资产支持计划、绿色产业基金、绿色信托、绿色 PPP、绿色债券等多元化方式，支持绿色项目或产业发展。

全国大部分省份已开展了环责险试点工作，涉及重金属、石化、危化、危废处置等行业，保险公司累计为企业提供超过数千亿元的风险保障金。据保险业协会统计，2018—2020 年保险业累计提供了 45.03 万亿元保额的绿色保险保障，支付了 533.77 亿元赔款，发挥了绿色保险的风险保障功效。保险资金运用于绿色投资的存量余额从 2018 年的 3 954 亿元增加至 2020 年的 5 615 亿元，年均增长 19.17%，体现了对绿色产业、绿色技术的资金扶持力度不断提升。①

绿色基金

绿色基金泛指投向绿色产业的基金，是为绿色项目提供股权融资

① 中国保险行业协会 . 保险业聚焦碳达峰碳中和目标助推绿色发展蓝皮书［EB/OL］.（2021-06）［2021-11-20］. http://www.iachina.cn/module/download/downfile.jsp?classid=0&filename=71fe3c6f7b36451bb51f9c33ad104aff.pdf.

非常重要的渠道，绿色产业基金的特点在于该基金资产总值的 60% 以上投资于绿色环保领域。①

绿色上市融资及绿色股票指数

绿色企业上市融资是指在符合发行上市相应法律法规、政策的前提下，符合条件的绿色企业按照法定程序发行上市，并通过增发等方式进行再融资。②

绿色股票指数是指根据特定标准对绿色股票进行评选，选取综合评分较高的上市公司为样本，根据其股票价格所设计并计算出来的股票价格指数，用以衡量绿色股票市场的价格波动情况（见表 2.10、2.11）。③

表 2.10 部分绿色债券指数产品

类型	产品
中证系列指数	交易所绿色债
中债绿色系列债券指数	中债－中国绿色债券指数
	中债－中国绿色债券精选指数
	中债－中国气候相关债券指数
	中债－兴业绿色债券指数
上证绿色系列债券指数	上证绿色债
	上证绿色公司债

① 海南省绿色金融研究院．中国绿色产业基金发展现状分析［EB/OL］.（2021-06-22）［2021-11-20］. http://m.thepaper.cn/baijiahao_13263114.

② 中国人民银行，财政部，发展改革委，环境保护部，银监会，证监会，保监会．关于构建绿色金融体系的指导意见［EB/OL］.（2016-08-31）［2021-11-20］. http://www.pbc.gov.cn/goutongjiaoliu/113456/113469/3131687/index.html.

③ 秦二娃，王骏娴．“绿色股票指数”的发展［J］. 当代金融家．2016（08）.

续表

类型	产品
中财国证绿色债券系列指数	高等级绿色债券
	高等级非贴标绿债
	高等级贴标绿债

来源：清华大学国家金融研究院绿色金融研究中心整理。

表 2.11　部分 ESG/ 绿色股票指数产品

一级分类	二级分类	指数名称
E	气候	中国低碳
		生态 100
		上证 180 碳效率指数
E	自然资源	上证自然资源指数
		央视生态指数
	节能环保	中证环保
		深证公共环保指数
		上证环保产业指数
	新能源	中证核电
		上证可持续发展产业主题指数
		深港通新能源车
S	人力资本	上证健康产业指数
	社会责任	上证信息安全主题指数
		CBN–兴业社会责任指数
		央视 50 责任
	社会机会	上证绿色城镇指数
G	公司治理	上证 180 公司治理指数
		深证中小治理指数
绿色综合股指类	—	ESG 100
		沪深 300 绿色领先股票指数

来源：清华大学国家金融研究院绿色金融研究中心整理。

环境、社会与治理（ESG）：UNPRI 认为，很难给出确定且详尽的 ESG 定义，任何这样的定义都不可避免地不完整，并且很快就会过时。出于指导目的，UNPRI 提供了 ESG 议题的示例[①]（见表 2.12）。

表 2.12　UNPRI ESG 议题

类型	议题
环境（E）	与自然环境和生态系统的质量和功能有关的问题，包括：生物多样性的丧失、温室气体排放、气候变化、可再生能源、能源效率、空气或水资源的消耗或污染、废弃物管理、平流层臭氧的消耗、土地利用的变化、海洋酸化以及氮和磷循环的变化
社会（S）	与居民和社区的权利、福祉和利益有关的问题，包括：人权，供应链中的用工标准，童工、奴隶和奴役劳工，工作场所的健康和安全，人力资本管理与雇员关系；少数族裔及多样性；与当地社区的关系，冲突地区的活动，健康与药物获得，HIV 感染和艾滋病，消费者保护以及有争议的武器
治理（G）	与公司和其他被投资实体的治理有关的问题。在上市公司中，这些因素包括：董事会结构、规模、多样性、专业能力和独立性、高管薪酬、股东权利，与各利益相关者互动，信息披露，商业道德，反贿赂和反腐败，内部控制和风险管理，以及总体而言有关公司管理层、董事会、股东和其他利益相关者之间关系的问题。此类还可能包括企业战略问题，既包括业务战略对环境和社会问题的影响，又包括战略的实施方式； 在未上市的资产类别中，治理问题还涉及基金治理问题，例如咨询委员会的权力、估值问题、费用结构等

来源：清华大学国家金融研究院绿色金融研究中心整理。

绿色信托

绿色信托指信托公司为支持环境改善、应对气候变化和资源节约高效利用等经济活动，通过绿色信托贷款、绿色股权投资、绿色资产证券化、绿色产业基金、绿色公益（慈善）信托等方式提供的信托产

① UNPRI.Reporting Framework Main definitions［EB/OL］.（2018-11）［2021-12-12］. https://www.unpri.org/Uploads/x/l/q/maindefinitionstoprireportingframework_971173.pdf.

品及受托服务。①

2019 年，绿色信托存续资产管理规模为 3 354.6 亿元，同比增长 152.94%，绿色信托存续项目数量为 832 个，同比增长 101.45%。绿色信托产品体系逐步完善，形成了绿色信托贷款、绿色股权投资、绿色资产证券化、绿色供应链、绿色产业基金、绿色慈善信托等产品体系，主要投资于清洁能源产业、基础设施绿色升级产业、节能环保产业等绿色产业。

2020 年，我国绿色信托存续资产规模为 3 592.82 亿元，同比增长 7.1%，新增资产规模为 1 199.93 亿元；存续项目数量为 888 个，同比增长 6.73%，新增项目数量为 360 个（见图 2.7）。②

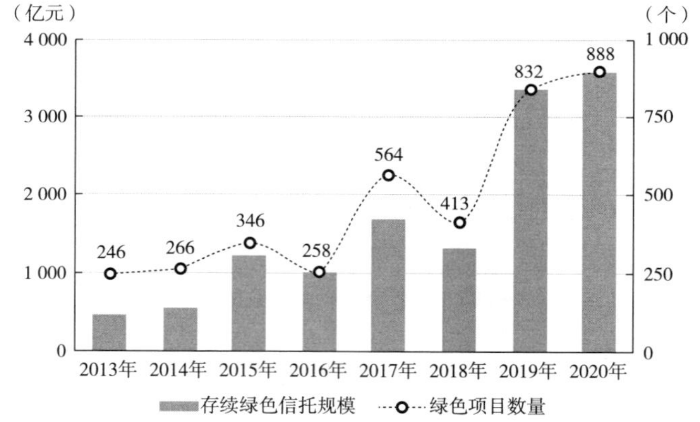

图 2.7　2013—2020 年绿色信托规模与数量

来源：中国信托业协会。

① 中国信托业协会 . 绿色信托指引［EB/OL］.（2020-06）［2021-11-20］. http://www.xtxh.net/xtxh/disciplineconvent/45758.htm.

② 中国信托业协会 . 中国信托业社会责任报告（2020-2021）2021［EB/OL］.（2021-11-19）［2022-01-01］. http://www.xtxh.net/xtxh/attachment.jspx?cid=47241&i=0&t=1642494411500&k=ee91eac48aaa1db59a7711e155230ab0.

中航信托的全国首单“碳中和”主题绿色信托计划由中航信托作为受托人发起，初始规模为 3 000 万元，投资标的覆盖全国范围内可交易的优质碳资产，项目期限不低于 2 年。

万向信托 – 善水基金 1 号是万向信托与公益环保组织 TNC、阿里巴巴公益基金会共建的“浙江龙坞小水源地保护项目”，在自然资源信托化领域首创水基金信托模式。

兴业信托 · 利丰 A016 碳权 1 号集合资金信托计划的信托资金通过受让碳排放权收益权的形式，创新性地将福建省碳排放交易市场公开交易价格作为标的信托财产估价标准，向福建三钢闽光股份有限公司提供融资支持。

2020 年 3 月，新苏环保产业集团有限公司 2020 年度第一期绿色资产支持票据信托正式成立，规模 5.55 亿元，期限 4.33 年，该资产支持票据系工业污水收费收益权绿色 ABN，该项目由新苏环保产业集团有限公司作为发起机构，平安信托担任发行载体管理机构。该项目在发起机构控股股东常高新集团有限公司、发起机构新苏环保及各家中介机构的支持下，实现了以工业污水收费收益权为基础资产的绿色资产支持票据创新。[①]

绿色租赁

绿色租赁指租赁机构为支持环境改善、应对气候变化和资源节约

① 齐金钊 . 平安信托两大案例荣获“深圳经济特区金融学会年度优秀绿色金融”奖［N］. 中国证券报，2021-03-30.

高效利用等经济活动所提供的租赁产品及服务。[①]

租赁产品以物融资，融资期限接近设备使用年限，融资比例一般较高，与绿色产业资金需求较为匹配。目前国内租赁公司主要分为金融租赁和商业租赁两类，其中多数关注绿色租赁，主要覆盖清洁能源、节能环保、城市交通、绿色建筑、生态旅游、智能制造等领域。

碳金融

碳金融起初是指由《京都议定书》而兴起的低碳经济投融资活动，目的是通过创新金融手段来减少温室气体排放，是金融体系在减缓气候变化方面的重要机制创新，其作用机制可以总结为价格发现、风险管理和低碳融资三个方面。

2022 年 4 月，证监会发布《碳金融产品》金融行业标准（JR/T 0244–2022），在碳金融产品分类的基础上，制定了具体的碳金融产品实施要求。[②] 证监会《碳金融产品》标准将碳金融产品明确定义为：建立在碳排放权交易的基础上，服务于减少温室气体排放或者增加碳汇能力的商业活动，以碳配额和碳信用等碳排放权益为媒介或标的的资金融通活动载体。

碳金融工具，即服务于碳资产管理的各种金融产品，根据证监会《碳金融产品标准》，碳金融工具分为碳市场融资工具、碳市场交易工具和碳市场支持工具三个大类。

---

① 人民银行研究局 . 绿色金融术语（试行）2020［EB/OL］.（2020–06–12）［2021–11–16］. http://www.gzccb.com/gywh/xwzx/bhjwq_219/202006/t20200612_4111.html.

② 【第 30 号公告】《证券期货业数据模型 第 4 部分：基金公司逻辑模型》等 4 项金融行业标准［EB/OL］.（2022–04–12）［2022–04–19］. http://www.csrc.gov.cn/csrc/c101954/c2334725/content.shtml.

碳市场融资工具，即以碳资产为标的进行各类资金融通的碳金融产品。主要包括碳债券、碳资产抵质押融资、碳资产回购、碳资产托管等。

碳市场交易工具，又称碳金融衍生品，是指在碳排放权交易基础上，以碳配额和碳信用为标的的金融合约，主要包括碳远期、碳期货、碳期权、碳掉期、碳借贷等。

碳市场支持工具，指为碳资产的开发管理和市场交易等活动提供量化服务、风险管理及产品开发的金融产品。主要包括碳指数、碳保险、碳基金等。

碳市场是碳金融产品运转的枢纽，当前国内碳市场体系已经有所完善，形成了较为稳固的运行机制（见图 2.8）。2021 年 7 月 16 日，全国碳排放权交易市场正式启动，截至 2021 年 12 月 31 日，全国碳排放权交易市场碳排放配额（CEA）累计成交量达 1.79 亿吨，累计成交额达 76.61 亿元。其中，挂牌协议交易累计成交量为 3 077.46 万吨，累计成交额为 14.51 亿元；大宗协议交易累计成交量为 14 801.48 万吨，累计成交额为 62.10 亿元。12 月 31 日的收盘价为 54.22 元 / 吨，较首日开盘价上涨 12.96%。超过半数重点排放单位积极参与了市场交易。①

2016 年《关于构建绿色金融体系的指导意见》提出“推动建立排污权等环境权益交易市场，推进跨行政区域排污权交易，扩大排污权有偿使用和交易试点，加强排污权交易制度建设和政策创新，制定完善排污权核定和市场化价格形成机制，推动建立区域性及全国性排

① 数据来源：上海环境能源交易所［EB/OL］.（2021-12-31）［2022-04-19］. https://www.cneeex.com/c/2021-12-31/491814.shtml.

污权交易市场，发展基于排污权的融资工具”。

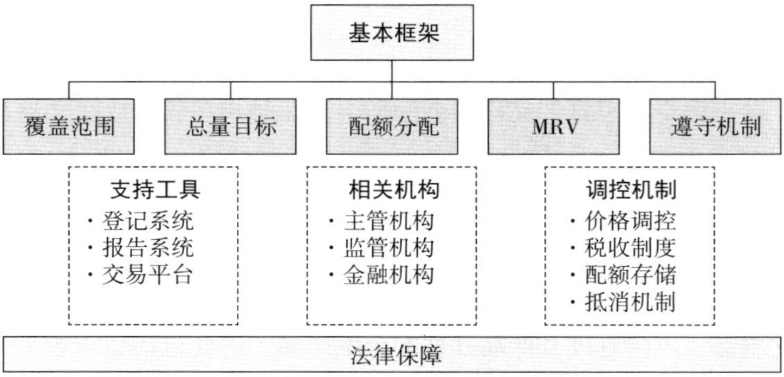

图 2.8　我国碳市场运行机制

来源：清华大学国家金融研究院绿色金融研究中心整理。

科斯定理指出，在产权明确界定下，若交易费用为零或很小，通过双方自愿协商可以实现资源配置的帕累托最优。市场经济国家在环境保护领域的排污权和用能权交易制度是科斯定理的具体运用。以环境权益为标的的绿色金融产品创新中较为普及的是排污权抵押融资、排污权质押融资、排污权租赁。

排污权交易是指在一定区域内，在污染物排放总量不超过允许排放量的前提下，内部各污染源之间通过货币交换的方式调剂排污量，达到减少排污量、保护环境的目的。

用能权交易是指在一定时间内，在可消费的能源总量不超过允许消费总量前提下，内部各用能单位之间通过货币交换的方式调剂能源消费量，达到节能减排的目标。

国际合作

随着国际社会越来越重视可持续发展，如何通过金融手段来促进经济社会的绿色转型也是目前国际交流与合作方面的主题之一。目前国际主流政府与非政府间的绿色金融相关合作组织见表 2.13，部分组织简介如下。

表 2.13　绿色金融国际交流与合作

类型	合作组织
政府间合作	G20 可持续金融工作组
	央行与监管机构绿色金融网络（NGFS）
	可持续金融国际平台（IPSF）
	多边开发融资合作中心（MCDF）
非政府间合作	贷款市场协会（LMA）
	赤道原则（EP）
	国际资本市场协会（ICMA）
	责任投资原则（UN PRI）
	可持续发展会计准则委员会（SASB）
	可持续银行网络（SBN）
	可持续保险原则（PSI）
	气候相关财务信息披露工作组（TCFD）
	气候与环境信息披露试点项目
	全球可持续金融中心网络（FC4S）
	国际标准化组织可持续金融技术委员会（ISO/TC322）
	中国 – 国际货币基金组织联合能力建设中心
	“一带一路”绿色投资原则（GIP）
	联合国气候行动峰会
	全球可持续发展投资者联盟（GISD）
	负责任银行原则（PRB）
	自然相关财务信息披露工作组（TNFD）
	联合国格拉斯哥净零金融联盟（GFANZ）
	国际可持续性准则理事会（ISSB）

来源：清华大学国家金融研究院绿色金融研究中心整理。

G20 可持续金融工作组

G20 可持续金融工作组源自 G20 绿色金融研究小组 SFWG（G20 Sustainable Finance Working Group，简称 G20）。2016 年，我国担任 G20 主席国，首次将绿色发展理念融入 G20 议题，牵头成立 G20 绿色金融研究小组，与英格兰银行共同担任小组主席，并于 2017 年 7 月发布《G20 绿色金融综合报告》。2018 年，绿色金融研究小组演化为可持续金融研究小组（SFSG），其以绿色金融为核心议题，但也研究包括就业和收入分配等其他可持续发展要素。2021 年 4 月，可持续金融研究小组升级为可持续金融工作组，由中国人民银行与美国财政部联合牵头，于 2021 年 10 月发布 G20 首个关于可持续金融的框架性文件《可持续金融路线图》，为引导国际市场资金支持应对气候变化提供了重要指引。

中央银行与监管机构绿色金融网络

中央银行与监管机构绿色金融网络（Network of Central Banks and Supervisors for Greening the Financial System，简称 NGFS）① 成立于 2017 年 12 月 12 日，目的是鼓励全球各方对实现《巴黎协定》所设定的目标采取行动措施，加强金融系统风险管理，并在环境可持续发展的背景下调动绿色和低碳投资的市场资本。截至 2022 年 4 月，NGFS 成员扩展至 114 家正式成员和 18 家观察机构。

① NGFS. Origin and Purpose [EB/OL] .（2019-09-13）[2021-10-25] . https://www.ngfs.net/en.

可持续金融国际平台[①]

可持续金融国际平台（International Platform on Sustainable Finance，简称IPSF），由欧盟于2019年10月18日发起，创始成员包括阿根廷、加拿大、智利、中国、印度尼西亚和摩洛哥。IPSF致力于推动私人资本向环保可持续投资调动，其为可持续金融监管措施的政策制定者提供了相互对话的多边论坛，以帮助投资者识别并抓住真正有助于气候和环境目标的可持续投资机会。目前，IPSF已拥有包括美国、日本等在内的18个成员，覆盖世界温室气体排放量的55%，占世界人口的50%，占全球GDP的55%。

多边开发融资合作中心[②]

多边开发融资合作中心（Multilateral Cooperation Center for Development Finance，简称MCDF），是首届和第二届“一带一路”国际合作高峰论坛的重要成果，由财政部和世界银行等多家机构在北京签署备忘录共同成立。MCDF作为多边合作协调平台，通过促进信息分享，支持项目前期准备和能力建设，协调国际金融机构及符合条件的金融机构开展多边合作，支持高质量基础设施互联互通。2021年，MCDF正式投入运营，亚投行和非洲开发银行先后成为MCDF基金项目执行伙伴，各项业务有序推进，实现良好开局。截至2021年底，中国、沙特、埃及、匈牙利、柬埔寨、老挝、菲律宾7国共向MCDF基金

① International Platform on Sustainable Finance.［EB/OL］.（2019-10-18）［2021-10-25］https://ec.europa.eu/info/business-economy-euro/banking-and-finance/sustainable-finance/international-platform-sustainable-finance_en.

② 多边开发融资合作中心．多边开发融资合作中心简介［EB/OL］.（2021-12-22）.［2021-12-25］http://gjs.mof.gov.cn/dhjz/hzjz/dbkfrz/202012/t20201208_3633352.htm.

捐款 1.803 亿美元。

贷款市场协会[①]

贷款市场协会（Loan Market Association，简称 LMA）成立于 1996 年，由来自 69 个国家的 760 个组织成员构成。这些成员包括商业和投资银行，机构投资者，律师事务所，服务提供商和评级机构。协会于 2019 年 12 月发布了《绿色贷款原则》[②]（*Green Loan Principles*），并于 2020 年 5 月发布了《绿色贷款原则指引》[③]（*Guidance on Green Loan Principles*），对《绿色贷款原则》作进一步补充和支持。

赤道原则[④]

2002 年 10 月，荷兰银行（The Equator Principles，简称 EPs）、巴克莱银行、花旗银行和西德意志州立银行自发共同起草赤道原则。目前，来自 37 个国家的 118 个金融机构[⑤]已正式采纳和使用赤道原则。

---

① Loan Market Association. About us［EB/OL］.（1996-12-01）［2021-12-25］https://www.lma.eu.com/.

② Loan Market Association. Green loan principles［EB/OL］.（2021-02-01）［2021-11-23］. https://www.lma.eu.com/application/files/9716/1304/3740/Green_Loan_Principles_Feb2021_V04.pdf.

③ Loan Market Association.Guidance on Green Loan principles［EB/OL］.（2021-02-01）［2021-06-09］. https://www.lma.eu.com/application/files/2416/1303/5144/GLP_Guidance_Feb2021_V02.pdf.

④ Equator Principles. Reporting Database［EB/OL］.（2002-11-01）［2021-08-30］. https://equator-principles.com/.

⑤ Equator Principles. Reporting Database［EB/OL］.（2002-11-01）［2021-08-30］. https://equator-principles.com./members-reporting/.

这是一套基于国际金融公司（International Finance Corporation，简称 IFC）的《环境和社会可持续性考核标准》和世界银行的《环境、健康与安全通用指南》制定的，在融资过程中用以确定、评估和管理项目所涉及的环境和社会风险的金融行业基准，其目的是在做出负责任的风险决策的过程中为尽职调查和监督工作提供最低标准。

国际资本市场协会①

国际资本市场协会（International Capital Market Association，简称 ICMA）成立于 2005 年，致力于开展可持续金融相关工作。协会于 2014 年和 2017 年相继发布了《绿色债券原则》②（*Green Bond Principles*，简称 GBP）、《社会债券原则》③（*Social Bond Principles*，简称 SBP）和《可持续债券指引》④（*Sustainability Bond Guidelines*，简称 SBG）。2020 年 12 月，协会发布了《气候转型债券指引》⑤（*Climate*

① ICMA. Aoubt ICMA [EB/OL] . (2005–12–30) [2021–10–26] . https://www.icmagroup.org/.

② ICMA.GBP Handbook [EB/OL] . (2014–12–20) [2021–10–26] . https://www.icmagroup.org/sustainable–finance/ the–principles–guidelines–and–handbooks/green–bond–principles–gbp/.

③ ICMA.SBP Handbook. [EB/OL] . (2017–12–20) [2021–11–24] . https://www.icmagroup.org/sustainable–finance/the–principles–guidelines–and–handbooks/social–bond–principles–sbp/.

④ ICMA.SBG Handbook. [EB/OL] . (2017–12–20) [2021–11–24] . https://www.icmagroup.org/sustainable–finance/the–principles–guidelines–and–handbooks/sustainability–bond–guidelines–sbg/.

⑤ ICMA. Cliamte Transition Finance Handbook. [EB/OL] . (2020–12–20) [2021–11–14] . https://www.icmagroup.org/sustainable–finance/the–principles–guidelines–and–handbooks/climate–transition–finance–handbook/.

Transition Finance Handbook）。这些原则旨在支持发行人转变商业模式，实现可持续发展和碳中和，保护自然资源和环境，实现更大的社会效益。

责任投资原则[①]

联合国责任投资原则组织（UN Principles for Responsible Investment，简称UN PRI），由联合国前秘书长科菲·安南于2006年牵头发起，旨在帮助投资者理解环境、社会和公司治理等要素对投资价值的影响，并支持各签署机构将这些要素融入投资战略、决策及积极所有权中。在过去的15年里，该组织发展势头迅猛，签署机构数从2006年的63个增长到2020年的3 038个。同时，签署机构资管规模从6 500亿美元增至约10 340亿美元。[②]

可持续发展会计准则委员会[③]

可持续发展会计准则委员会（Sustainability Accounting Standards Board Foundation，简称SASB）成立于2011年，是一家非营利性组织。可持续发展会计准则委员基金会致力于制定一系列针对特定行业的ESG披露指标，促进投资者与企业对财务表现有实质性影响且有助于决策的可持续性财务信息进行沟通。

---

① UNPRI. About Us［EB/OL］.（2006-12-30）［2021-09-10］. https://www.unpri.org/.

② UNPRI. About the PRI［EB/OL］.（2020-12-01）［2021-09-10］. https://www.unpri.org/pri/about-the-pri.

③ SASB. About US［EB/OL］.（2012-01-01）［2021-12-23］. https://www.sasb.org/.

可持续银行网络[①]

在国际金融公司（IFC）的支持下，可持续银行网络（Sustainable Banking Network，简称 SBN）于 2012 年成立，由来自 34 个新兴市场的金融行业监管机构和银行协会组成。可持续银行网络成员致力于推动其金融部门朝着可持续发展的方向迈进，实现改善 ESG 风险管理（包括气候风险披露）以及促进资本流向对气候、环境和社会等有积极影响的活动的双重目标。

可持续保险原则[②]

《可持续保险原则》(*Principles for Sustainable Insurance*，简称 PSI）由联合国环境规划署金融倡议（UNEP FI）在 2012 年联合国可持续发展大会上正式发起。该原则下包含四项原则[③]，旨在为全球保险业提供一个应对环境、社会和公司治理（ESG）风险与机遇的实践框架。该原则是迄今为止联合国与全球保险行业达成的最大合作倡议。目前全球共有超过 140 家保险机构采用《可持续保险原则》，它们覆盖了全球超过 25% 的保额以及超过 14 000 亿美金的资管规模。[④]该原则也是道琼斯可持续指数（the Dow Jones Sustainability Indices）和富时社会责任指数系列（FTSE4Good）保险行业筛选标准的一部分。

---

① SBFN.Accelerating Sustainable Finance Together [EB/OL].(2021-10)[2021-11-06]. www.ifc.org/sbn.

② UNEP.Principles for sustainable investment [EB/OL].(2021-12-30)[2021-10-09]. https://www.unepfi.org/psi/.

③ 郭沛源 . 中国平安签署可持续保险原则，保险行业 ESG 为何与众不同？ | 周评 [N]. 商道纵横，2020-04.

④ UNEP.The PSI Initiative. [EB/OL].(2021-12-01)[2021-12-29]. https://www.unepfi.org/psi/vision-purpose/.

气候相关财务信息披露工作组[①]

2015 年 12 月，金融稳定理事会宣布成立气候相关财务信息披露工作组（Task Force on Climate-related Financial Disclosures，简称 TCFD）。工作组由来自 20 国集团（G20）的 31 名成员组成。工作组致力于制定更有效的与气候有关的披露建议。2017 年工作组发布了“建议报告”概述了与气候有关的财务披露问题的建议。

国际标准化组织可持续金融技术委员会[②]

2018 年 9 月，经 ISO 全体成员和技术管理局（ISO/TMB）投票，ISO 批准成立可持续金融技术委员会（ISO/TC322）。至 2021 年 12 月，ISO/TC322 有 25 个参与成员（P 成员）和 17 个观察成员（O 成员），遍布亚洲、北美洲、欧洲、大洋洲、南美洲和北非地区，涵盖了全球引领可持续金融和绿色金融发展的主要经济体。ISO/TC322 由英国承担秘书处工作，由中国承担主席顾问小组秘书工作。2021 年 8 月，国际标准化组织（ISO）正式发布 ISO/TR 32220：2021《可持续金融基本概念和关键倡议》国际标准。这是 ISO 可持续金融技术委员会发布的首项国际标准，并且由中国专家召集制定，是中国为推动绿色 / 可持续金融标准国际趋同做出的实质性贡献。

① TCFD.Climate change presents financial risk to the global economy［EB/OL］.（2016-01-01）［2021-09-23］. https://www.fsb-tcfd.org/.

② ISO. About Us［EB/OL］.（2018-10-01）［2021-12-20］https://www.iso.org/committee/7203746.html, https://committee.iso.org/home/tc322.

“一带一路”绿色投资原则[①]

2018 年 11 月，中国金融学会绿色金融专业委员会（以下简称绿金委）与伦敦金融城共同发布了《“一带一路”绿色投资原则》（*Green Investment Principles for the Belt and Road*，简称 GIP）。原则具体包括七条内容：原则一，将可持续发展纳入公司治理；原则二，充分了解环境、社会和治理风险；原则三，充分披露环境信息；原则四，加强与利益相关方沟通；原则五，充分运用绿色金融工具；原则六，采用绿色供应链管理；原则七，通过多方合作进行能力建设。

负责任银行原则[②]

2019 年 9 月 23 日，联合国环境规划署正式发布《负责任银行原则》（*Principles for Responsible Banking*，简称 PRB），目的在于确保签署银行的战略实施与联合国可持续发展目标和《巴黎协定》所倡议的社会目标保持一致，同时鼓励银行为可持续的未来做出更大贡献。截至 2020 年 12 月，有 220 家银行加入了这场变革运动，引领银行界为人类和地球做出社会期望的积极贡献。

---

① GIP. About GIP［EB/OL］.（2018-12-01）［2021-12-20］. https://gipbr.net/.

② UNEPFI. About Us［EB/OL］.（2019-10-01）［2021-10-23］. https://www.unepfi.org/banking/bankingprinciples/.

第三章

环境与气候风险管理

环境与气候风险

环境与气候风险可以分为物理风险和转型风险两类：物理风险源于极端气候、海平面上升、生态系统破坏（如荒漠化、水资源短缺）、环境事件（如石油泄漏）等的影响；转型风险源于人类应对环境与气候挑战而产生的公共政策变化、技术进步、投资者偏好改变、商业模式创新等的影响。物理风险和转型风险通过宏观与微观作用传递至金融市场，进而产生信贷风险、市场风险、承保风险、运营风险、流动性风险等金融风险。[1]对于银行业等金融机构而言，环境与气候风险强调由于存在环境和气候相关的风险敞口而导致的金融风险。

---

① NGFS. Cases Studies of Environmental risk analysis methodologies [EB/OL].(2020-12)[2021-10-20]. https://www.ngfs.net/en/case-studies-environmental-risk-analysis-methodologies.

物理风险

物理风险指来源于极端气候和环境事件或相关因素（包括洪水、热带风暴、干旱、热浪、海平面上升、自然资源短缺等），这些自然灾害事件会对物理资产造成价值破坏，对经济活动造成负面影响，从而影响到相关的实体企业和金融机构。

- 气候变化引发海平面上升，有学者曾在《金融经济学杂志》（*Journal of Financial Economics*）定量估计海平面上升对北美海岸线附近房屋价格的影响。[①]
- 气候变化引发的自然灾害的频率上升，包括干旱、洪水、台风等，如 2011 年泰国洪水对全球汽车和电子元件产业链的影响。

转型风险

转型风险是指为应对气候变化挑战进行政策、技术、观念上的转变而产生的风险。例如，实现低碳经济需要在政策和技术上进行调整，这些变化会导致大量金融资产的价值需要重新评估，也因此引发不确定性和风险。

- 政府采取措施来限制化石能源和鼓励清洁能源的使用，这些措施包括碳税、碳交易系统、煤炭资源税等，如欧盟碳边境税、

① A. Bernstein，M.T. Gustafson and R. Lewis，Disaster on the horizon.The price effect of sea level rise［N］. Journal of Financial Economics，2019-11-01.

欧盟碳排放交易系统、中国煤炭资源税等。

- 政府强化收紧环境相关的法规（例如加重对污染物的征税和对污染公司的惩罚力度），如中国 2018 年开始实施的环境保护税法对 117 种主要污染因子进行征税。
- 技术转变，如 IRENA 在一份报告中表示，在 2019 年的新增可再生能源发电量中，有一半以上实现了比最廉价的新建燃煤电厂更低的发电成本。①

环境与气候风险对金融系统影响的传导路径

环境与气候风险主要体现在更高发的极端气候事件与经济社会低碳转型两方面，从宏观和微观多个层次影响着社会经济系统。比如，环境与气候风险可能导致实物资产的损坏，供应链运营中断或成本上升，产品或服务需求降低，融资成本升高等一系列影响企业财务表现的情形，进而影响金融体系的稳定（见图 3.1）。

传统的压力测试包括六个步骤：选择要测试的资产组合、选择施加的压力因素及压力指标、选择承压对象并确定承压指标、构建情景、构建传导模型、执行压力测试和结果分析。②

① Abu Dhabi.Renewable power generation costs in 2019 [N]. IRENA(2020), International Renewable Energy Agency.

② 张红力，周月秋等中国工商银行环境因素压力测试课题组 . 环境因素对商业银行信用风险的影响——基于中国工商银行的压力测试研究与应用 [J]. 金融论坛 . 2016，21（02）.

图 3.1　环境气候风险对金融系统影响的传导路径

来源：CICERO，清华大学国家金融研究院绿色金融发展研究中心整理。

在进行环境压力测试时，对于物理风险，通常采用 PD 模型、LGD 模型、估值模型等基本方法进行量化分析；对于转型风险，通常采用宏观经济模型、特定部门模型、IAM 模型等基本方法进行量化分析。下文将以具体的环境压力测试模型为例进行解析。①

CLIMAFIN 模型

CLIMAFIN 模型是苏黎世大学学者斯特凡诺·巴蒂斯顿（Stefano Battiston）等人提出的一套对单个资产与投资组合的前瞻性气候风险进行定量评估与定价的透明化科学方法。CLIMAFIN 模型可以在 IAM 模型等气候经济模型提供的气候转型情景下前瞻性地评估金融合约与债券违约概率、MSCI 气候风险估值模型（Climate VaR）等关

① NGFS.Cases Studies of Environmental risk analysis methodologies（M）. 2020-09-10.

键气候风险指标和基于金融网络模型的全面气候压力测试结果，可以涵盖贷款、债券、股权三类金融产品，为金融机构和监管部门提供有效的气候风险评估工具。

CLIMAFIN 模型的框架由四个模块组成：

模块一，收集并整合 IPCC、NGFS 等机构提供的气候变化情景与气候经济情景数据。

模块二，使用模块一的信息生成前瞻性气候转型情景集，根据所用的气候经济模型（如 IAM）的假设与行业关联程度来量化政策冲击。

模块三，根据模块二得到的经济冲击情景和投资者信息对单个金融合同进行估值调整与风险调整。

模块四，利用模块三重新定价的结果计算气候金融风险指标。

中国工商银行压测模型①

中国工商银行 2016 年首次通过“自下而上”的方法对我国火电、水泥两行业开展了环境压力测试，分析了环保要求提高对企业财务状况的主要影响。该次环境压力测试根据财务报表的勾稽关系推算出压力情景下新的财务报表，通过工商银行已有的客户评级模型得到压力情景下企业信用等级和违约概率的变化。

具体而言，工商银行的模型框架可以分为三个模块。

---

① 张红力，周月秋等中国工商银行环境因素压力测试课题组．环境因素对商业银行信用风险的影响——基于中国工商银行的压力测试研究与应用［J］．金融论坛．2016，21（02）．

模块一，梳理环境压力，确定承压对象、承压指标和压力因素。按照测试对象递进关系，可以将银行信用风险的承压对象分为“债务人或交易对手类”“组合类”和“宏观类”三个层次。“债务人或交易对手类”的测试目标定位为个体。“组合类”的测试对象则可按不同的标准划分为产品、行业、客户、区域等。“宏观类”一般定位于整个银行层面，关注银行的全部资产和整体风险。承压指标包含违约率、利润率、不良贷款率等。压力因素来自政策标准和执法力度、价格因素和自然灾害影响三个方面。

模块二，构建压力情景。常用的情景包括历史情景、假设情景和混合情景三种。历史情景按照历史真实发生的情况设定压力的变化范围。假设情景由风险管理者主观选取，具有很强的灵活性，可以模拟历史上从来没有发生过的事件。混合情景将二者结合，既能使风险管理者在情景分析上不至于太发散，同时又具备“向前看”的特征。

模块三，构建压力传导模型。在该次环境压力测试中工商银行建立了环保标准变化对企业财务指标影响的函数，根据主营业务成本变化计算出利润表和资产负债表主要指标代入打分卡评分，最后结合信用等级迁移矩阵和 PD 模型分析相关行业贷款质量的变动情况。

国内案例：清华大学气候转型风险和物理风险分析

清华大学绿色金融研究中心提出了气候转型风险和物理风险分

析框架（见图 3.2），并以煤电和按揭贷款为例做了应用研究（见图 3.3）。

气候转型风险分析[①]中考虑了未来 10 年中可能发生的五大转型因素，包括：（1）对煤电需求的下降（降低营业收入）；（2）由于新能源成本下降，煤电价格被迫下降（降低营业收入）；（3）碳价上升，使得煤电企业用更高的价格购买配额（提高成本）；（4）由于煤电企业财务状况恶化，评级下降，融资成本上升（提高成本）；（5）金融监管部门可能会提高棕色资产的风险权重，从而提高融资成本（提高成本）。

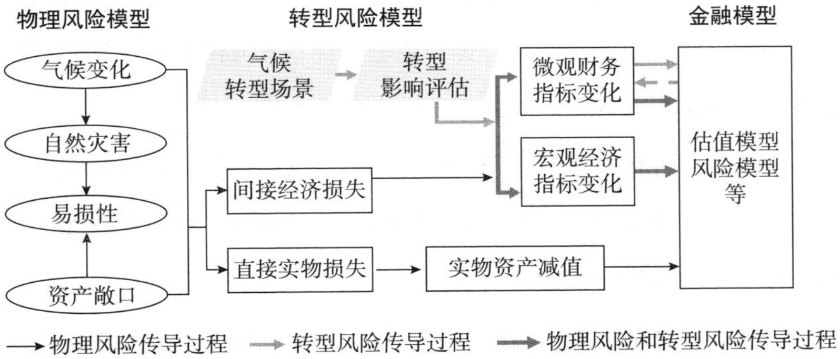

图 3.2 马骏、孙天印提出的环境与气候风险分析框架

来源：马骏 . 金融机构环境风险分析的意义、方法和推广［J］. 清华金融评论，2020（09）：16–20.

具体而言，该模型包括五个模块：

模块一，设置气候情景。气候情景的设置是风险分析的前提，金融机构在不同气候情景下面临的风险大小的差异，正是气候风险的体

① 马骏，孙天印 . 气候转型风险和物理风险的分析方法和应用——以煤电和按揭贷款为例 | 封面专题［N］. 清华金融评论，2020–10–04.

现。情景设置一般会包括一个基准情景和若干个转型情景。基准情景是指无额外因素干扰的对照参考情景。对于煤电案例而言，在该情景下，假设煤电需求不会下降，不会引入碳交易和碳税机制，新能源发电成本的下降不会影响煤电的售价以及煤电项目的融资成本不会上升。换句话说，不考虑气候相关的能源转型，煤电企业会按照现有既定的趋势发展。转型情景一般以《巴黎协定》为导向，以全球或各个国家设定的减排目标为基准，假设实现控制全球2℃或1.5℃温升的碳排放路径目标或是国家自主减排目标（Nationally Determined Contributions，简称NDCs）的气候情景。

模块二，评估行业和宏观经济影响。这一步基于上述气候情景，利用宏观经济计量模型或综合评价模型来评估在基准和转型情景下行业特别是高碳行业和宏观经济指标的发展变化。

模块三，分析对微观企业的财务影响。这一步把行业和宏观经济层面的影响转化为微观企业受到的影响。具体而言，这些影响体现在财务报表上的各种财务指标的变化上。

模块四，评估金融机构的风险。标的企业的财务指标发生变化之后会影响其金融风险的指标，包括贷款违约率和估值等，进而影响与其有金融业务往来的金融机构的风险。

模块五，分析系统性金融风险的影响。单个金融机构风险指标的变化会传导转化成系统性监管指标的变化，这些监管指标包括银行业的核心资本充足率（CET1-ratio）、保险行业的偿付能力充足率（Solvency ratio）和养老金的备付金比率（Coverage ratio）等，是监管机构衡量金融子行业以及金融业整体稳健程度的重要参考。

该研究得出以下结论：

第一，在《巴黎协定》的2℃情景所要求的能源转型轨迹下，由于需求下降、新能源发电成本持续下降带来的价格竞争加剧、融资成本上升会使中国主要煤电企业的年度违约概率（以下简称违约概率）从2020年的不到3%上升到2030年的24%左右。

第二，若仅考虑新能源价格竞争和融资成本因素，中国主要煤电企业的违约概率将从2020年的不到3%上升到2030年的13%左右。

第三，若仅考虑碳价上升和融资成本因素，中国主要煤电企业的违约概率将从2020年的不到3%上升到2030年的12%左右。

第四，若仅考虑市场需求下降和融资成本因素，中国主要煤电企业的违约概率将从2020年的不到3%上升到2030年的9%左右。

气候物理风险分析包括两大部分。

第一部分是巨灾风险模型，又称作灾害损失估算模型。灾害损失估算模型得出的结果可以是实物性资产（如建筑、厂房设施或者交通设施）受到破坏而产生的直接经济损失，也可以是因灾害而停工减产导致的间接经济损失。这一部分包含四个模块，分别是气候变化加剧效应模块、历史灾害模块、资产暴露模块和脆弱性分析模块。气候变化加剧效应模块描述在不同气候情景下，气候变化对各种灾害的加剧程度，包括灾害发生的强度和频率。历史灾害模块记录和描述特定灾害按照历史规律（不考虑气候变化因素的影响）发生的概率和强度。结合气候变化加剧效应模块，这两部分将生成气候变化情景下未来可能发生的灾害情景。资产敞口模块描述所研究的资产在灾害影响地区的地理分布，用来与灾害的地理分布作空间上的对应。脆弱性模块描述灾害强度和资产损失之间的对应关系，例如某个等级的台风会导致房屋某种程度的损坏以及经济损失。

第二部分是金融风险模型。根据所要研究的问题，金融模型可以是银行贷款的违约率模型，也可以是支持投资决策的企业估值模型或者是保险精算模型。将上述灾害损失估算模型的产出输入金融风险模型，得出的结果包括调整后的违约率（以及预期损失率）、企业估值（股价）和保险定价或保险准备金要求。

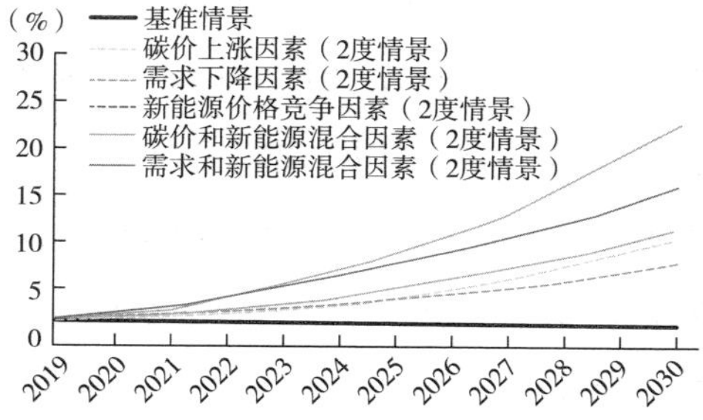

不同情景下煤电企业贷款违约率预测

清华大学气候转型风险分析模型显示，在各种气候转型因素的影响下，我国煤电企业的年度违约概率可能会从2020年的3%左右上升到2030年的9%~24%。

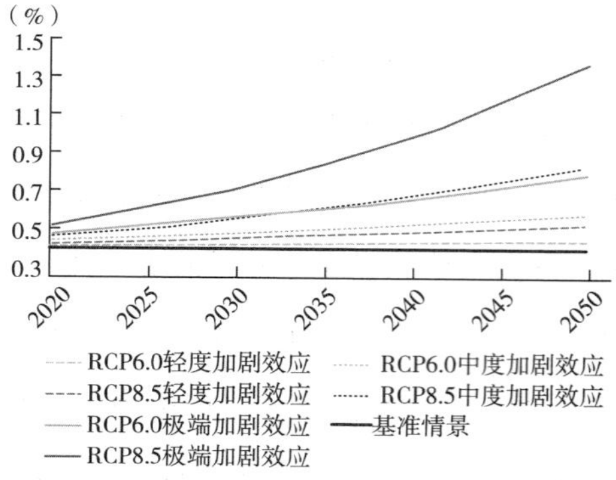

未来台风对按揭贷款违约率的影响

清华大学物理风险分析模型显示，在比较极端的情况下，未来30年内台风的加剧会将住房按揭贷款违约率从当前水平提高2.5倍。

图 3.3　气候转型风险与物理风险 - 煤电和按揭贷款模型结论

来源：马骏，孙天印．气候转型风险和物理风险的分析方法和应用——以煤电和按揭贷款为例［J］. 清华金融评论，2020（09）：31-35.

国外案例：FAIRR 针对肉类行业的气候风险分析工具①

FAIRR 开发了首个气候风险分析工具来帮助投资者评估气候相关风险对全球肉类行业的财务影响，帮助投资者了解在 2℃温升情景下与气候相关的物理和转型风险与机遇将如何影响对动物蛋白初级生产者（肉类生产商）的投资。

该工具基于 TCFD 建议的情景分析，以探索在一组给定的假设和约束条件下，气候变化如何随时间影响该行业的公司。该工具确定了在 2℃温升的 IPCC 情景中影响肉类行业赢利能力的七项主要风险，主要分为两大领域：转型风险——商誉和名声、政策和法律、科技、市场，物理风险——长期固有趋势、突发事件。

根据工具分析，肉类公司的赢利能力将受到蛋白质替代、需求限制和与气候变化相关成本上升的影响。其中收入方面，随着全球财富的增长，全球总体需求增加，预计蛋白质的整体销售量将增加。然而，蛋白质的增长将取决于市场趋势和气候变化的物理风险：

- 对肉类征收二氧化碳税导致对价格敏感的消费者减少对传统肉类的需求。

① FAIRR.Assessing climate-related risks in the global meat industry [EB/OL].(2020-03)[2021-11-20]. Climate risk model(fairr.org).

- 二氧化碳税还导致生产者获得较低的收入，因为生产者承担了部分税款。
- 日益增长的弹性素食主义和技术加速增加了对肉类替代品的需求和供应。
- 由于气温上升带来的不利影响，畜牧生产将减少。

这些因素将对传统肉类的销售构成下行压力。而成本方面，由于物理和转型风险，公司将面临成本上升：

- IPCC 预测，由于天气模式的变化，小麦、大豆和玉米等主要饲料作物的产量将下降，这将推高动物饲料的价格。
- 随着饲料成本的上涨，饲养和饲养动物将变得更加昂贵，这增加了购买活体动物的成本。
- 能源成本将增加，因为生产商将需要更多能源来平衡更极端的天气模式（推动需求上升），更严格的气候监管将带来二氧化碳税（能源 / 电力价格上涨）。
- 生产者还将面临与医疗成本和兽医护理成本增加以及牲畜死亡率增加相关的更高成本。

该工具计算了在 2℃温升情景下，公司到 2050 年采取三种不同策略对赢利能力的影响，结果衡量了公司在基线（市场路径）与渐进和回归路径之间的赢利能力差异。

- 公司采取最小的减缓气候变化的投资，并在蛋白质组合方面进行了有限的转变（见图 3.4）。

- 与基线相比，公司投资于影响更大的减缓气候变化工作，并战略性地改变其蛋白质组合（见图 3.5）。
- 公司不投资于减缓气候变化的工作，而是坚持其 2020 年的蛋白质组合（见图 3.6）。

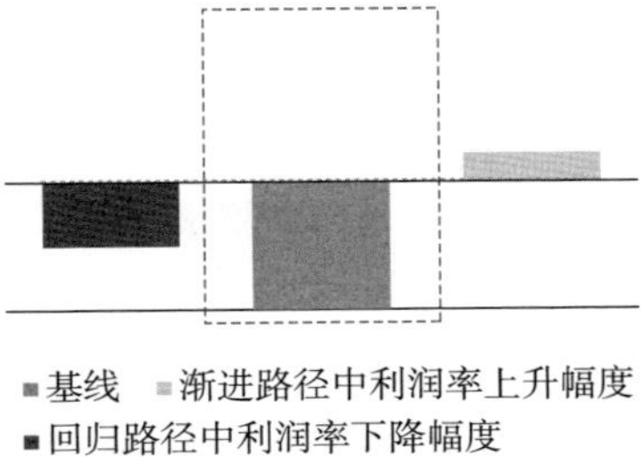

图 3.4 FAIRR－基线（市场路径）

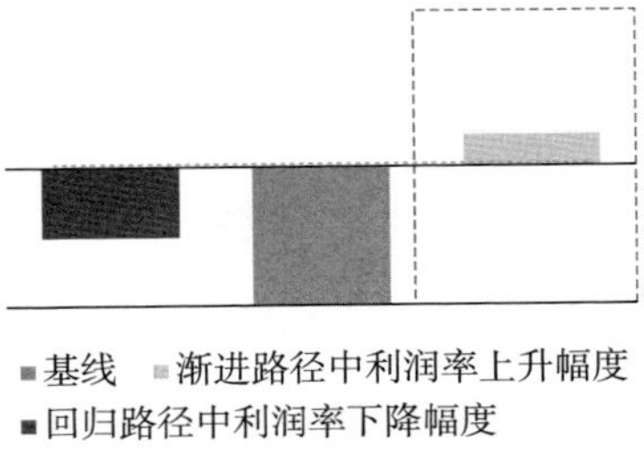

图 3.5 FAIRR－气候渐进路径

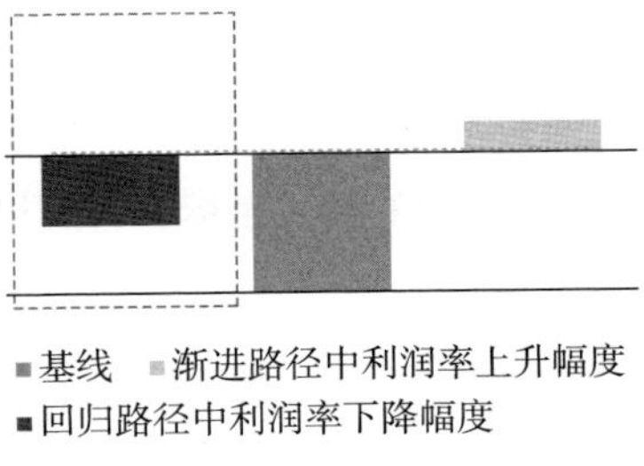

图 3.6 FAIRR－气候回归路径

总的来说，该工具通过计算气候渐进路径以及气候回归路径赢利能力的差异发现：采取气候回归路径的公司赢利能力下降，采取气候渐进路径的公司赢利能力提升。

此外，针对不同公司的分析发现，具有高 EBITDA 利润率、多样化蛋白质组合和替代品敞口的公司的赢利能力增长更快（见图 3.7）。

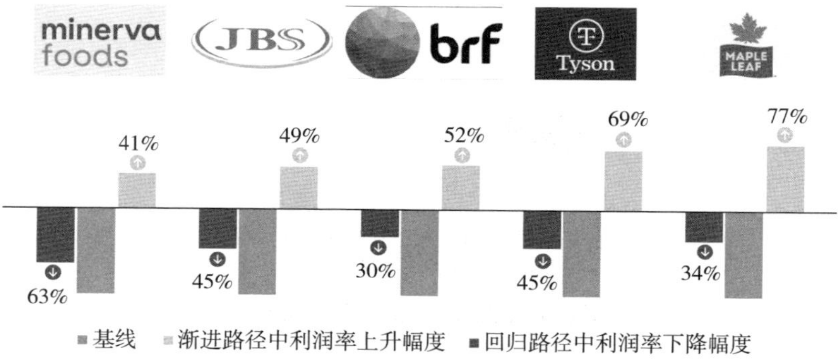

图 3.7 针对不同公司的研究结果

如何将环境与气候风险纳入金融机构的战略和行动[①]

第一，定期披露气候风险敞口和风险分析结果。

第二，建立降低气候风险的具体目标和管理机制。

① 中国金融学会绿色金融专业委员会．绿金委课题组发布《碳中和愿景下的绿色金融路线图研究》报告全文［EB/OL］.（2021-12-03）［2022-01-20］. http://www.greenfinance.org.cn/displaynews.php?cid=77&id=3547.

- 设置降低气候风险敞口的具体目标（例如：未来几年高碳资产占比的目标下降幅度）。
- 建立降低气候风险敞口的内部机制（例如：根据气候风险的相关度调整风险资产的风险权重；将气候风险因素纳入客户评估等业务流程、运营风险管理周期等）。
- 监控存量高碳资产质量（例如：在考虑气候因素的情况下，定期对高碳资产剩余价值进行重新评估）。

第三，为存量高碳客户的转型进行赋能。

- 向存量高碳企业提供转型方案的咨询服务。
- 通过开发转型金融等创新金融产品，助力存量高碳企业获得转型资金支持。

第四，用增量低碳资产对冲存量高碳资产。在新增客户 / 投资中向低碳和可持续行业倾斜，利用“碳中和”预期下优势产业的收益对冲难以短期内减持的存量高碳资产可能带来的损失，这些资产可以包括绿色项目标的企业或资产，以及用于对冲高碳行业的金融衍生工具（例如 WWF 使用的“搁浅资产总收益互换”下注传统化石能源长期看跌）。

第四章

碳中和与碳市场

碳中和相关概念

温室气体（Greenhouse Gas）是指大气中吸收和重新放出红外辐射的自然和人为的气态成分，主要包括二氧化碳（CO_2）、甲烷（CH_4）、氧化亚氮（N_2O）、氢氟碳化物（HFCs）、全氟化碳（PFCs）、六氟化硫（SF_6）、三氟化氮（NF_3）。①

测量——碳足迹的核算

碳足迹（Carbon Footprint），是指企业机构、活动、产品或个人通过交通运输、食品生产和消费以及各类生产过程等引起的温室气体排放的集合。

测算对象：企业机构、活动、产品、个人。

测算行为：交通运输、食品生产、消费以及其他各类生产过程。

① 生态环境部 . 碳排放权交易管理办法（试行）[EB/OL].（2020–12–31）[2022–01–20]. http://www.gov.cn/gongbao/content/2021/content_5591410.htm.

碳足迹本质：温室气体排放量。

过度排放的危害

温室气体过度排放会导致全球变暖和空气中二氧化碳含量过高。

（1）全球变暖将导致海平面上升、极端天气频发以及高温气候。

- 海平面上升会导致物种分布的变化，生物的栖息地发生改变，部分物种甚至面临灭绝，而失去天敌的害虫则会疯狂繁衍，进而对农业产生消极影响；海平面上升后，沿海地区也可能被淹没，对全产业造成重创，严重危害实体经济和金融系统稳定。
- 极端天气频发会导致农作物损失、森林大火频发、饮用水短缺。
- 高温有致人死亡的风险。

（2）空气中二氧化碳含量过高将导致谷物的蛋白质和营养含量下降，导致烟雾和空气污染以及水污染，进而影响人类膳食结构和饮食习惯，诱发呼吸道疾病等。

碳达峰、碳汇、碳封存、碳抵消

碳达峰[①]（Peak Emission）：指某个地区或行业年度二氧化碳排放量达到历史最高值，然后经历平台期进入持续下降的过程，是二氧化

① 王金南，严刚 . 加快实现碳排放达峰 推动经济高质量发展［N］. 2021-01-14.

碳排放量由增转降的历史拐点，标志着碳排放与经济发展实现脱钩，达峰目标包括达峰年份和峰值。

碳汇[①]（Carbon Sink）：指通过植树造林、植被恢复等措施，吸收大气中的二氧化碳，从而减少温室气体在大气中的浓度的过程、活动或机制。

碳封存（Carbon Sequestration）：主要指由土壤、森林和海洋等天然碳汇吸收储存空气中的二氧化碳。

碳抵消（Carbon Offset）：指通过投资开发可再生能源和低碳清洁技术，减少一个行业的二氧化碳排放量来抵消另一个行业的排放量。

碳中和、净零排放与气候中性[②]

碳中和：仅包含二氧化碳，又名净零二氧化碳排放。当人为二氧化碳排放量在全球范围内与人为二氧化碳清除量在特定时期内达到平衡时，就实现了净零二氧化碳排放，即碳中和。

净零排放：包括所有温室气体，当人为向大气排放的温室气体与特定时期的人为清除量相平衡时，就实现了净零排放。

气候中性：指人类活动对气候系统没有净影响的状态的概念，需要考虑地球物理效应，如辐射（航空业）等，多数情况下等于净零排放。

---

① EEA. Carbon Sink.［2021-12-13］. https://www.eea.europa.eu/help/glossary/eea-glossary/carbon-sink.

② IPCC Glossary［EB/OL］.［2021-06-02］. https://www.ipcc.ch/sr15/chapter/glossary/.

碳中和的起源

IPCC 综合报告：气候变化形势严峻

联合国政府间气候变化专门委员会（IPCC）在 2021—2022 年陆续发布的三个工作组第六次评估报告[①]中指出，全球气候正在迅速变暖，人类活动是当前气候变化的主要原因，使大气、海洋、冰冻圈和生物圈发生了广泛而剧烈的变化，为确保可持续发展，人类应当迅速采取有效行动。

自 2011 年 IPCC 第五次评估报告以来，全球大气温室气体浓度持续增加，全球变暖现象进一步加剧。2019 年，全球二氧化碳（CO_2）年平均浓度达到 410ppm，创下了至少近两百万年来的最高值，甲烷（CH_4）浓度达到 1 866ppb，一氧化二氮（N_2O）浓度达到 332ppb。2011—2020 年的全球地表温度比 1850—1900 年高 1.09℃，陆地增温尤为严重，约比海洋高 0.71℃。1901—2018 年全球平均海平面上升 0.2 米。极端气候事件频发，气候系统出现了千百年来前所未有的变化。近 50 年的地表升温速度达到近 2 000 年的最高值，1900 年以来的全球平均海平面上升速度超过近 3 000 年间的任何一个世纪（见图 4.1）。毋庸置疑，人类活动在其中具有不可推卸的责任。

---

① IPCC. Sixth Assessment Report［EB/OL］.［2022-06-09］. https://www.ipcc.ch/assessment-report/ar6/.

IPCC 估计，在评估的所有排放情景下，全球地表温度将持续升高，至少将持续到 21 世纪中叶。21 世纪全球变暖将超过 1.5℃ ~2℃，除非未来几十年内大幅减少二氧化碳及其他温室气体排放。

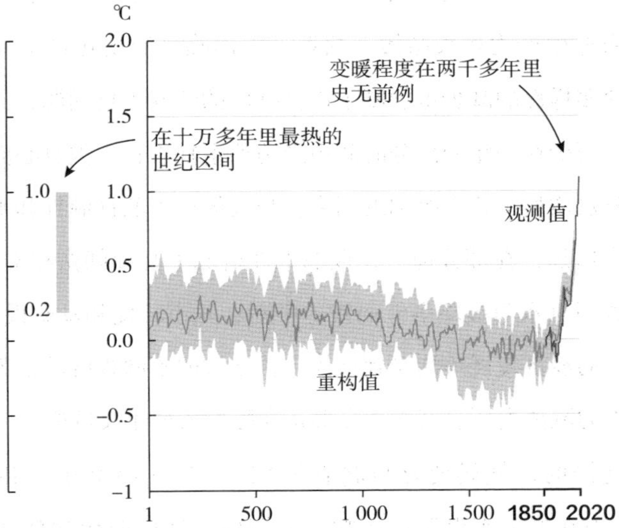

图 4.1　近两千年全球地表温度（十年均值）变化

来源：IPCC。

事实上，人类引起的气候变化，包括更加频繁和剧烈的极端气候事件，对自然和人类都造成了深刻的影响和损害。极端炎热天气、强降水事件、干旱和火灾对生态系统、人类和基础设施的影响广泛而普遍，自第五次评估以来越来越多地被归因于人类活动，特别是极端事件频率与严重程度的增加，包括与高温相关的人类死亡率上升、珊瑚白化和死亡率上升以及与干旱相关的树木死亡增多等。气候变化影响的范围和程度比第五次评估中的预测更大，在造成巨大破坏的同时带来了越来越不可逆转的损失。由于气候变化，生态系统的结构、功能和恢复力普遍恶化，节气和水文发生变化，对社会经济造成不利影响。统计内的物种约有一半已向极地或更高海拔迁移，极端高温和海藻森林的丧失等导致数百个当地物种局部灭绝。

与自然相比，气候变化对人类的影响亦不可忽视：粮食和水安全降低，农业生产力增长减缓，数百万人面临气候变化带来的粮食危机，饮食多样性的减少也加剧了许多社区的营养不良问题，约一半的世界人口至少在一年的部分时间内经历严重缺水；人类身心健康受到损害，酷热增加了死亡率和发病率，与气候有关的食源性和水传播疾病发病率增加，在部分地区，极端事件造成了心理创伤和文化遗失，医疗服务因洪水等极端事件而被迫中断；城市环境和基础设施建设、部分部门的经济发展等均受到气候变化导致的不同程度的损害，极端气候带来的流离失所、营养不良等正在酝酿人道主义危机。

与此同时，气候变化也将在短期（2021—2040 年）和中长期（2041—2100 年）产生深远影响。短期内，气候变化将使陆地、淡水、沿海和海洋生态系统面临高到极高的生物多样性丧失风险，海平面加速上升将使低洼沿海地区面临侵蚀和淹没风险。短期内全球温升 1.5℃时将使人类和生态系统面临的风险与气候灾害不可避免地增加。从中长期来看，陆地生态系统中 3%~14% 的被评估物种在温升 1.5℃时面临非常高的灭绝风险，在海洋和沿海生态系统中，这一数字在温升 2℃时上升至 3%~18%，在温升 3℃时上升至 3%~29%。在 2℃情景下，一些依赖融雪的河流的水可用性预计下降 20%，18% ± 13% 的全球冰川损失将严重影响农业、水电和人类住所用水，温升 2℃带来的直接洪水损害预计比 1.5℃高出 1.4~2 倍。粮食生产将面临越来越大的压力，温升 2℃不仅会带来严重的粮食安全问题，还会导致营养不良和微量营养素缺乏的问题。总体而言，127 个已经识别的关键风险在中长期的预期影响比当前观察到的高出数倍。

《巴黎协定》[①]：1.5℃ ~2℃的温升目标

《巴黎协定》于 2015 年底在巴黎气候变化大会上发布，是继 1997 年发布并于 2005 年正式生效的《京都议定书》之后第二份具有法律约束力的气候协议，为 2020 年后全球应对气候变化行动提出明确目标和行动指导。

《巴黎协定》长期目标是将全球平均气温较前工业化时期上升幅度控制在 2℃以内，并努力将温度上升幅度限制在 1.5℃以内。截至 2020 年 11 月，197 个《联合国气候变化框架公约》的缔约方中共 188 方正式签署《巴黎协定》，承诺为实现减排目标贡献力量。

《巴黎协定》的五大关键要素：一是制定长期目标，帮助达到净零排放。二是加强透明度，保证实现气候承诺。三是建立气候资金帮助发展中国家。四是“适应”是帮助世界最受气候变化影响人群的核心手段。五是每五年进行全球盘点，不断加大行动的力度。

“国家自主贡献”（The Intended Nationally Determined Contributions，INDCs）是《联合国气候变化框架公约》（*United Nations Framework Convention on Climate Change*）各缔约方根据自身情况确定的应对气候变化的行动目标，是 2015 年底在巴黎召开的第 21 届联合国气候变化会议协议（COP21）的组成部分。

---

① United Nations. What is the Paris Agreement?［EB/OL］. https://unfccc.int/process-and-meetings/the-paris-agreement/the-paris-agreement.

碳中和之路：1.5℃和 2℃路径对比

相对于 1850—1900 年的气温水平，人类活动造成了全球温度升高已经成为共识（见图 4.2）。除了二氧化碳排放外，其他温室气体排放也不容忽视。IPCC 研究表明，如果全球二氧化碳排放在 2040 年实现中和，1.5℃温升目标更有可能实现；但如果不减少非二氧化碳温室气体排放，1.5℃温升目标更难实现（见图 4.3、4.4）。通过情景分析，IPCC 演示了二氧化碳排放当量与温升程度的对应关系（见表 4.1），并归纳出了各情景下碳排管理政策与环境后果（见表 4.2）。温升 1.5℃将对气候和环境造成巨大影响，温升 2.0℃更甚，其破坏性与波及面远超我们想象。

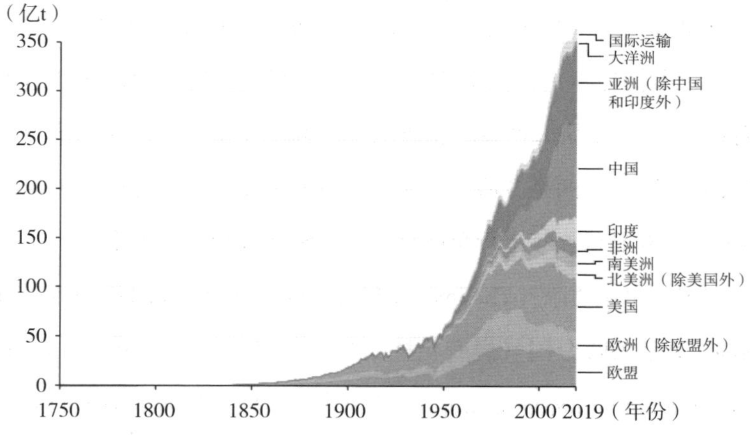

图 4.2　1750—2019 年全球主要国家或地区年度碳排放量

来源：Our World in Data based on Global Carbon Project，BP，Maddison，UNWPP①。

① Hannah Ritchie and Max Roser. CO_2 and Greenhouse Gas Emissions［EB/OL］.（2017-05）［2021-11-20］. https://ourworldindata.org/co2-and-other-greenhouse-gas-emissions.

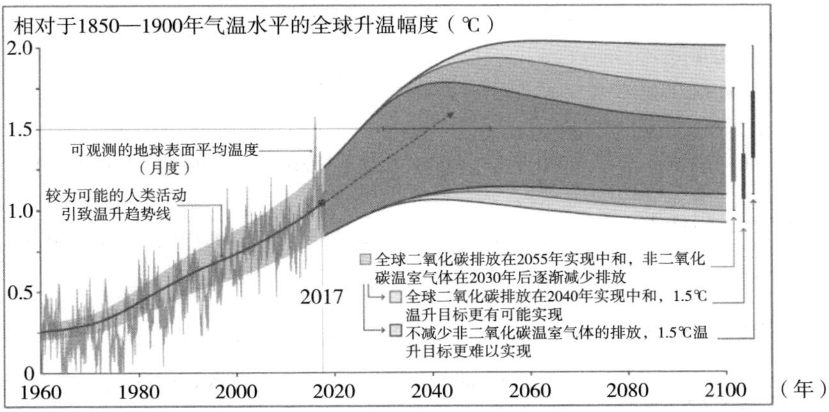

图 4.3　全球温升 1.5℃和 2℃目标的排放路径

来源：IPCC1.5℃特别报告，清华大学国家金融研究院绿色金融研究中心整理。

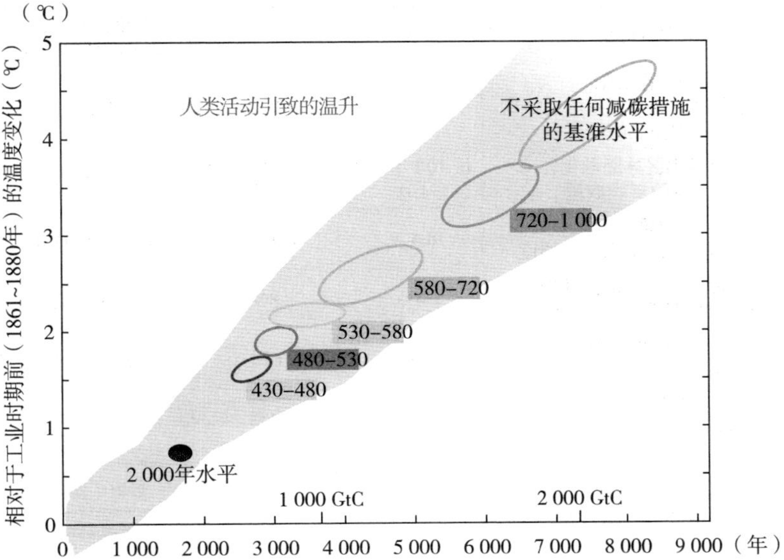

图 4.4　温度变化与累计碳排放量的变化

来源：IPCC1.5℃特别报告，清华大学国家金融研究院绿色金融研究中心整理。

表 4.1 累计碳排放对应情景描述

累计碳排放（亿吨二氧化碳当量）	情景描述
4 300 ~ < 4 800 及 4 800 ~ < 5 300	· RCP2.6 · 2020 年实现全球碳达峰并在 2100 年实现碳排放绝对值为 0
5 300 ~ < 5 800 及 5 800 ~ < 7 200	· RCP4.5 · 2045 年左右实现全球碳达峰，且 2100 年碳排放量为 2050 年的 50%
7 200 ~ < 10 000	· RCP6.0 · 2080 年实现全球碳达峰，后续碳排放量逐年减少
≥10 000	· 基准情景，即不再出台任何新的（更严格的）气候政策 · 碳排放量可能持续走高，环境进一步恶化

来源：IPCC1.5℃特别报告，清华大学国家金融研究院绿色金融研究中心整理。

表 4.2 全球温升 1.5℃和 2℃对气候和环境的影响

温升情景	1.5℃	2℃	2℃相较于 1.5℃温升的恶化程度
极端炎热：全球人口至少每五年承受一次极端炎热的概率	14%	37%	恶化 2.6 倍
北极地区冰面融化：无冰的夏季数量	每 100 年至少 1 次	每 10 年至少 1 次	恶化 10 倍
海平面上升：到 2100 年海平面上升幅度	0.4 米	0.46 米	多上升 0.06 米
物种灭绝 · 脊椎类动物：脊椎类动物种类将至少减少一半	4%	8%	恶化 2 倍
物种灭绝 · 植物：植物种类将至少减少一半	8%	16%	恶化 2 倍
物种灭绝 · 昆虫：昆虫种类将至少减少一半	6%	18%	恶化 3 倍
生态系统：地球上生态系统的面积将呈现新的生态群落分布	7%	13%	恶化 1.86 倍
永冻层：北极的永冻层融化面积	480 万平方米	660 万平方米	增加 38%
作物产量：热带地区玉米减产	3%	7%	恶化 2.3 倍
珊瑚礁：珊瑚礁数量将进一步减少	70%~90%	99%	多减少 29%

续表

温升情景	1.5℃	2℃	2℃相较于 1.5℃温升的恶化程度
渔业资源： 海洋渔业资源减少	150 万吨	300 万吨	恶化两倍

来源：IPCC1.5℃特别报告，世界资源研究所（WRI），清华大学国家金融研究院绿色金融研究中心整理。

国际碳中和与碳市场

国际碳中和承诺概况

截至 2021 年 6 月，共 137 个国家或地区做出了实现“碳中和”目标的承诺：苏里南和不丹已经实现“碳中和”目标；承诺碳中和时间较早的有乌拉圭（2030 年）、芬兰（2035 年）、奥地利（2040 年）、冰岛（2040 年）、德国（2045 年）和瑞典（2045 年）；超过 90% 的国家或地区（124 个）承诺 2050 年前实现碳中和；中国、哈萨克斯坦和乌克兰以 2060 年为目标，而澳大利亚和新加坡则承诺在 21 世纪下半叶实现碳中和（见表 4.3）。[①] 从实现“碳中和”的时间跨度看，中国碳减排的强度要高于欧盟成员国（见表 4.4）。

---

① Omri Wallach.Race to Net Zero：Carbon Neutral Goals by Country［EB/OL］.（2021-06-08）［2021-11-20］. https://www.visualcapitalist.com/race-to-net-zero-carbon-neutral-goals-by-country/#：~：text=Including%20Sweden%2C%20only%20six%20countries%20have%20passed%20their,as%20well%20as%20the%20entirety%20of%20the%20EU.

表 4.3　目前已经做出“碳中和”承诺的国家和地区一览

承诺类型	国家和地区（承诺实现目标的年份）
已实现	苏里南、不丹
已立法	瑞典（2045）、英国（2050）、法国（2050）、丹麦（2050）、新西兰（2050）、匈牙利（2050）
立法中	欧盟（2050）、西班牙（2050）、智利（2050）、斐济（2050）、加拿大（2050）、韩国（2050）
政策承诺	安道尔（2050）、澳大利亚（2050—2100）、奥地利（2040）、巴西（2050）、中国（2060）、哥斯达黎加（2050）、芬兰（2035）、德国（2045）、冰岛（2040）、爱尔兰（2050）、日本（2050）、哈萨克斯坦（2060）、马绍尔群岛（2050）、挪威（2050）、巴拿马（2050）、巴拉圭（2050）、葡萄牙（2050）、斯洛文尼亚（2050）、南非（2050）、瑞士（2050）、美国（2050）、乌克兰（2060）、乌兹别克斯坦（2050）、梵蒂冈（2050）

来源：清华大学国家金融研究院绿色金融研究中心整理。

表 4.4　中国与部分发达国家实现碳中和目标关键时间点对比

国家	碳排放达峰年份	承诺实现碳中和年份	年份差值
英国	1991	2050	59
法国	1991	2050	59
德国	1990	2045	55
丹麦	1996	2050	54
瑞典	1993	2045	52
美国	2007	2050	43
中国	2030	2060	30

来源：清华大学国家金融研究院绿色金融研究中心整理。

国际碳市场概况

随着全球宣布碳中和承诺的国家不断增加，碳市场在全球范围内也发展迅速。根据国际碳行动伙伴组织（ICAP）《2022 年度全球碳市场进展报告》①，目前全球已实施 25 个碳市场，覆盖 17% 的温室气体排放，并有 22 个碳市场正在建设或考虑中，主要分布在南美洲和东南亚，将近 1/3 的全球人口生活在碳市场活跃的地区。从行业覆盖来看，2021 年运行中的碳市场覆盖的主要行业有电力、工业、建筑、交通、国内航空、废物处理和林业等。

从碳价上看，几乎所有碳市场价格都呈现上涨趋势，2021 年欧盟碳市场的时点配额价格更是突破了 100 美元。在北美，美国加利福尼亚州和加拿大魁北克省的连接碳市场的配额价格从 18 美元上涨至 28 美元，区域温室气体倡议（RGGI）的配额价格从 8 美元上涨至 14 美元。在亚太地区，韩国碳市场价格从 21 美元上涨至 30 美元，而新西兰碳市场价格也从 27 美元上涨至 46 美元（见表 4.5）。截至 2021 年底，全球碳市场的拍卖收入达到创纪录的 1 610 亿美元，自 2020 年底以来增长略高于 50%。②

表 4.5　2021 年相对成熟碳市场指标比较

地区	平均配额价格（US$）	拍卖比例
欧盟碳市场	62.61	57%
瑞士碳市场	57.10	6%
韩国碳市场	23.06	4%
区域温室气体倡议	10.59	100%
新西兰	36.04	56%

① 国际碳行动伙伴组织（ICAP）《2022 年度全球碳市场进展报告》.［EB/OL］.（2022-03-01）［2022-06-02］. https://icapcarbonaction.com/system/files/document/220427_ICAP_Report_ExSum_CHI%20final.pdf.

② 同①.

续表

地区	平均配额价格（US$）	拍卖比例
加利福尼亚州	22.40	37%
魁北克省	22.40	67%
英国	70.72	53%
德国	29.6	100%

来源：世界银行[①]，ICAP[②]，清华大学国家金融研究院绿色金融研究中心整理。

我国碳中和与碳市场

我国碳中和承诺与政策

2020年9月22日，习近平总书记在第七十五届联合国大会一般性辩论上发表重要讲话，庄严宣布“中国将提高国家自主贡献力度，采取更加有力的政策和措施，二氧化碳排放力争于2030年前达到峰值，努力争取2060年前实现碳中和”[③]。同年12月，习近平总书记在气候雄心峰会上进一步宣布：“到2030年，中国单位国内生产总值

① The World Bank–Carbon Pricing Dashboard [EB/OL]. (2022–03–01) [2022–06–02]. https://carbonpricingdashboard.worldbank.org/map_data.

② The ICAP ETS Map. [EB/OL]. (2022–03–01) [2022–06–02]. https://icapcarbonaction.com/en/ets.

③ 新华社 . 习近平在第七十五届联合国大会一般性辩论上发表重要讲话 [EB/OL]. (2020–09–22) [2021–11–20]. http://www.gov.cn/xinwen/2020–09/22/content_5546168.htm.

二氧化碳排放将比 2005 年下降 65% 以上，非化石能源占一次能源消费比重将达到 25% 左右，森林蓄积量将比 2005 年增加 60 亿立方米，风电、太阳能发电总装机容量将达到 12 亿千瓦以上。”①

2021 年 3 月 5 日，国务院总理李克强在第十三届全国人民代表大会第四次会议上做《政府工作报告》指出，坚持绿水青山就是金山银山理念，“十四五”时期森林覆盖率达 24.1%，落实 2030 年应对气候变化国家自主贡献目标，单位国内生产总值能耗和二氧化碳排放分别降低 13.5%、18%。②

2021 年 7 月 24 日，中国气候变化事务特使解振华在全球财富管理论坛 2021 北京峰会上表示，党中央、国务院已经成立碳达峰碳中和工作领导小组，正在制定碳达峰碳中和时间表、路线图、1+N 政策体系。③所谓“1+N”政策体系，“1”是指已于 2021 年 10 月发布的《中共中央 国务院关于完整准确全面贯彻新发展理念做好碳达峰碳中和工作的意见》，作为顶层设计，提出了做好碳达峰、碳中和工作的总体要求，2025、2030、2060 三阶段主要目标以及碳达峰碳中和工作的工作领域。④

---

① 新华社 . 习近平在气候雄心峰会上发表重要讲话［EB/OL］.（2020–12–13）［2021–11–20］. http://www.gov.cn/xinwen/2020-12/13/content_5569136.htm.

② 国务院 . 政府工作报告 2021［EB/OL］.（2021–03–05）［2021–11–20］. http://www.gov.cn/guowuyuan/zfgzbg.htm.

③ 侯润芳，解振华：碳达峰碳中和 1+N 政策体系即将发布十领域加速转型［N］. 新京报，2021–07–24.

④ 新华社 . 中共中央 国务院关于完整准确全面贯彻新发展理念做好碳达峰碳中和工作的意见［EB/OL］.（2021–10–24）［2021–12–10］. http://www.gov.cn/xinwen/2021-10/24/content_5644613.htm.

- 到 2025 年，绿色低碳循环发展的经济体系初步形成，重点行业能源利用效率大幅提升，单位国内生产总值能耗比 2020 年下降 13.5%；单位国内生产总值二氧化碳排放比 2020 年下降 18%；非化石能源消费比重达到 20% 左右；森林覆盖率达到 24.1%，森林蓄积量达到 180 亿立方米，为实现碳达峰、碳中和奠定坚实基础。
- 到 2030 年，经济社会发展全面绿色转型取得显著成效，重点耗能行业能源利用效率达到国际先进水平，单位国内生产总值能耗大幅下降；单位国内生产总值二氧化碳排放比 2005 年下降 65% 以上；非化石能源消费比重达到 25% 左右，风电、太阳能发电总装机容量达到 12 亿千瓦以上；森林覆盖率达到 25% 左右，森林蓄积量达到 190 亿立方米，二氧化碳排放量达到峰值并实现稳中有降。
- 到 2060 年，绿色低碳循环发展的经济体系和清洁低碳安全高效的能源体系全面建立，能源利用效率达到国际先进水平，非化石能源消费比重达到 80% 以上，碳中和目标顺利实现，生态文明建设取得丰硕成果，开创人与自然和谐共生新境界。

"N"包括 2021 年 10 月发布的国务院《2030 年前碳达峰行动方案》① 以及重点领域和行业的政策措施与行动，将从优化能源结构，推动产业和工业优化升级，推进节能低碳建筑和低碳设施，构建绿色低碳交通运输体系，发展循环经济、提高资源利用效率，推动绿色低碳

① 国务院. 关于印发 2030 年前碳达峰行动方案的通知 [EB/OL]. (2021-10-24) [2021-11-20]. http://www.gov.cn/zhengce/content/2021-10/26/content_5644984.htm.

技术创新，发展绿色金融，出台配套经济政策和改革措施，建立完善碳市场和碳定价机制，实施基于自然解决方案十个领域加速转型创新。

2022年1月，中共中央政治局于24日下午就努力实现碳达峰碳中和目标进行第三十六次集体学习。习近平总书记强调，要提高战略思维，把系统观念贯穿“双碳”工作全过程，注重处理好发展和减排、整体和局部、长期和短期、政府和市场这四对关系。推进“双碳”工作，必须坚持全国统筹、节约优先、双轮驱动、内外畅通、防范风险的原则。一要加强统筹协调，二要推动能源革命，三要推进产业优化升级，四要加快绿色低碳科技革命，五要完善绿色低碳政策体系，六要积极参与和引领全球气候治理。①

我国碳市场

全国碳排放权交易市场是实现碳达峰与碳中和目标的核心政策工具之一。总体来说，我国的碳排放权交易经历了CDM项目—零星VER交易—区域试点准备阶段—区域试点正式阶段—全国性碳市场与区域市场并存阶段。中国于2010年正式启动碳交易市场并在北京、天津、上海等多地开展碳排放权交易试点工作。

（1）9家获得正式备案的试点碳市场。2011年10月，国家发改委下发《关于开展碳排放权交易试点工作的通知》，批准在北京、天津、上海、重庆、湖北、广东和深圳等七个省市开展碳排放权交易试点工作。2013年，七省市碳交易试点相继开市交易。2016年，四川、

① 中共中央党校．习近平主持中共中央政治局第三十六次集体学习［EB/OL］.（2022-01-25）［2022-01-30］.https://www.ccps.gov.cn/xtt/202201/t20220125_152742.shtml.

福建建立碳交易所。

截至 2020 年 11 月，试点碳市场共覆盖电力、钢铁、水泥等 20 余个行业近 3 000 家重点排放单位，累计配额成交量约为 4.3 亿吨二氧化碳当量，累计成交额近 100 亿元人民币。截至 2021 年 1 月 31 日，我国总体覆盖率达 40%，在世界范围内处于中间位置，主要涉及电力行业。我国北京市、上海市、深圳市等六个试点地区覆盖率达 32%，涉及工业、建筑、交通、国内航空等行业。①

2019—2020 年各试点配额价格总体保持稳定：北京全年价格大多数时候维持在 80 元 / 吨以上，上海总体介于 40 元 / 吨之间，湖北价格稳定在 20~30 元 / 吨之间，广东稳定在 20~30 元 / 吨之间，天津的价格维持在 25 元 / 吨左右，重庆碳价在 2019 年年底至 2020 年中期达到 30 元 / 吨、后回落至 15 元 / 吨左右，深圳 2020 年不同类型的配额价格差异较大。

（2）全国碳配额市场。2014 年 12 月，国家发改委发布《碳排放权交易管理暂行办法》，搭建起全国统一碳排放权配额交易市场的基础框架。2017 年 12 月 18 日，国家发改委印发《全国碳排放权交易市场建设方案（发电行业）》（以下简称《方案》），标志着备受关注的全国碳市场的正式启动。2020 年 11 月 2 日，生态环境部办公厅发布通知，公布了《全国碳排放权交易管理办法（试行）》和《全国碳排放配额登记结算管理办法》的征求意见稿。

（3）CCER 市场。2012 年之前，我国企业主要通过 CDM（清洁

---

① 人民日报 .《碳排放权交易管理办法（试行）》公布　两千余家发电企业将分到碳排放配额 .［EB/OL］.（2021-01-07）［2022-01-10］. http://www.gov.cn/xinwen/2021-01/07/content_5577582.htm.

发展机制）参与国际碳市场。但是，随着欧洲经济低迷以及京都协议书第一阶段的结束，CER 价格不断下跌，CDM 项目发展受阻。2012 年 6 月，国家发改委颁布《温室气体自愿减排交易管理暂行办法》，对中国核证减排量（CCER）交易市场进行规范；同年 10 月颁布配套的《温室气体自愿减排项目审定与核证指南》。2013 年七省市碳交易试点启动后，CCER 开始成为各个试点碳市场主要的碳抵消交易产品（见图 4.5）。2015 年自愿减排交易信息平台上线，CCER 进入交易阶段。2017 年，CCER 项目备案暂停，存量 CCER 仍在各大试点交易。截至 2021 年 4 月，国家发改委公示的我国 CCER 市场容量为：进行减排量备案的项目 254 个，审定项目累计 2 871 个，备案项目 861 个。

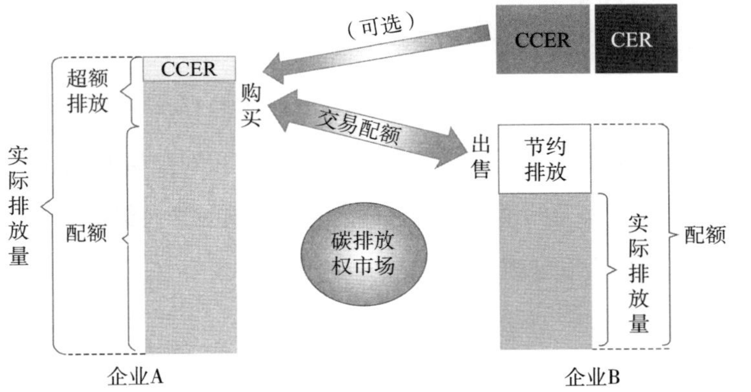

图 4.5　CER 和 CCER 交易机制图

来源：招商证券，清华大学国家金融研究院绿色金融研究中心整理。

（4）全国碳市场。2021 年 1 月 5 日，生态环境部正式发布《碳排放权交易管理办法（试行）》，提出组织建立全国碳排放权注册登记机构和全国碳排放权交易机构，组织建设全国碳排放权注册登记系统和全国碳排放权交易系统。全国碳排放权注册登记机构成立前，由湖北碳排放权交易中心有限公司承担全国碳排放权注册登记系统账户开立和运行维护等具体工作，由上海环境能源交易所股份有限公司承担全国碳排放权交易系统账户开立和运行维护等具体工作。

2021 年 5 月 17 日，为进一步规范全国碳排放权登记、交易、结算活动，生态环境部根据《碳排放权交易管理办法（试行）》，组织制定了《碳排放权登记管理规则（试行）》《碳排放权交易管理规则（试行）》和《碳排放权结算管理规则（试行）》。①

2021 年 7 月 16 日，全国碳排放权交易市场顺利上线交易，交易中心设在上海，首批纳入企业的碳排放量超过 40 亿吨二氧化碳，成为全球覆盖温室气体排放量规模最大的碳市场。

据上海环境能源交易所的统计显示，全国碳市场开盘价 48 元 / 吨，最高价 52.80 元 / 吨，最低价 48.00 元 / 吨。首日成交量 410.40 万吨，成交额逾 2.1 亿元，成交均价 51.23 元 / 吨。中国石油、中国石化、华能集团、华电集团、申能集团等企业参与了全国碳市场首日交易。开市后的第 4 个交易日，中国石化从华润集团买入 10 万吨碳配额，成为全国碳市场成交的首笔大宗协议交易。

碳足迹和碳核算

碳足迹（Carbon Footprint），是指企业机构、活动、产品或个

① 新华社 . 成交额 2.1 亿元！全国碳市场上线首日开门红［EB/OL］.（2021-07-16）［2021-11-20］. http://www.gov.cn/xinwen/2021-07/16/content_5625562.htm.

人通过交通运输、食品生产和消费以及各类生产过程等引起的温室气体排放的集合。目前主要的碳足迹测算方法包括生命周期评价法（LCA）、投入产出分析法（IOA）、IPCC 计算法等。

目前应用较广泛的碳足迹测算国际标准包括由政府间气候变化专门委员会、英国标准协会及世界资源研究所与世界可持续发展工商理事会发布的一系列标准，这些标准分别应用于国家、企业或组织、产品 3 个不同层面（见表 4.6）。其中，GHG Protocol 的《公司温室气体盘查和报告标准》（以下简称《公司标准》）、《公司范围 3 温室气体盘查和报告标准》（以下简称《公司范围 3 标准》）以及 PCAF 的《金融业指南》与金融机构和金融资产的碳核算密切相关。

表 4.6　碳足迹核算的常见标准

标准层面	标准	标准名称	发布单位
产品	PAS2050：2008	产品与服务生命周期温室气体评估规范	英国标准协会
	GHG protocol（2011）	产品生命周期计算与报告标准	世界资源研究所与世界可持续发展工商理事会
	ISO14067（2012）	产品碳足迹	国际标准化组织
企业或组织	ISO14064-1：2006	温室气体——第一部分：组织排放与削减定量、监督及报告规范	国际标准化组织
	GHG protocol（2004）	企业核算与报告准则	世界资源研究所与世界可持续发展工商理事会
	PCAF（2020）	金融业温室气体核算与报告指南	碳核算金融联盟
国家	IPCC 2006	国家温室气体清单指南	政府间气候变化专门委员会
	—	24 个行业企业温室气体排放核算方法与标准指南	国家发展改革委

来源：《碳足迹核算的国际标准概述与解析》，清华大学国家金融研究院绿色金融研究中心整理。

GHG Protocol 系列标准包括企业碳核算与报告标准、项目碳核算标准、城市和社区标准等多个碳核查和报告指南标准，涵盖了《京都议定书》规定的六种温室气体。《公司标准》主要盘查核算主体边界为范围 1 和范围 2 的温室气体排放。在《公司标准》的基础上，GHG Protocol 还进一步开发了补充性的《公司范围 3 标准》，从全价值链的角度核算和报告公司范围 3 的碳排放。该标准把范围 3 涉及的上下游的经济活动划分为 15 类，第 15 类为金融投资业务。

在温室气体核算体系[①]中，一般把温室气体排放分为以下三个范围，也是核算工作层层推进的阶段：

- 范围 1：直接温室气体排放，指机构拥有或控制的排放源所产生的温室气体排放量，比如自有锅炉、熔炉、车辆、过程设备化学生产、采暖所燃烧的天然气等。
- 范围 2：电力间接温室气体排放，指机构所消耗的购买电力产生的温室气体排放量，购买电力是指以购买或其他方式纳入机构组织边界的电力。可再生能源产生的范围 2 排放量极小。
- 范围 3：价值链温室气体排放，指机构上下游价值链中产生的其他所有间接温室气体排放量，并非公司拥有或控制的排放源。

金融业的碳排放可参考 PCAF 的《金融业指南》，其核算范围覆盖了股票和债券、非上市公司商业贷款和股权、项目融资、商业地产、抵押贷款、车贷（这六种类别依次对应表中的编号①至⑥）六种资产。

① Corporate Standard，https://ghgprotocol.org/corporate-standard.

银行整体碳核算方法可简单归纳为表 4.7 和图 4.6：

表 4.7　范围 1+ 范围 2+ 范围 3 飞机旅行（部分）

类型	相关文件
化石燃料燃烧排放	国家发改委办公厅关于印发第三批 10 个行业企业温室气体核算方法与报告指南（试行）的通知（发改办气候（2015）1722 号）
员工通勤排放	1. 联合国政府间气候变化专门委员会于 2006 年发布的《国家温室气体清单指南》（2006 IPCC *Guidelines for National Greenhouse Gas Inventories*） 2. 英国环境、食品和农村事务部于 2012 年发布的《关于企业报告温室气体排放因子指南》（Defra/DECC，2012）
飞机差旅排放	1. 联合国政府间气候变化专门委员会于 2006 年发布的《国家温室气体清单指南》（2006 IPCC *Guidelines for National Greenhouse Gas Inventories*） 2. 英国环境、食品和农村事务部于 2012 年发布的《关于企业报告温室气体排放因子指南》（Defra/DECC，2012）

来源：清华大学国家金融研究院绿色金融研究中心整理。

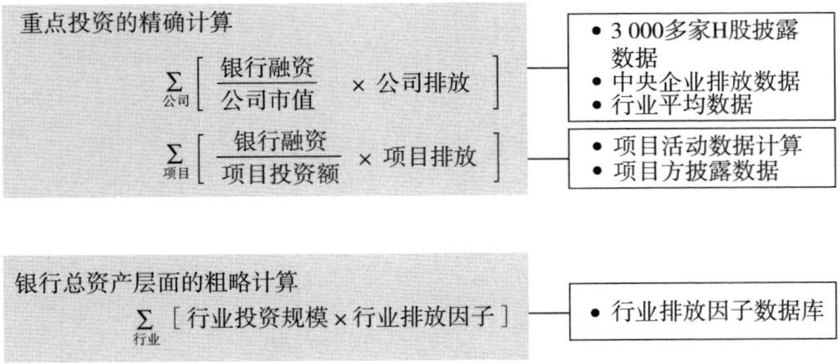

图 4.6　范围 3 投融资活动

来源：清华大学国家金融研究院绿色金融研究中心整理。

核算方法							
金融机构碳核算一般公式		金融机构（金融支持）产生的碳排放（Financed emissions） $= \sum_i$ 单个资产的分配因子（Attribution $factor_i$）× 单个资产碳排放量（$Emissions_i$）（1）					
分配因子（attribution factor）一般公式		单个资产分配因子（Attribution $factor_i$）$= \frac{余额（Outstanding Amount）}{对应总额（Numerator）}$					
针对不同资产类别的具体分配因子计算方法		余额（Outstanding Amount）			分母：Numerator		
		债权类	权益类		情况 1：用含现金企业价值 EVIC	情况 2：用总权益（TotalEquity）+ 负债（debt）	情况 3：用具体资产价值（Property Value）
			分情况计算				
			情况 1：直接可用	情况 2：需计算 $= \frac{shares\ of\ FI}{total\ shares} \times total\ equity$			
金融资产类别							
①	上市股票或债券	√	√		√		
	非上市企业债券	√				√	
②	上市企业商业贷款	√			√		
	非上市金业商业贷款和股权	√		√		√	
③	项自融资	√		√		√	
④	商业地产	√	√				√
⑤	抵押贷款	√					√
⑥	车贷	√					√

图 4.7　PCAF 金融资产碳核算方法

来源：孙天印、祝韵，《金融机构碳核算的发展现状与建议》，清华金融评论，2021.03。

第五章

绿色金融主要监管部门与改革创新试验区

绿色金融主要监管部门

中国人民银行

“十四五”期间，推进绿色金融成为中国人民银行的工作重点。[①]中国人民银行在2015年、2018年分别制定了针对绿色债券和绿色信贷的标准，完成制定《绿色债券支持项目目录》(2021年版)，推动完善绿色金融标准体系。在现有的金融机构向中国人民银行报送绿色信贷的资金使用情况和投向的基础上，中国人民银行将分步建立强制的信息披露制度，统一披露标准。同时，中国人民银行将在政策框架中全面纳入气候变化因素，包括货币政策端和外汇储备投资端，并将继续鼓励金融机构积极应对气候挑战、推动深化绿色金融领域的国际合作（包括但不限于G20可持续金融研究小组、央行与监管机构绿

① 中国人民银行 . 用好正常货币政策空间 推动绿色金融发展——中国人民银行行长易纲在中国发展高层论坛圆桌会的讲话［EB/OL］.（2021-03-21）［2021-11-30］. http://www.pbc.gov.cn/goutongjiaoliu/113456/113469/4211212/index.html.

色金融网络“NGFS”以及可持续金融国际平台“IPSF”)。

中国银行保险监督管理委员会

银保监会在绿色金融发展过程中参与构建绿色信贷政策体系，制定发布了《绿色信贷指引》等一系列政策文件；开展绿色信贷统计和考核评价，出台银行业绿色融资统计制度，并发布《绿色信贷实施情况关键评价指标》；与相关部门联合印发《关于促进应对气候变化投融资的指导意见》，鼓励银行保险机构在风险可控、商业可持续的前提下开发气候友好型的绿色金融产品。①

《银行业保险业绿色金融指引》要求银行保险机构从战略高度推进绿色金融，明确董事会或理事会的绿色金融主体责任，从信贷政策、投资政策、投融资流程管理、内控管理和信息披露方面提出了一系列要求。②

国家发展和改革委员会

国家发展改革委承担绿色企业债核准的相关职责。早在 2015 年

① 银保监会 . 研究完善绿色金融相关政策措施　规范创新绿色金融产品和服务［N］. 上海证券报，2021-03.

② 中国银保监会有关部门负责人就《银行业保险业绿色金融指引》答记者问［EB/OL］.（2022-06-02）［2022-06-06］. http://www.cbirc.gov.cn/cn/view/pages/ItemDetail.html?docId=1054659&itemId=917.

年底，国家发展改革委即印发《绿色债券发行指引》[①]，对绿色企业债的适用范围和重点支持行业做出详细规定。为促进绿色债券市场有序发展，国家发展改革委于 2019 年 2 月联合中国人民银行及其他五部委印发了《绿色产业指导目录（2019 年版）》[②]，实现了对绿色企业债和其他种类绿色债券的行业标准统一化。国家发展改革委将构建行之有效的价值核算办法，充分发挥市场在资源配置中的决定性作用，推动正向激励和负向惩罚双向发力，积极探索完善绿色金融体系、为生态产品价值实现提供资金保障，有效解决“度量难”“交易难”“变现难”“抵押难”的问题。[③]

生态环境部

生态环境部在绿色金融发展过程中发挥着非常重要的统筹协调和监督作用。除 2016 年参与发布《关于构建绿色金融体系的指导意见》[④] 外，生态环境部还参与制定了 2020 年 10 月与其他四部委联合

① 国务院发展改革委办公厅 . 关于印发绿色债券发行指引的通知［EB/OL］.（2016-01-08）［2021-11-25］. https://www.ndrc.gov.cn/xxgk/zcfb/tz/201601/t20160108_963561.html.

② 国务院发展改革委办公厅 . 关于印发绿色债券发行指引的通知［EB/OL］.（2016-01-08）［2021-11-25］. https://www.ndrc.gov.cn/fggz/hjyzy/stwmjs/201903/t20190305_1220625.html.

③ 国家发展改革委 .《关于建立健全生态产品价值实现机制意见》贯彻落实工作［EB/OL］.（2021-05-14）［2021-11-28］. https://www.ndrc.gov.cn/fzggw/wld/hzc/lddt/202105/t20210514_1279788.html.

④ 生态环境部 . 关于构建绿色金融体系的指导意见［EB/OL］.（2016-08-31）［2021-12-20］. http://www.mee.gov.cn/gkml/hbb/gwy/201611/t20161124_368163.htm?keywords=绿色金融 .

发布的《关于促进应对气候变化投融资的指导意见》[①]并于2021年初发布《碳排放权交易管理办法（试行）》，为建立全国统一的碳排放权交易市场提供支持。2022年5月，生态环境部等17部门联合发布《国家适应气候变化战略2035》，强化适应气候变化行动举措，防范气候变化不利影响和风险。[②]

绿色金融改革创新试验区

2017年6月14日，国务院第176次常务会议决定在五省（自治区）部分地区设立绿色金融改革创新试验区。2019年12月13日，国务院正式批复甘肃省兰州新区设立绿色金融改革创新试验区。2022年8月25日，《重庆市建设绿色金融改革创新试验区总体方案》印发。[③]至此，全国共在十地设立了绿色金融改革创新试验区。

---

① 生态环境部.关于促进应对气候变化投融资的指导意见［EB/OL］.（2020-10-21）［2021-12-23］. https://www.mee.gov.cn/xxgk2018/xxgk/xxgk03/202010/t20201026_804792.html.

② 关于印发《国家适应气候变化战略2035》的通知［EB/OL］.（2022-05-10）［2022-06-15］. http://www.gov.cn/zhengce/zhengceku/2022-06/14/content_5695555.htm.

③ 中国人民银行 发展改革委 财政部 生态环境部 银保监会 证监会关于印发《重庆市建设绿色金融改革创新试验区总体方案》的通知［EB/OL］.（2022-08-25）［2022-09-14］. http://www.pbc.gov.cn/zhengwugongkai/4081330/4081344/4081395/4081686/4642448/index.html.

绿色金融改革创新试验区概况

截至目前，绿色金融改革创新试验区名录：

（1）浙江省湖州市绿色金融改革创新试验区

（2）浙江省衢州市绿色金融改革创新试验区

（3）广东省广州市绿色金融改革创新试验区

（4）新疆维吾尔自治区哈密市绿色金融改革创新试验区

（5）新疆维吾尔自治区昌吉州绿色金融改革创新试验区

（6）新疆维吾尔自治区克拉玛依市绿色金融改革创新试验区

（7）贵州省贵安新区绿色金融改革创新试验区

（8）江西省赣江新区绿色金融改革创新试验区

（9）甘肃省兰州新区绿色金融改革创新试验区

（10）重庆市绿色金融改革创新试验区（2022 年新增）

截至 2020 年末，六省（自治区）九地[①]绿色金融改革创新试验区绿色贷款的余额已经达到 2 368.3 亿元，占六省（自治区）九地全部贷款余额的 15.1%，比全国的平均水平高了 4.3%；六省（自治区）九地的绿色债券余额达到 1 350 亿元，同比增长 66%。在产品发行与创新方面，江西赣州新区成功发行了全国首单经认证的绿色市政专项债券。广州市花都区创新推出了碳排放权抵质押融资等金融产品。[②] 2021 年 10 月，湖州市通过了《湖州市绿色金融促进条例》。

---

① 即不包含 2022 年新增的重庆市绿色金融改革创新试验区。

② 国新办 . 举行构建新发展格局 金融支持区域协调发展发布会，央行副行长刘桂平答记者问［C］. 北京 .

六省九地绿色金融实践

浙江

1. 浙江湖州发布全国首个《区域性“碳中和”银行建设指南》与《银行业“28 · 58”碳达峰与碳中和远景规划》①

2020 年 5 月，浙江湖州发布《区域性“碳中和”银行建设指南》（以下简称《指南》）与《银行业“28 · 58”碳达峰与碳中和远景规划》（以下简称《规划》），旨在推动湖州市成为全国首个区域性银行业碳达峰碳中和的地区。《指南》中明确了银行机构实现碳达峰碳中和的方式方法，《规划》中明确了实现银行业碳达峰碳中和的路径和时间安排。

《指南》中明确了“碳中和”银行碳排放量计算依据、“碳中和”银行建设规范、建设“碳中和”银行“七单”机制。《规划》中提出将于 2021 年底前完成首家“碳中和”网点的建设，至 2025 年前打造三星级以上“碳中和”网点 5 家，在 2028 年前实现所有银行机构自身运营的“碳达峰”，2058 年前实现自身运营及投融资业务的完全“碳中和”。

2. 浙江绿色金融数字平台②

（1）浙江省湖州市打造了绿色金融综合服务平台，包含了绿贷通、绿融通、绿信通三个模块。其中，绿贷通主要借助于大数据、云

① 中国金融学会绿色金融专业委员会 . 浙江湖州发布全国首个《区域性“碳中和”银行建设指南》与《银行业“28 · 58”碳达峰与碳中和远景规划》[EB/OL] .（2021-05-20）[2021-12-24] . http://www.greenfinance.org.cn/displaynews.php?id=3359.

② 陆巍峰 . 浙江绿色金改的三应用、四成果［ N ］. 金融时报，2020-09-20.

技术，提供融资对接服务。绿融通，旨在实现投资机构与企业项目的精准对接。绿信通则依托第三方认证机构，认证企业和项目的绿色程度。

（2）浙江省衢州市绿色金融信用信息共享平台“衢融通”，提供包括融资对接、绿色企业、绿色项目的评价和培育、可视化的统计分析等功能，重点缓解绿色金融信息不对称，认定不统一，政策落地难等问题。

（3）衢州创建了个人碳账户平台，参照北京环交所碳排放的标准，从纸张、用电、用水、交通、碳排放等维度折算个人绿色行为节省的碳排放量，确定个人碳账户的积分，用户可以捐赠碳账户的积分，构建绿梦森林公益林，还可以将碳账户积分应用到信用评级中，提升个人信用额度。

截至 2022 年 5 月，湖州的绿贷通平台累计注册企业 4.2 万家，已帮助 3 万家企业获得银行授信，为中小微企业完成融资 3 121 亿元。[①] 衢州市的绿色金融信用平台衢融通汇总企业 88 690 家，提供金融产品 480 个，累计贷款额达 1 266 亿元，贷款次数 24 282 次。衢州市个人碳账户已覆盖 233 万户社区居民，配套个人碳账户金融产品 24 个，累计碳账户贷款 7 831 笔，金额达 22 亿元。[②]

---

① 湖州绿贷通 .［EB/OL］.［2022-05-30］. https://lvdt.huzldt.com/.

② 衢州市绿色金融服务信用信息平台 .[EB/OL］.[2022-05-30］.http://qzqrt.ysb.qz.gov.cn:8080/.

钱江晚报 .“金融 31 条”新词解读丨衢州领取的关键词“碳账户”和“转型金融”是什么?［EB/OL］.（2022-03-24）［2022-05-30］. https://www.thehour.cn/news/506703.html.

广东

广州推动建设粤港澳大湾区绿色金融服务中心[①]。广州市发改委发布《广州市关于推进共建粤港澳大湾区国际金融枢纽实施意见》（以下简称《意见》）和《广州市关于推进共建粤港澳大湾区国际金融枢纽三年行动计划（2021—2023年）》。《意见》首次提出建设粤港澳大湾区绿色金融创新中心。

在绿色金融方面，提出要建设大湾区绿色金融创新中心：一是深化绿色金融改革创新。完善绿色金融市场体系，加强绿色金融产品创新力度。二是提升绿色金融产融对接成效。优化绿色金融产融对接系统，提高绿色金融产融对接效率，推动大湾区绿色企业和项目信息共享。三是深化大湾区绿色金融合作。

江西

江西省人民政府发布《关于建立健全生态产品价值实现机制的实施方案》[②]提出：

（1）推进碳排放权和碳汇交易。研究制定全省“碳达峰、碳中和”政策措施，开展碳排放配额管理，支持省公共资源交易集团积极参与全国碳排放权交易市场建设。建立健全林业碳汇实现机制，支持

---

① 广州市发改委．广州市推进粤港澳大湾区建设领导小组关于印发《广州市关于推进共建粤港澳大湾区国际金融枢纽实施意见》和《广州市关于推进共建粤港澳大湾区国际金融枢纽三年行动计划（2021—2023年）》的通知［EB/OL］.（2021-03-30）［2021-11-24］. http://fgw.gz.gov.cn/tzgg/content/post_7193245.html.

② 中共江西省委，江西省人民政府．关于印发《关于建立健全生态产品价值实现机制的实施方案》的通知［EB/OL］.（2021-07-09）［2021-12-18］. http://drc.jiangxi.gov.cn/art/2021/7/9/art_14651_3476865.html.

抚州开展远期林业碳汇资产市场化运作试点。

（2）深化绿色金融改革创新。开发绿色信贷产品，推进生态产品资产证券化，支持绿色保险创新，推动投融资多元化。

（3）强化生态产品价值实现激励约束。制定环保信用评价管理办法，依据评价结果和积分情况提供金融服务。推动生态产品价值评估结果应用，将评估结果作为投融资的重要参考。将金融支持生态产品价值实现情况纳入绿色信贷考核评价体系。

新疆

新疆克拉玛依绿色金融助推生态农业项目[①]。克拉玛依瑞恒畜牧开发有限责任公司（以下简称“瑞恒畜牧”）是一家从事畜禽养殖的绿色生态农业企业。公司严控养殖业面源污染，于 2018 年启动了“规模猪场配套大型沼气工程建设项目”（以下简称“沼气项目”），以此推进畜禽养殖废弃物处理和资源化利用。瑞恒畜牧在开展畜禽养殖粪污处置和资源化利用方面的投入能力有限，然而，受到缺乏抵押物、商业回报较不确定等外部条件的制约，该公司的信贷可获得性较差。

为解决该公司融资难题，中国人民银行克拉玛依市中支将沼气项目纳入绿色项目库，协调自然资源局为其办理了林草生态养殖土地使用权证，并协调不动产登记交易中心一次性办理国有农业用地使用权融资抵押登记。随后，中国农业发展银行克拉玛依市分行借鉴土地承包经营权抵押模式，以“国有农业用地使用权”为抵押，向瑞恒畜牧

① 冷秋，冯瑶．算好三笔账 新疆克拉玛依的绿色金融探索实践［N］．金融时报，2019-10-29.

提供了500万元的生态环境建设与保护中长期贷款，用于规模猪场配套大型沼气工程项目建设。中国人民银行克拉玛依市中支联合市金融办提请市政府印发“绿色金融专项资金管理办法”，为公司贷款贴息，降低了公司的融资成本。在银政企三方的推动下，瑞恒畜牧的沼气项目顺利推进，绿色金融的实践从此拓展至石油产业链之外的农业领域，助力当地构架起生态农业大循环模式。

贵州

贵安新区的绿色金融模式与产品的创新。贵安新区“两湖一河”海绵城市试点项目[①]是一个典型的全公益性绿色项目，原本只能依靠财政解决资金问题，获得绿色金融融资极为困难。在综合考察相关情况后，贵安新区利用绿色金融试点政策，运用绿色金融加多级绿色财政联动设计，将该项目作为标准PPP项目，由政府财政以租赁方式逐年支付工程建设运营费用，并确保项目的绿色属性和环保性能满足设计要求。同时，通过绿色信贷产品设计和国家绿色财政支持，从金融机构获得资金支持。中国农业银行贵安支行和平坝信用社运用“信用担保＋抵押后置”模式，分别向贵安电投公司和贵安新区新国线集团（贵阳）运输有限公司提供3亿元和1 000万元绿色贷款，重点支持了绿色建筑和绿色交通项目建设。

① 吴秉泽．贵州省贵安新区：绿色金融助力绿色发展［N］．经济日报，2020-12-05

甘肃

甘肃兰州“绿金通”提高银企对接效率。[①]“绿金通”平台是由兰州新区财政局（国资局）牵头搭建的银企融资对接平台。通过紧密连接融资企业、金融机构与运营机构（政府部门）三方，实现了畅通“政金企”融资与政策支持信息服务通道，提升了银企融资对接效率。

对融资企业来说，“绿金通”可以为融资企业提供“一站式”金融服务，包括提供平台注册认证、融资需求发布（指定 / 抢单模式）、融资进度跟踪等功能与服务。对金融机构而言，“绿金通”运用大数据技术，真实了解企业生产经营全貌，提供企业社会信用报告，提升企业融资对接效率。对于运营机构来说，可通过“绿金通”全面了解新区企业融资需求与金融机构资金供给的实际匹配情况，向它们宣导相关金融支持政策，跟踪绿色金融业务（绿色信贷、绿色保险）推进情况。

截至 2022 年 5 月 26 日，该平台注册企业达 1 041 家，入驻金融机构 22 家，上架金融产品 115 款，平台融资总额达 111 亿元，其中绿色贷款总额 26.25 亿元。[②]

---

① 兰州新区 . 融资“难贵慢”“绿金通”帮你——新区搭建“一站式”金融服务平台助力绿色发展［EB/OL］.（2020–11–27）［2021–11–24］. https://credit.lanzhou.gov.cn/380/89065.html

② 甘肃绿金通 .［EB/OL］.［2022–05–26］. https://www.lzxqljt.com/.

第二篇

绿色金融产品

第六章

绿色信贷

概　况

绿色信贷是指投向绿色项目、支持环境改善的贷款。自 2007 年以来，我国先后制定出台了一系列政策和文件，以鼓励和倡导金融机构积极开展绿色信贷：

- 2012 年，银监会制定发布《绿色信贷指引》（银监发〔2012〕4 号），加快推动我国绿色信贷发展。
- 2013 年，银监会印发《关于绿色信贷工作的意见》（银监办发〔2013〕40 号），要求进一步做好绿色信贷工作，完善绿色信贷统计制度，建立绿色信贷考核评价体系，同年，29 家银行签署了《中国银行业绿色信贷共同承诺》。
- 2014 年，银行业金融机构共同发起设立中国银行业协会绿色信贷业务专业委员会。
- 2015 年 4 月，成立中国金融学会绿色金融专业委员会。
- 2018 年 7 月，《关于开展银行业存款类金融机构绿色信贷业绩评价的通知》(银发〔2018〕180号)印发后，中国人民银行率先对24家主要银行开展了绿色信贷业绩评价。

- 2019年《绿色产业指导目录(2019年版)》(发改环资〔2019〕293号)印发后，中国人民银行相应修订了《绿色贷款专项统计制度》。
- 2020年，银保监会在2013年出台的《绿色信贷统计制度》基础上，制定了《绿色融资统计制度》(银保监办便函〔2020〕739号)。
- 2021年，中国人民银行印发《银行业金融机构绿色金融评价方案》。
- 2022年，中国银保监会印发《银行业保险业绿色金融指引》。

至此，我国形成了主要包含以下四个部分的绿色信贷体系框架：《绿色信贷指引》、绿色信贷统计制度、绿色信贷评价体系以及银行自身的绿色信贷政策。[①]

绿色信贷在我国绿色金融体系中占据举足轻重的地位，近年来也实现了快速增长，是实体经济绿色低碳发展的重要资金来源。[②]

绿色信贷余额情况

据中国人民银行统计[③]，截至2021年末，全国本外币绿色贷款余额达15.9万亿元，同比增长33.1%，增速提高12.7个百分点，高于

① 马骏.中国绿色金融的发展与前景［J］.经济社会体制比较，2016(06)：25-32.

② 我国绿色贷款业务分析［J］.中国金融，2021(12)：48-50.

③ 中国人民银行.2021年金融机构贷款投向统计报告［EB/OL］.(2022-01-03)［2022-06-08］. http://www.pbc.gov.cn/goutongjiaoliu/113456/113469/4464086/2022013010434016509.pdf.

各项贷款增速21.7个百分点，全年绿色贷款增加3.86万亿元。2021年末的绿色信贷余额在我国金融机构人民币各项贷款余额中占比8.25%（见表6.1）。

表6.1　截至2021年末全国绿色贷款余额总体情况

全国绿色贷款余额	全年绿色贷款余额增量	绿色贷款余额与年初相比	绿色贷款余额占人民币各项贷款余额比重
15.9万亿元	3.86万亿元	增长33.1%	8.25%

分用途来看，基础设施绿色升级产业绿色贷款余额最高，为7.4万亿元，同比增长28.3%，占我国绿色贷款余额46.5%，清洁能源产业贷款与节能环保产业绿色贷款余额分别为4.21万亿元和1.94万亿元，同比分别增长31.7%和46.7%，基础设施绿色升级产业和清洁能源产业余额在我国绿色贷款余额中占比超过70%（见表6.2）。

表6.2　2021年绿色贷款余额分用途占比情况

用途	同比增长	占比
基础设施绿色升级	28.3%	46.5%
清洁能源产业	31.7%	26.5%
节能环保产业	46.7%	12.2%
其他	40.5%	14.8%

分行业来看，电力、热力、燃气及水生产和供应业绿色贷款余额4.41万亿元，同比增长25.7%，全年增加8 850亿元；交通运输、仓储和邮政业绿色贷款余额4.13万亿元，同比增长14.2%，全年增加4 857亿元，两行业绿色贷款余额在绿色贷款总余额中占比超过50%（见表6.3）。

表 6.3　2021 年绿色贷款余额分行业占比情况

行业	余额（万亿元）	占比
电力、热力、燃气及水生产和供应业	4.41	27.7%
交通运输、仓储和邮政业	4.13	26.0%
其他	7.36	46.3%

在碳减排方面，投向具有直接碳减排效益项目的贷款为 7.3 万亿元，占比 46%，投向具有间接碳减排效益项目的贷款为 3.36 万亿元，占比 21%，二者合计占绿色贷款的 67%（见图 6.1）。

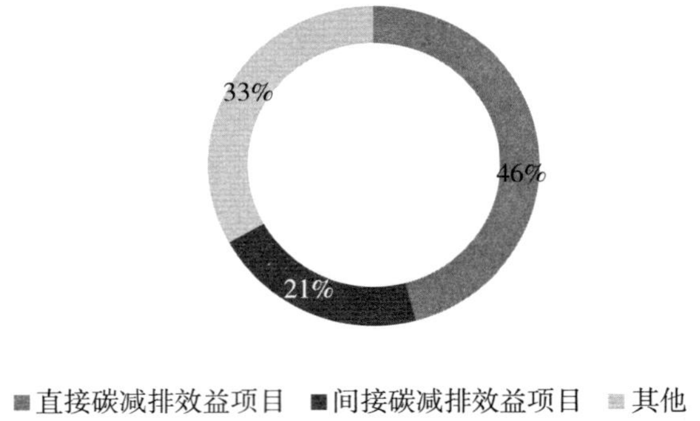

图 6.1　2021 年碳减排视角下的绿色贷款投向

主要银行绿色信贷展业情况

据银保监会统计，截至 2021 年末，国内 21 家主要银行（见表 6.4）绿色信贷余额达 15.1 万亿元，占其各项贷款的 10.6%。绿色信贷环境效益逐步显现，按照信贷资金占绿色项目总投资的比例测算，21 家主要银行绿色信贷每年可支持节约标准煤超过 4 亿吨，减排二氧化碳当量超过 7 亿吨。[①]

表 6.4　21 家主要银行名单

21 家主要银行名单		
国家开发银行	进出口银行	农业发展银行
农业银行	中国银行	建设银行
邮政储蓄银行	招商银行	浦发银行
兴业银行	民生银行	光大银行
广发银行	平安银行	恒丰银行
工商银行	交通银行	中信银行
渤海银行	华夏银行	浙商银行

与 2020 年相比，2021 年我国主要银行绿色信贷余额增长迅速，绿色信贷余额在主要银行各项贷款中的占比也明显提高，主要银行绿色信贷业务持续高速增长（见表 6.5）。

表 6.5　截至 2020 年末 24 家主要银行绿色贷款余额、占比与增速情况[②]

指标		数值
绿色贷款余额情况	全部绿色贷款余额	10.33 万亿元
	最大值	22 682 亿元
	最小值	106 亿元
	平均值	4 302.46 亿元
	中位数	1 845.5 亿元

① 中国金融新闻网 . 银保监会：截至 2021 年末国内 21 家主要银行绿色信贷余额达 15.1 万亿元［EB/OL］.（2022-03-24）［2022-06-08］. https://www.financialnews.com.cn/jg/dt/202203/t20220324_242423.html.

② 我国绿色贷款业务分析［J］. 中国金融 ,2021(12):48-50.

续表

指标		数值
绿色贷款余额占全部贷款余额比重情况	全部绿色贷款余额占 24 家银行全部贷款余额比重	7.79%
	最大值	18.79%
	最小值	0.84%
	平均值	5.77%
	中位数	5.72%
绿色贷款余额增速情况（同比增长）	全部绿色贷款余额同比增长	15.60%
	最大值	169.46%
	最小值	–16.36%
	平均值	30.21%
	中位数	14.94%

备注：2020 年主要银行较 2021 年多了三家银行，分别为北京银行、上海银行和江苏银行。

六大行与赤道银行绿色信贷展业情况

在监管指引下，国内政策性银行与商业银行积极开展绿色信贷业务，近年绿色信贷余额保持高速增长。表 6.6 列示了六大行与国内赤道银行绿色信贷业务开展情况。四大行 2021 年末绿色信贷余额均过万亿，中国工商银行接近 2.5 万亿元，占其贷款总额 12%。赤道银行中，兴业银行与湖州银行绿色信贷业务在贷款余额中占比均超 15%，特别是湖州银行，2020—2021 年均维持在 25% 左右。

表 6.6　六大行与国内赤道银行绿色信贷情况列示

银行名称	2021 年末绿色贷款 / 信贷余额（亿元）	2020 年末绿色贷款 / 信贷余额（亿元）	数值增长率	2021 年绿色贷款 / 信贷占贷款总额比重	2020 年绿色贷款 / 信贷占贷款总额比重
中国工商银行	24 806.21	18 457.19	34.40%	12.00%	9.91%
中国农业银行	19 778.00	15 149.00	30.56%	11.52%	10.41%
中国银行	14 000.00	8 967.98	56.11%	9.23%	6.31%
中国建设银行	19 600.00	13 427.07	45.97%	11.07%	8.29%
兴业银行	6 924.18	5 441.14	27.26%	15.64%	29.15%
中国邮政储蓄银行	3 722.94	2 809.36	32.52%	5.77%	4.91%
交通银行	4 767.63	3 872.80	23.11%	7.27%	6.62%
江苏银行	1 272.00	984.00	29.27%	9.08%	8.44%
湖州银行	131.39	111.70	17.63%	24.59%	25.41%
重庆农村商业银行	366.64	245.67	49.24%	6.30%	5.04%
绵阳市商业银行	11.83	2.83	318.02%	1.47%	0.45%
贵州银行	349.71	228.52	53.03%	13.96%	10.68%
重庆银行	191.20	144.10	32.69%	6.01%	5.29%

备注：

1. 计算比重使用的贷款总额除中国银行为平均余额外其余数据均为期末值。
2. 单位为“万亿元”的原始数据计为整数。
3. 截至 2021 年 2 月，国内共有七家银行先后采纳“赤道原则”：兴业银行（2008 年 10 月）、江苏银行（2017 年 1 月）、湖州银行（2019 年 7 月）、重庆农村商业银行（2020 年 2 月）、绵阳市商业银行（2020 年 7 月）、贵州银行（2020 年 11 月）和重庆银行（2021 年 2 月）。
4. 数据来源为各银行年度报告与社会责任报告等，清华大学国家金融研究院绿色金融研究中心整理。

绿色不良贷款情况

全国层面，截至 2020 年末，绿色不良贷款余额为 390 亿元，不良率为 0.33%，比同期企业贷款不良率低 1.65 个百分点，比年初下降 0.24 个百分点，总体呈现积极趋势。其中，基础设施绿色升级领域绿色贷款不良率较低，为 0.16%；东部地区不良率较低，为 0.2%；大型和中型银行绿色贷款不良率分别为 0.19% 和 0.39%，相比年初下降 0.37 个和 0.14 个百分点（见表 6.7）。[①]

表 6.7　截至 2020 年末全国绿色不良贷款情况

绿色不良贷款余额	不良率	与同期企业贷款不良率相比	与年初相比
390 亿元	0.33%	低 1.65%	下降 0.24%

主要银行层面，截至 2020 年末，国内 24 家主要银行绿色不良贷款余额为 252 亿元，不良率为 0.24%，相较全国层面的不良率更低（见表 6.8）。

表 6.8　截至 2020 年末 24 家主要银行不良贷款情况

全部绿色不良贷款余额	总体不良率	最大值	最小值	平均值	中位数
252 亿元	0.24%	1.85%	0	0.56%	0.41%

碳减排支持工具[②]

2021 年 11 月，中国人民银行宣布推出碳减排支持工具，发放对象暂定为全国性金融机构，通过“先贷后借”的直达机制，对金融机构向碳减排重点领域内相关企业发放的符合条件的碳减排贷款，按贷

① 我国绿色贷款业务分析［J］. 中国金融，2021（12）：48–50.

② 李德尚玉 . 央行首批碳减排支持工具花落谁家？国有大行纷纷披露［N］. 21 世纪经济报，2020–01–19.

款本金的 60% 提供资金支持，利率为 1.75%，支持清洁能源、节能环保、碳减排技术等重点领域的发展。①

以国家开放银行为例，截至 2022 年第一季度，累计发放碳减排贷款超过 305 亿元，加权平均利率 4.02%，带动年度碳减排量 661 万吨二氧化碳当量（见表 6.9）。碳减排效应最为显著的项目有采风丝路木垒县大石头第五风电场 200MW 风力发电项目、上海庙至山东特高压通道配套巴彦淖尔风电基地国能淖尔 400MW 风电 1# 项目和湛江徐闻海上风电场项目、重庆钢铁富余煤气高效利用发电项目、山东能源上海庙至山东特高压外送通道阿拉善基地 400MW 风电项目和肃北县马鬃山第二风电场 B 区 200 兆瓦项目。②

表 6.9　截至 2022 年第一季度国家开放银行碳减排贷款发放情况

类别	支持项目数量（个）	贷款金额（万元）	加权平均利率（%）	带动年度碳减排量（吨二氧化碳当量）
清洁能源	188	3 033 559	4.02	6 393 963
节能环保	2	22 000	3.90	216 353
碳减排技术	0	—	—	—
合计	190	3 055 559	4.02	6 610 316

① 中国人民银行 . 人民银行推出碳减排支持工具［EB/OL］.（2021–11–08）［2021–11–20］. http://www.pbc.gov.cn/goutongjiaoliu/113456/113469/4384182/index.html.

② 国家开发银行碳减排贷款信息披露（2021 年 7 月 1 日至 12 月 31 日）［EB/OL］.（2022–02–15）［2022–06–15］. http://www.cdb.com.cn/xwzx/xxgg/qtgg/202202/t20220215_9598.html.

国家开发银行碳减排贷款信息披露（2022 年第一季度）［EB/OL］.（2022–05–17）［2022–06–15］. http://www.cdb.com.cn/xwzx/xxgg/qtgg/202205/t20220517_9910.html.

统计规则

中国人民银行《绿色贷款专项统计制度》

2018 年 1 月中国人民银行发布《关于建立绿色贷款专项统计制度的通知》(银发〔2018〕10 号)，自 2018 年 3 月起实施，建立了管理校准式绿色贷款专项统计制度。① 管理校准式绿色贷款专项统计是指金融机构提交报数申请，经中国人民银行确认满足管理校准条件后，按要求向金融统计监测管理信息系统报送绿色贷款数据，具体报送格式为“3327”表格。

《绿色产业指导目录(2019 年版)》印发后，2019 年 12 月，中国人民银行发布《中国人民银行关于修订绿色贷款专项统计制度的通知》(银发〔2019〕326 号)对该统计制度做出修订。此次修订扩大了绿色贷款统计范围，特别明确统计口径包含个人经营性贷款。《绿色贷款专项统计制度》项目与《绿色产业指导目录(2019 年版)》高度一致，根据该制度，中国人民银行口径下绿色贷款按用途可划分为节能环保产业、清洁生产产业、清洁能源产业、生态环境产业、基础设施绿色升级、绿色服务六大类。

银保监会《绿色融资统计制度》

2013 年 4 月，银监会印发《关于报送绿色信贷统计表的通知》(银监办〔2013〕185 号)，要求银行业金融机构报送环境、安全等重大风险企业信贷情况统计表和节能环保项目及服务贷款情况统计表。该

① 中国人民银行. 中国人民银行关于修订绿色贷款专项统计制度的通知［EB/OL］.(2019-12-27)［2021-12-23］. http://www.gzgfa.org.cn/Guojiazhengce-35/171.html.

通知共纳入绿色农业开发项目、绿色林业开发项目等 12 大类节能环保项目及服务，以收集绿色信贷数据，反映绿色信贷实施成效。这是监管机构绿色信贷统计制度体系建立的序幕。

2020 年 6 月，银保监会在 2013 年出台的《绿色信贷统计制度》基础上，制定了《绿色融资统计制度》，进一步扩大了银行绿色业务统计范围，首次将表内非金融企业债券、表外票据及信用证业务纳入统计，首次将统计范围从生产（建设、经营）领域扩大至生产（建设、经营）、贸易及消费领域，新增了对环境权益融资统计情况。①

评价规则

为落实《关于构建绿色金融体系的指导意见》等文件的精神，引导银行业存款类金融机构加强对绿色环保产业的信贷支持，2018 年中国人民银行印发了《中国人民银行关于开展银行业存款类金融机构绿色信贷业绩评价的通知》，率先对 24 家主要银行开展了绿色信贷业绩评价。② 2019 年第一季度，业绩评价工作推广至全国银行机构。自 2018 年业绩评价工作开展以来，24 家银行绿色信贷业绩评价结果总体呈上升趋势，结果集中度不断提高。③

为提升金融支持绿色低碳高质量发展的能力，优化绿色金融激励约束机制，2021 年 5 月 27 日，中国人民银行印发了《银行业金融

---

① 经过此轮调整，银保监会与中国人民银行的绿色贷款统计口径仍存在一定差异。

② 中国人民银行 .《中国人民银行关于开展银行业存款类金融机构绿色信贷业绩评价的通知》[EB/OL].（2018-08）[2021-12-22]. http://www.jzjrw.gov.cn/data/201808/01/0dea7d175848559ab23c7d6eed37858a.pdf.

③ 我国绿色贷款业务分析 [J]. 中国金融，2021（12）：48-50.

机构绿色金融评价方案》，自2021年7月1日起施行，《中国人民银行关于开展银行业存款类金融机构绿色信贷业绩评价的通知》同时废止。①

《银行业金融机构绿色金融评价方案》中，定量指标权重达80%，定量指标包括绿色金融业务总额占比、绿色金融业务总额份额占比、绿色金融业务总额同比增速、绿色金融业务风险总额占比四项。

国家发改委《绿色产业指导目录（2019年版）》

为进一步厘清产业边界，将有限的政策和资金引导到推动绿色发展最重要、最关键、最紧迫的产业上，国家发展和改革委员会同有关部门研究制定了《绿色产业指导目录（2019年版）》，要求各地方、各部门以该目录为基础，根据各自领域、区域发展重点，出台投资、价格、金融、税收等方面的政策措施，着力壮大节能环保、清洁生产、清洁能源等绿色产业。②

《绿色产业指导目录（2019年版）》将绿色产业划分为6个一级类和30个二级类，并做出了相应的解释说明（见表6.10）。

---

① 中国人民银行.关于印发《银行业金融机构绿色金融评价方案》的通知［EB/OL］.（2021-05-27）［2021-12-28］. http://www.pbc.gov.cn/zhengwugongkai/4081330/4081344/4081395/4081686/4265380/index.html.

② 国家发展和改革委员会.关于印发《绿色产业指导目录（2019年版）》的通知［EB/OL］.（2019-03-05）［2021-12-29］. https://www.china-cba.net/Uploads/ueditor/file/20200615/5ee71f02a8b78.pdf.

表 6.10 《绿色产业指导目录（2019 年版）》的一级类与二级类

一级类	二级类
节能环保产业	高效节能装备制造
	先进环保装备制造
	资源循环利用装备制造
	新能源汽车和绿色船舶制造
	节能改造
	污染治理
	资源循环利用
清洁生产产业	产业园区绿色升级
	无毒无害原料替代使用与危险废物治理
	生产过程废气处理处置及资源化综合利用
	生产过程节水和废水处理处置及资源化综合利用
	生产过程废渣处理处置及资源化综合利用
清洁能源产业	新能源与清洁能源装备制造
	清洁能源设施建设和运营
	传统能源清洁高效利用
	能源系统高效运行
生态环境产业	生态农业
	生态保护
	生态修复
基础设施绿色升级	建筑节能与绿色建筑
	绿色交通
	环境基础设施
	城镇能源基础设施
	海绵城市
	园林绿化
绿色服务	咨询服务
	项目运营管理
	项目评估审计核查
	监测检测
	产品技术认证和推广

贷款条件

在多种因素的激励下，绿色信贷较传统信贷产品拥有自身的特殊性，从利率、期限、额度和审批流程来看，其用意在于充分发挥资金对经济活动低碳转型的引领作用。

利率方面，银行对绿色信贷给予利率优惠是一种常见的手段。比如湖州银行把绿色信贷内部资金转移定价在原来优惠 5% 的基础上再优惠 5 个百分点，以差异化的资源配置机制引导全行信贷资源向绿色产业倾斜。①

期限与额度方面，银行对绿色信贷也有倾斜。中国工商银行为西安浐灞生态区灞河右岸片区提升改造 PPP 项目、上海某公司再生能源综合利用中心项目、国家能源集团新能源项目分别提供了 15 年期 20 亿元、15 年期 6 亿元、10 年期 17 亿元的绿色信贷融资，期限与额度都相当可观。② 兴业银行合肥分行与安徽省财政厅、环境保护厅等共同设立的“环保贷”以环保信用评级较高的中小企业为对象，以财政风险补偿金作为增信手段，提供金额最高 4 000 万元，期限最长 5 年，贷款利率最高不超过中国人民银行同期基准利率上浮 20% 的优

---

① 湖州银行全力推进绿色金融改革创新［EB/OL］.(2021-01-04)［2022-06-14］. http://www.xinhuanet.com/money/2021-01/04/c_1126944195.htm.

② 工商银行 .2020 社会责任报告［EB/OL］.（2021-03-26）［2022-01-04］. http://pg.jrj.com.cn/acc/CN_DISC/STOCK_NT/2021/03/27/601398_ls_1209464451.PDF.

惠政策，意在缓解中小环保企业融资难、融资贵的问题。①

在审批流程上，部分银行会为绿色信贷提供便利。比如湖州银行出台专门的绿色贷款审批方案，单列绿色信贷投放规模，开通“绿色通道”，确保绿色信贷业务优先受理、优先审批、有限放款，绿色贷款的周转时限由原来的 3 天压缩到 1.1 天。②

激励政策

2015 年以来，在国家深入推进生态文明建设、经济结构性转型的背景下，多项针对绿色信贷的实质性激励措施逐步出台，绿色信贷政策得到深化发展：《生态文明体制改革总体方案》《关于构建绿色金融体系的指导意见》及五省区《建设绿色金融改革创新试验区总体方案》相继提出针对绿色信贷的贴息、再贷款、再贴现、担保、资产证券化等多项激励政策。

国家层面，《生态文明体制改革总体方案》第四十五条“建立绿色金融体系”中明确提出“推广绿色信贷，研究采取财政贴息等方式加大扶植力度，鼓励各类金融机构加大绿色信贷的发放力度，明确贷

① 兴业银行合肥分行.兴业银行合肥分行“环保贷”助建绿色江淮美好家园［EB/OL］.（2018-09-30）［2021-11-23］. http://branch.cib.com.cn/HeFei/dynamics/20180930_1.html.

② 湖州银行全力推进绿色金融改革创［EB/OL］.（2021-01-04)［2022-06-14］. http://www.xinhuanet.com/money/2021-01/04/c_1126944195.htm.

款人的尽职尽责要求和环境保护法律责任。”[①]《关于构建绿色金融体系的指导意见》中明确提出“大力发展绿色信贷”“对于绿色信贷支持的项目，可按规定申请财政贴息支持”。[②]《银行业金融机构绿色金融评价方案》中将绿色信贷纳入绿色金融业务评价予以激励。[③]

地方层面，2019 年 1 月深圳市人民政府发布了《深圳市人民政府关于构建绿色金融体系的实施意见》，提出要支持绿色信贷创新发展，优化绿色信贷风险分担机制，充分运用风险补偿资金池政策，“对合作银行向战略性新兴产业项目库内绿色低碳企业发放信用贷款，单笔最高按照实际贷款本金损失的 50% 给予合作银行补贴，按照其贷款项目实际支付利息的 50% 给予企业贴息，相关经费按照市战略性产业相关政策给予支持”。[④]

此外，深圳市还提出完善绿色信贷增信机制。“对合作银行向战略性新兴产业项目库内绿色低碳企业发放由合作担保机构提供担保的贷款，单笔最高可按照担保机构承担担保责任所发生的代偿金额的 50% 给予补偿。对已获得担保贷款的绿色低碳企业，按其贷款项目实

---

① 中共中央 国务院 . 中共中央 国务院关于印发《生态文明体制改革总体方案》的通知［EB/OL］.（2015-09-21）［2021-11-30］. http://www.lcrc.org.cn/zhzsk/zcfg/g-wgb/gwywj/201801/P020180110391144562873.pdf.

② 中国人民银行等 .《关于构建绿色金融体系的指导意见》［EB/OL］.（2016-08-31）［2021-12-24］. http://www.scio.gov.cn/32344/32345/35889/36819/xgzc36825/Document/1555348/1555348.htm.

③ 中国人民银行 .《银行业金融机构绿色金融评价方案》［EB/OL］.（2021-05-27）［2021-12-28］. http://www.pbc.gov.cn/tiaofasi/144941/3581332/4265383/index.html.

④ 深圳市人民政府 . 深圳市人民政府关于构建绿色金融体系的实施意见［EB/OL］.（2019-01-08）［2021-11-23］. http://www.sz.gov.cn/zwgk/zfxxgk/zfwj/szfwj/content/post_6577287.html.

际支付利息的 50% 给予贴息，按实际发生担保费用的 50% 给予融资担保补贴，相关经费按照市战略性新兴产业相关政策给予支持。”

江苏省 2018 年发布的《关于深入推进绿色金融服务生态环境高质量发展的实施意见》中提出“对符合条件的绿色信贷适当贴息，贴息后贷款利率原则上不高于同期人民银行贷款基准利率”，还提出要“争取政策性银行绿色信贷”。①

在充分吸收借鉴花都区以及国内其他绿色金融改革创新试验区的先进经验和做法的基础上，2020 年广州市黄埔区印发了《广州市黄埔区人民政府 广州开发区管委会关于印发广州市黄埔区、广州开发区促进绿色金融发展政策措施的通知》。② 其中有关绿色贷款的内容如下：

“鼓励银行业金融机构向绿色企业和项目提供绿色贷款。对上年度绿色贷款余额增量达到 1 亿元（含）以上的银行业金融机构给予分档分段累加奖励，其中增量 1 亿元（含）以下部分、1 亿元以上 5 亿元（含）以下部分、5 亿元以上 10 亿元（含）以下部分、10 亿元以上部分，分别按绿色贷款余额增量的 0.2%、0.1%、0.05%、0.02% 给予奖励，每个银行业金融机构每年最高 200 万元。”

“对获得银行业金融机构绿色贷款的企业和项目，按其贷款金额的 1% 给予贴息，单个企业每年最高 100 万元，贴息期限 3 年。”

“对获得小额贷款公司 6 个月（含）期限以上贷款的绿色企业和

① 江苏省财政厅 . 关于深入推进绿色金融服务生态环境高质量发展的实施意见 [EB/OL] .（2018-10-10）[2021-12-10] . http://czt.jiangsu.gov.cn/module/download/downfile.jsp?classid=0&filename=8cfab87d222c4b389867682b9f2b5d88.pdf.

② 广州市黄浦区 . 广州市黄埔区人民政府 广州开发区管委会关于印发广州市黄埔区、广州开发区促进绿色金融发展政策措施的通知 [EB/OL] .（2020-04-24）[2021-11-10] . http://www.gz.gov.cn/gfxwj/qjgfxwj/hpq/qf/content/post_5803862.html.

项目，按其实际贷款发放额（不含同业拆借）的 1% 给予贴息，单个绿色企业每年最高 50 万元，贴息期限 3 年。”

湖州市 2018 年发布的《关于印发湖州市建设国家绿色金融改革创新试验区若干意见操作办法的通知》中提出，“被认定评价为‘深绿’的融资企业或项目，按照贷款同期基准利率的 12% 给予贴息。被认定评价为‘中绿’的融资企业或项目，按照贷款同期基准利率的 9% 给予贴息。被认定评价为‘浅绿’的融资企业或项目，按照贷款同期基准利率的 6% 给予贴息”。①

补助金额等于“绿色融资企业或项目日均贷款余额”乘以“同期基准利率”乘以“贴息比例”，单家（个）“深绿”融资企业或项目贴息总金额不超过 50 万元，单家（个）“中绿”融资企业或项目贴息总金额不超过 40 万元，单家（个）“浅绿”融资企业或项目贴息总金额不超过 30 万元。工业绿色融资企业和项目贴息补助总金额参照湖州市“中国制造 2025”试点示范城市专项资金预算安排的 500 万元（可适当超出）。如补助金额大幅度超过预算安排，则按比例调整单家企业和单个项目的补助金额。

此外，湖州市还提出对绿色信用贷款风险进行补偿，按照金融机构上年度末绿色企业信用贷款余额的 5%，核定该金融机构本年度风险损失补偿最高额度。同时，单户绿色企业（单个绿色项目）最高补偿 100 万元。多家金融机构为同一家企业发放信用贷款，该企业信用贷款余额不超过 300 万元的，金融机构可享受本政策。发生风险损失

---

① 湖州市政府 . 关于印发湖州市建设国家绿色金融改革创新试验区若干意见操作办法的通知［EB/OL］.（2018-09-27）［2021-12-23］. http://www.huzhou.gov.cn/hzgov/front/s70/xxgk/zcwj/bmwj/20180927/i1166071.html.

后，以单户企业补助金额 100 万元为上限，各金融机构按贷款比例分享补偿资金。

案　例

案例一：兴业银行特许经营权质押贷款[①]

某水务集团股份公司注册资本 1 亿元人民币，主营环保、公用基础设施产业投资，主要分为自来水供应、污水处理、安装工程三个板块，旗下已建成并投产项目水处理能力达到 60 万吨 / 日，下属多家水务子公司与当地政府签订了特许经营协议。

该公司在行业背景、区域垄断等方面具有一定优势。近年来，在运营过程中由于原材料、人工、电力等各项成本的不断增加，日常营运所需流动资金也随之增加，生产经营活动存在一定的营运资金缺口。该公司向兴业银行申请了 0.6 亿元的流动资金贷款，目前余额 0.6 亿元，客户希望增加授信敞口，获得流动资金支持。同时，因客户为民营企业，缺乏足够担保物。

针对客户的融资需求和资金缺口，经认真调查和测算，兴业银行拟定了为该公司提供 0.6 亿元（新增敞口）的短期流动资金贷款额度方案，用于补充公司本部生产经营活动所需运营资金。同时，为切实

① 兴业银行 . 绿色产品与案例 [EB/OL] . [2021-11-23] . https://www.cib.com.cn/cn/aboutCIB/social/product.html#b.

防范和加强对民营水务公司的风险管控，要求公司将其名下某子公司持有的污水处理特许经营权进行质押作为主要担保方式，采用未来收益权（污水处理收费权）质押的方式，与客户签署《最高额质押合同》等相关法律手续，在中国人民银行对污水处理费收费权进行质押登记。同时将特许经营权对应的土地、设备提供抵押担保，追加子公司保证担保，并追加实际控制人连带责任担保。最终，在风险可控的前提下，兴业银行为客户投放 0.6 亿元节能减排流动资金贷款，用于企业日常经营周转。

案例二：中国工商银行应收账款质押贷款[①]

梧州市第三污水处理厂 PPP 项目是国家鼓励和支持发展的科技和环保类项目，建成后将改善梧州市河西片区及红岭新区的水环境。为顺应国家能源政策导向，将信贷资源向节能环保领域倾斜，2019 年，中国工商银行广西分行采用保证担保方式及该项目下所形成的应收账款作为质押担保，累计向该项目承建单位发放贷款 1.28 亿元。

案例三：浦发银行碳排放权抵押贷款[②]

为帮助控排企业及可再生能源企业最大限度地发挥其拥有的碳资产的价值，浦发银行创新推出碳排放权抵押融资业务并率先在广东地

---

① 工商银行 . 2019 社会责任报告［EB/OL］.（2020-03-28）［2021-12-29］. https://pdf.dfcfw.com/pdf/H2_AN202003271377085787_1.pdf?1585347637000.pdf.

② 孟扬 . 国内首单碳排放权抵押融资业务落地［N］. 金融时报，2015-02-26.

区开展该项业务试点。浦发银行正式推出“碳排放权抵押”创新融资产品后，迅速在 2014 年 12 月 25 日与华电正式落地了国内首单碳排放权抵押融资业务。华电新能源公司以广东碳配额获得 1 000 万元的碳配额抵押融资及控排企业法人账户透支授信。该笔业务由广东省发改委出具广东碳配额所有权证明，由广州碳排放权交易中心进行抵押登记、冻结、公示，浦发银行在放款后每周进行盯市管理，实现了碳资产抵押品的标准化管理。

案例四：中国建设银行充电桩收费权质押贷款[①]

虽然新能源汽车充电桩具有较大的融资需求，但是当前尚未有专门针对充电站场建设的融资产品。主要原因为许多充电站场无法满足金融机构对企业的传统评价标准，即企业的第一还款来源和第二还款来源较为缺乏。其中，第一还款来源指企业的经营收入。由于充电站为新兴行业，金融机构无法获得该行业的经营数据，对该行业的经营情况无法进行风险评估，因而无法设计出标准化的融资产品。第二还款来源指企业提供的担保物。充电站场企业主资产实力有限，无法有效提供足额的担保物，进而限制了民营充电站的融资。

中国建设银行花都分行针对充电站的实际融资困境，专门设计了“电桩融”专属贷款产品，解决充电站运营前期资金不足的问题。“电桩融”根据充电站场的银行结算、纳税、代发工资、缴纳租金等大

① 中国金融学会绿色金融专业委员会 . 绿色金融改革创新案例汇编：案例三 绿色金融支持新能源汽车充电站场建设［EB/OL］.（2021-03-18）［2022-01-28］. http://greenfinance.org.cn/displaynews.php?id=3198.

数据进行分析，对充电站场的未来运营收费进行科学测算。在此基础上，中国建设银行花都分行给予充电站场一定额度的信用贷款，充电站场相应地将充电桩运营收费权补充质押给中国建设银行。通过创新服务模式，“电桩融”专属贷款产品有效解决了充电站场因缺乏经营收入数据和有效抵押物而无法融资的困境。

案例五：邮储银行污水处理收费权质押贷款①

福建省亨励水务科技有限公司是建瓯市第一家建成投入运行的生活污水处理厂，此公司以 BOT 模式运营管理，该项目对于改善建瓯城市环境，保护闽江水质，提高城市居民的生活质量具有重要意义。为扩大污水处理能力，公司拟加大固定资产建设投资，但因缺少抵押物和担保，企业一直为融资难而犯愁。中国人民银行建瓯支行得知这一情况后，立即协调建瓯邮储银行与其对接，经过多次实地调研，根据企业特许经营模式特点，首次创新了“污水处理收费权质押”贷款业务，在政府部门的大力支持下进行了质押登记备案。

2017 年 6 月 19 日，邮政储蓄银行建瓯支行向福建省亨励科技水务公司成功发放了 10 年期限、640 万元的“收费权质押”贷款。该笔贷款以“污水处理收费权”为质押，不仅盘活了企业的无形资产，解决了企业融资难问题，也助推了当地绿色生态建设的发展。该贷款是建瓯市首笔以“污水处理收费权”为质押的绿色贷款，在邮储银行南平分行也属首次。

① 闽南网．建瓯发放首笔“污水处理收费权质押”贷款［EB/OL］．(2017-06-30)［2022-01-23］. http://www.mnw.cn/news/np/1763459.html.

第七章

绿色债券

概　况

绿色债券是指将募集资金专门用于支持符合规定条件的绿色产业、绿色项目或绿色经济活动，依照法定程序发行并按约定还本付息的有价证券，包括但不限于绿色金融债券、绿色企业债券、绿色公司债券、绿色债务融资工具和绿色资产支持证券。[①] 与传统债券相比，绿色债券对资金用途、跟踪管理和信息披露等方面有特别要求。

2007 年欧洲投资银行（EIB）首次发行绿色债券，从 2013 年开始，国际市场绿色债券发行规模和发行数量都急剧增加。我国绿色债券起步较晚，2015 年 7 月，新疆金风科技股份有限公司在香港联交所发行了中国首只绿色债券。2015 年 10 月，中国农业银行在伦敦证券交易所成功发行总规模 10 亿美元的 3 期双币种绿色金融债。2016 年 5 月 23 日，浙江嘉化能源化工股份有限公司发行国内首单绿色公司债。此后，多家商业银行、金融机构和企业都开始积极筹备绿色债

① 关于发布《中国绿色债券原则》的公告［EB/OL］.（2022-07-29）［2022-08-04］. http://www.nafmii.org.cn/ggtz/gg/202207/P020220729683303814431.pdf.

券的发行，绿色债券市场保持火热态势。

监管方面，一系列政策相继出台，规范绿色债券发行，为绿色债券提供政策支持。

- 2015 年 12 月 22 日，中国人民银行出台《关于在银行间债券市场发行绿色金融债券的公告》（中国人民银行公告〔2015〕第 39 号）。
- 2015 年 12 月 31 日，国家发改委出台《绿色债券发行指引》（发改办财金〔2015〕3504 号）。
- 2016 年 3 月 16 日，上海证券交易所发布了《关于开展绿色公司债券试点的通知》（上证发〔2016〕13 号），通知明确了绿色公司债券的定义、发行人发行绿色公司债券应具备的条件、所需递交的材料、债券募得资金用途及流向监管与信息披露的要求。
- 2017 年 3 月，证监会发布《中国证监会关于支持绿色债券发展的指导意见》（证监会公告〔2017〕6 号），进一步对绿色债券做出规范。
- 2021 年 4 月 2 日，中国人民银行、发展改革委和证监会发布《绿色债券支持项目目录（2021 年版）》（银发〔2021〕96 号），明确绿色产业，鼓励信息披露，该目录已于 2021 年 7 月 1 日起施行。
- 2022 年 7 月 29 日，中国银行间市场交易商协会发布《中国绿色债券原则》。

发展规模

根据央行研究局的数据，2021 年，中国绿色债券市场持续稳健发展，境内主体共发行各类绿色债券628只，规模合计6 040.91亿元，增量达3 875.09亿元，发行数量和规模均约为2020年的3倍（见表7.1）。[①] 截至2021年末，境内绿色债券余额达1.1万亿元，与普通债券相比，2021年77%的绿色债券具有发行成本优势（见表7.2）。[②]

表7.1 2016—2021年我国境内主体绿色债券发行趋势

年份	发行量（亿元）	占债券发行总量比重
2016	2 017.85	0.56%
2017	2 044.80	0.50%
2018	2 200.53	0.50%
2019	2 850.46	0.63%
2020	2 135.82	0.37%
2021	6 040.91	0.98%

来源：中国人民银行，清华大学国家金融研究院绿色金融研究中心整理。

表7.2 2021年我国绿色债券发行情况

债券数	合计规模	存量规模
628只	6 040.91亿元	1.1万亿元

分行业来看，根据中央结算公司的数据，公用事业、金融、工业是主要的发行领域，三行业发行规模分别为2 103.34、1 836.44、1 583.71亿元，在主要行业中的占比分别为34.91%、30.48%、26.29%，公用事业、金融、工业合计发行规模占比超过90%（见表7.3）。[③]

① 中国人民银行研究局课题组. 2021年我国绿色债券市场发展回顾与展望［J］. 债券，2022（4）.

② 中国人民银行. 绿色金融助力碳达峰碳中和［EB/OL］.（2022-03-04)［2022-06-08］. http://www.pbc.gov.cn/goutongjiaoliu/113456/113469/4500507/index.html.

③ 中央结算公司中债研发中心.2021年绿色债券市场运行情况报告［J］. 债券，2022（2）.

表 7.3　2021 年境内主要行业绿色债券发行规模

行业分类	贴标绿色债券（亿元）	占比	未贴标绿色债券（亿元）	占比
公用事业	2 103.34	34.91%	2 628.61	28.85%
金融	1 836.44	30.48%	1 292.05	14.18%
工业	1 583.71	26.29%	4 787.66	52.54%
能源	341.10	5.66%	276.00	3.03%
材料	63.40	1.05%	63.40	0.70%
可选消费	51.00	0.85%	20.00	0.22%
房地产	26.80	0.44%	26.80	0.29%
信息技术	10.50	0.17%	10.00	0.11%
日常消费	8.00	0.13%	8.00	0.09%
合计	6 024.29	100.00%	9 112.52	100.00%

绿色债券品种

按照《中国绿色债券原则》，绿色债券可分为普通绿色债券（包含蓝色债券和碳中和债）、碳收益绿色债券、绿色项目收益债券和绿色资产支持证券四类。

表 7.4　绿色债券品种

分类		定义
普通绿色债券	蓝色债券	符合《中国绿色债券原则》要求，募集资金投向可持续型海洋经济领域，促进海洋资源的可持续利用，用于支持海洋保护和海洋资源可持续利用相关项目的有价证券
	碳中和债	符合《中国绿色债券原则》要求，募集资金专项用于具有碳减排效益的绿色项目，通过专项产品持续引导资金流向绿色低碳循环领域，助力实现碳中和愿景的有价证券

续表

分类	定义
碳收益绿色债券（环境权益相关的绿色债券）	符合《中国绿色债券原则》要求，募集资金投向符合规定条件的绿色项目，债券条款与水权、排污权、碳排放权等各类资源环境权益相挂钩的有价证券。例如产品定价按照固定利率加浮动利率确定，浮动利率挂钩所投碳资产相关收益
绿色项目收益债券	符合《中国绿色债券原则》要求，募集资金用于绿色项目建设且以绿色项目产生的经营性现金流为主要偿债来源的有价证券
绿色资产支持证券	符合《中国绿色债券原则》要求，募集资金用于绿色项目或以绿色项目所产生的现金流作为收益支持的结构化融资工具

来源：《中国绿色债券原则》。

我们也可以从债券主管机构分类来看其中绿色债券的发展情况。

绿色债券品种包括金融债、企业债、公司债、资产支持证券、地方政府债等几大类（见图 7.1）。

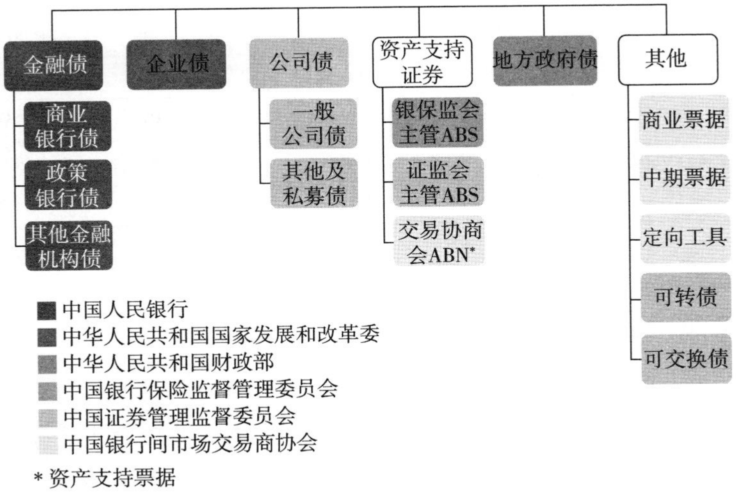

图 7.1　中国境内市场上的绿色债券品种分类及监管机构[①]

① CBI. 中国绿色债券市场2019研究报告［EB/OL］.（2019–12）［2021–11–03］. https://www.climatebonds.net/files/reports/2019_cbi_china_report_cn.pdf.

分品种来看，根据中央结算公司的数据，2021 年中期票据是发行规模最大的贴标绿色债券，达 1 675.67 亿元，占比 27.77%，中期票据、资产支持证券、金融债、公司债和短期融资券五种绿色债券合计占比超过 90%。未贴标绿色债券中地方政府债发行规模最大，占比超过三成（见表 7.5）。[①]

表 7.5　2021 年境内分品种绿色债券发行情况

债券品种	贴标绿色债券（亿元）	占比	未贴标绿色债券（亿元）	占比
中期票据	1 675.67	27.77%	2 900.67	21.83%
资产支持证券	1 170.25	19.39%	0	0.00%
金融债	1 150.55	19.07%	1 150.55	8.66%
公司债	847.12	14.04%	1 406.90	10.59%
短期融资券	754.70	12.51%	1 606.20	12.09%
企业债	395.60	6.56%	748.20	5.63%
定向工具	30.40	0.50%	0	0.00%
国际机构债	10.00	0.17%	10.00	0.08%
地方政府债	0	0.00%	4 166.30	31.35%
政府支持机构债	0	0.00%	1 300.00	9.78%
合计	6 034.29	100.00%	13 288.82	100.00%

募集资金使用

根据央行研究局的数据，2020 年绿色债券募集资金主要投向绿色服务、节能环保和基础设施建设绿色升级三大领域，三者占比分别

① 中央结算公司中债研发中心 . 2021 年绿色债券市场运行情况报告［J］. 债券，2022（2）.

为 30.13%、28.07% 和 19.98%，合计超过 78%（见表 7.6）。①

表 7.6 2020 年境内绿色债券募集资金投向

募集资金投向	债券规模（亿元）	债券数（只）
绿色服务	652.64	59
节能环保	607.92	72
基础设施	432.83	37
清洁能源	349.53	37
生态环境	67.4	10
清洁生产	55.5	5
合计	2 165.82	220

根据气候债券倡议组织的数据，2020 年，投向符合中国人民银行定义的清洁交通项目的募集资金总额从 823 亿元人民币（118 亿美元）增至 1 005 亿元人民币（144 亿美元），但其占比下降至 22%。与 2019 年相比，投向生态保护和适应气候变化以及资源节约与循环利用的募集资金占比也有所下降。涨幅最大的是清洁能源领域（见图 7.2）。②

① 中国人民银行研究局课题组 . 2020 年中国绿色债券发展概况及特点［EB/OL］.（2021–07）［2021–12–09］. https://kns.cnki.net/kcms/detail/detail.aspx?dbcode=CJFD&dbname=CJFDAUTO&filename=ZHQU202107010&uniplatform=NZKPT&v=AlgIm2vjxwv%2525mmd2B7B2Hg2pu4tlnIbLLaUGhc2dRCl8LJ7%2525mmd2FBSboXaHSmXCjEf8bQEVIv.

② CBI. 2020 年中国绿色债券市场研究报告［EB/OL］.（2021–09）［2021–11–03］. https://www.climatebonds.net/files/reports/cbi_china_sotm_2021_cn_06b_final_0.pdf.

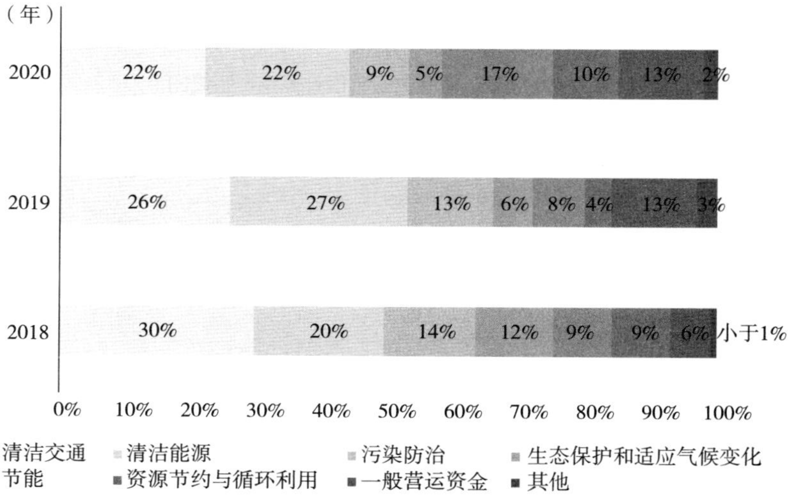

图 7.2　2018—2020 年按国内绿色定义划分的募集资金使用

备注：发展改革委和上海证券交易所允许绿色债券发行人在一定情况下将募集资金用作企业一般用途的营运资金。

承销商

2020 年，82 家金融机构参与了境内绿色债券（首只绿色类房地产投资信托基金除外）承销（见表 7.7、表 7.8）。其中 24 家为银行，累计承销 582.68 亿元；58 家为证券公司，同比增加 7 家，累计承销 1 573.9 亿元。[①]

① 中国人民银行研究局课题组 .2020 年中国绿色债券发展概况及特点［EB/OL］.（2021-07-01）［2021-12-03］. https://kns.cnki.net/kcms/detail/detail.aspx?dbcode=CJFD&dbname=CJFDAUTO&filename=ZHQU202107010&uniplatform=NZKPT&v=AlgIm2vjxwv%2525mmd2B7B2Hg2pu4tlnIbLLaUGhc2dRCl8LJ7%2525mmd2FBSboXaHSmXCjEf8bQEVIv.

表 7.7　2020 年证券公司中绿色债券承销金额前三的承销商

排名	承销商	承销金额（亿元）
1	中信建投证券	168.52
2	中信证券	121.04
3	国泰君安证券	98.36

表 7.8　2020 年银行机构中绿色债券承销金额前三的承销商

排名	承销商	承销金额（亿元）
1	中国银行	87.51
2	兴业银行	75.05
3	招商银行	56

2021 年，各机构绿色债券承销额快速上涨，工农中建四大行合计承销额达 5 123 亿元（见图 7.3），南京银行、宁波银行、杭州银行、上海银行等中小型银行承销规模也有明显提升。[①]

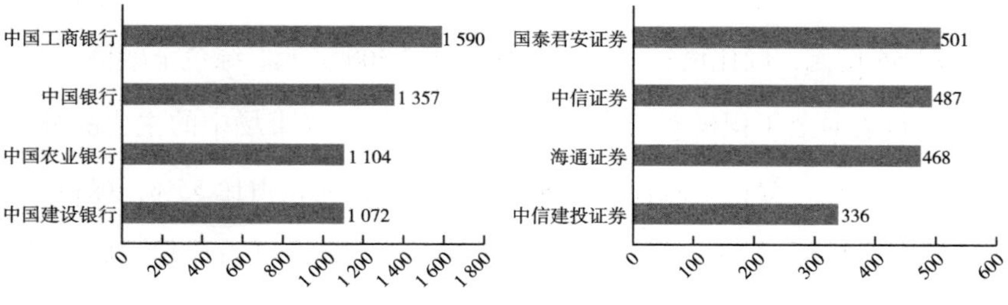

图 7.3　2021 年银行与证券公司绿色债券承销规模 Top4（亿元）

① 中国人民银行研究局课题组．2021 年我国绿色债券市场发展回顾与展望［J］．债券，2022（4）．

交易所发行情况

公募和私募绿色债券的发行场所集中在银行间市场和上海证券交易所。自 2016 年 3 月正式启动绿色公司债试点以来，上交所稳步发展绿色债券市场，取得了阶段性成果。2021 年，上交所共发行绿色债券 690.9 亿元，绿色资产支持证券 502.28 亿元，合计 1 193.18 亿元。截至 2021 年末，上交所共发行 270 只绿色公司债，84 期 339 只绿色资产支持证券，规模合计 3 660.52 亿元。此外，2021 年 2 月，上交所推出专项用于碳中和的绿色债券，截至 2021 年底，上交所累计发行碳中和债券 37 单共 377 亿元，碳中和 ABS 47 单共 289 亿元。[①]

二级市场情况

2021 年，境内绿色债券共 769 只参与现券交易，交易额达 8 683.56 亿元，同比增长 40%，增加额达 2 500 亿元。绿色金融债、绿色中期票据全年积极参与交投，是绿色债券二级市场中的主要品种。2021 年全年，绿色金融债交易额达 3 048.01 亿元，占比 35%，绿色中期票据交易额达 2 832.18 亿元，占比 33%，二者合计占比超六成（见表 7.9）。[②]

---

① 上海交易所 . 2021 年社会责任报告［EB/OL］.［2022-06-01］. http://www.sse.com.cn/aboutus/socialresponsibility/download/c/5702535.pdf.

② 中诚信绿金 . 2021 年境内绿色债券年度报告［EB/OL］.（2022-01-11）［2022-05-26］. http://211.157.162.75/files/ueditor/file/20220111/1641894871213030564.pdf.

表 7.9 2021 年绿色债券现券交易券种分布

债券品种	只数	现券交易额（亿元）	交易额占比
金融债	107	3 048.01	35%
中期票据	225	2 832.18	33%
短期融资债	57	1 054.65	12%
企业债	183	941.23	11%
可交换债	1	389.73	4%
资产证券化	90	221.89	3%
定向工具	19	96.60	1%
公司债	86	95.77	1%
国际机构债	1	3.50	0%
合计	769	8 683.56	100%

《绿色债券支持项目目录（2021 年版）》

依据中共中央办公厅、国务院办公厅印发的《关于构建现代环境治理体系的指导意见》《国务院关于加快建立健全绿色低碳循环发展经济体系的指导意见》（国发〔2021〕4 号）和《中国人民银行 财政部 发展改革委 环境保护部 银监会 证监会 保监会关于构建绿色金融体系的指导意见》（银发〔2016〕228 号），中国人民银行、发展改革委、证监会以《绿色产业指导目录（2019 年版）》为基础，研究制定了《绿色债券支持项目目录（2021 年版）》，于 2021 年 7 月 1 日起施行。《绿色债券支持项目目录（2021 年版）》为发行人识别与筛选绿色产业项目提供了参考，包括节能环保产业、清洁生产产业、清洁能源产业、生态环境产业、基础设施绿色升级和绿色服务共 6 个一级领域与 25 个二级领域，并且为每一项都提供了具体的说明（见表 7.10）。[①]

表 7.10 《绿色债券支持项目目录（2021 年版）》一级与二级领域

一级领域	二级领域
节能环保产业	能效提升
	可持续建筑
	污染防治
	水资源节约和非常规水资源利用
	资源综合利用
	绿色交通
清洁生产产业	污染防治
	绿色农业
	资源综合利用
	水资源节约和非常规水资源利用
清洁能源产业	能效提升
	清洁能源
生态环境产业	绿色农业
	生态保护与建设
基础设施绿色升级	能效提升
	可持续建筑
	污染防治
	水资源节约和非常规水资源利用
	绿色交通
	生态保护与建设
绿色服务	咨询服务
	运营管理服务
	项目评估审计核查服务
	监测检测服务
	技术产品认证和推广

① 中国人民银行，发展改革委，证监会 . 关于印发《绿色债券支持项目目录（2021 年版）》的通知，银发〔2021〕96 号，附件：绿色债券支持项目目录（2021 年版）［EB/OL］.（2021-04-02）［2021-11-29］. http://www.pbc.gov.cn/goutongjiaoliu/113456/113469/4236341/2021042115215612655.pdf.

发行条件

发行办法

发行绿色债券一般包括五个步骤：确定合格的绿色项目和资产，安排独立审查，追踪报告，发行绿色债券，监督债券所筹资金的用途并作年度报告。①

在交易所发行的，募集资金用于支持绿色产业的公司债券，由交易所或证监会核准发行，由证监会监管。② 国内首单绿色公司债由浙江嘉化能源化工股份有限公司于 2016 年 5 月 23 日推出，与绿色金融债相比，绿色公司债发行规模均相对较小。但由于绿色项目具有正外部性，其更容易获得政府机构的政策支持，绿色债券发行也更容易获得优惠条件。

除需要满足一般公司债发行条件外，绿色公司债券还需满足表 7.11 所示要求 ③ ：

---

① CBI. 如何发行绿色债券？［EB/OL］. https://cn.climatebonds.net/files/files/CBI_How%2520to%2520Issue%2520Green%2520Bonds.pdf.

② 中国人民银行 发展改革委 证监会关于印发《绿色债券支持项目目录（2021 年版）》的通知，银发〔2021〕96 号，附件：绿色债券支持项目目录（2021 年版）［EB/OL］.（2021–04–02）［2021–11–29］. http://www.pbc.gov.cn/goutongjiaoliu/113456/113469/4236341/2021042115215612655.pdf.

③ 金融监管研究院 . 各类债券发行条件（2021 年）［EB/OL］.（2021–03–16）［2022–01–21］. https://www.sohu.com/a/455591101_270543.

表 7.11 绿色公司债券需满足的其他要求

资金用途	与非绿色债券不同，绿色债券所募集资金必须用于绿色产业项目，具有专一的用途
债券期限	目前市面上已发行的绿色债券大多为中长期融资债券，主要由于某些绿色产业项目投资需要较长时间才能形成回报，一般而言，绿色债券的存续期通常会覆盖整个建设期和运营期
信息披露	除了常规非绿色债券需披露的内容外，还需要对募集资金使用情况、认证报告和审计报告进行定期披露，相对而言，披露要求更高。《中国人民银行 发展改革委 证监会关于印发〈绿色债券支持项目目录（2021 年版）〉的通知》鼓励发债主体按照《绿色债券支持项目目录（2021 年版）》进行信息披露等相关工作。另外，绿色债券通常也鼓励由独立第三方专业机构在发行前进行绿色认证或评估

期限

根据央行研究局和中央结算公司的数据，2021 年，约 80% 的绿色债券发行期限在 3 年期及以内。3 年期规模为 2 811.28 亿元，约为 2020 年的 2.5 倍，占比最高，达 46.59%；1 年期占比 23.67%，排名第二，规模为 1 428.47 亿元，约为 2020 年的 8.7 倍；5 年期占比 10.23%，排名第三，规模为 617.12 亿元，同比增长 18.85%（见表 7.12）。[①]

表 7.12 2021 及 2020 年境内绿色债券期限分布

期限	2021 年发行规模（亿元）	2020 年发行规模（亿元）
1 年	1 428.47	147.3
2 年	572.0	60.2
3 年	2 811.3	806.3

① 中央结算公司中债研发中心 . 2021 年绿色债券市场运行情况报告［J］. 债券，2022（2）.

续表

期限	2021 年发行规模（亿元）	2020 年发行规模（亿元）
4 年	81.1	40.9
5 年	617.12	519.2
6 年	5.5	47.0
7 年	227.1	277.8
8 年	2.5	8.7
9 年	48.3	27.1
10 年	120.7	132.0
15 年	33.8	20.5
18 年	9.6	6.8
20 年	41.9	72.0

利率

2020 年绿色债券发行利率继续下行，绿色项目融资成本进一步降低。2020 年，AAA 级 1~3 年期绿色债券平均发行利率为 3.27%，比 2019 年同比下行 95 个基点；AAA 级 3~5 年期绿色债券平均发行利率为 3.93%，比 2019 年同比下行 49 个基点（见表 7.13）。①

① 中国人民银行研究局课题组 . 2020 年中国绿色债券发展概况及特点［EB/OL］.（2021-07-01）［2021-12-20］. https://kns.cnki.net/kcms/detail/detail.aspx?dbcode=CJFD&dbname=CJFDAUTO&filename=ZHQU202107010&uniplatform=NZKPT&v=AlgIm2vjxwv%2525mmd2B7B2Hg2pu4tlnIbLLaUGhc2dRCl8LJ7%2525mmd2FBSboXaHSmXCjEf8bQEVIv.

表 7.13　2020 年绿色债券发行利率情况　（单位：%）

评级	1 年及以内	1~3 年	3~5 年	5~10 年	10 年及以上
AAA	3.63	3.27	3.93	4.54	3.55
AA+	4.91	4.18	4.70	5.30	5.45
AA	—	3.82	6.96	6.66	6.09
AA-	—	4.50	—	—	—
A-1	2.54	—	—	—	—

在 2020 年境内发行的 190 只绿色债券（不包括绿色资产支持证券）中，可比较发行成本的绿色债券样本共有 106 只。与同类债券（当月发行的同种类同期限同债券等级）相比，68.87% 的绿色债券票面利率更低，具有一定发行成本优势。近三年公开发行的绿色公司债、绿色中期票据具有发行成本优势的比例在 70% 以上，绿色企业债的优势比例也基本稳定在 60% 以上。①

2021 年，在可比较发行成本的 299 只样本中，与同类债券（当月发行的同种类同期限同债券等级）相比，有债项评级的绿色债券中 78.46% 具有比同类债券低 1~180bp（基点）的票面利率，无债项评级的绿色债券中 12.12% 低于同类债券的票面利率，绿色债券市场发行成本优势持续显现。②

① 中国人民银行研究局课题组 . 2020 年中国绿色债券发展概况及特点［J］. 债券，2021（7）.

② 中诚信绿金 . 2021 年境内绿色债券年度报告［EB/OL］.（2022-01-11）［2022-05-26］. http://ccxgf.com.cn/researchinfo/6.html.

评级

根据央行研究局及中央结算公司的数据，2021 年，绿色债券评级维持在较高水平，AAA 级规模为 3 064.44 亿元，占比达 89%，在 2021 年和 2020 年占比均最高，2021 年相较 2020 年提高 16.07%，AA− 级规模为 0.55 亿元，占比为 0.02%，在 2021 年和 2020 年占比均最低，2021 年相较 2020 年下降 0.16%。总体而言，市场对绿色债券的认可度总体较高（见表 7.14）。

表 7.14 2021 年及 2020 年绿色债券评级情况

债项评级	2021 年债券规模（亿元）①	2021 年占比	2020 年债券规模（亿元）②	2020 年占比
AAA	3 064.44	89.00%	1 246.81	72.93%
AA+	345.42	10.03%	354.68	20.75%
AA	29.80	0.87%	95.20	5.57%
AA−	0.55	0.02%	3.00	0.18%
A−1	3.00	0.09%	10.00	0.58%

激励政策

国家层面，《生态文明体制改革总体方案》第四十五条“建立绿

① 中央结算公司中债研发中心 . 2021 年绿色债券市场运行情况报告［J］. 债券，2022（2）.

② 中国人民银行研究局课题组 . 2020 年中国绿色债券发展概况及特点［J］. 债券，2021（7）.

色金融体系”中提出“研究银行和企业发行绿色债券”。[①]《关于构建绿色金融体系的指导意见》中亦明确提出“采取措施降低绿色债券的融资成本。支持地方和市场机构通过专业化的担保和增信机制支持绿色债券的发行，研究制定有助于降低绿色债券融资成本的其他措施”。[②] 2021年7月1日起，央行《银行业金融机构绿色金融评价方案》已正式实施，包括绿色信贷、绿色债券等绿色金融业务正式纳入考核业务的覆盖范围，其评价结果将纳入央行金融机构评级等政策和审慎管理工具。这一政策有助于进一步推动我国绿色债券快速发展。[③]

地方层面，各级政府也根据自身实际情况积极制定绿色金融发展规划，逐步完善绿色金融生态链，鼓励地方企业发行绿色债券。

江苏省在2018年10月印发了《关于深入推进绿色金融服务生态环境高质量发展的实施意见》，提出“支持各地发行长江生态修复债券等绿色债券，对成功发行绿色债券的非金融企业年度实际支付利息的30%进行贴息，贴息持续时间为2年，单支债券每年最高贴息不超过200万元。”[④]

---

① 中共中央　国务院.中共中央 国务院关于印发《生态文明体制改革总体方案》的通知，中发〔2015〕25号［EB/OL］.（2015-09-21）［2021-12-23］. http://www.lcrc.org.cn/zhzsk/zcfg/gwgb/gwywj/201801/P020180110391144562873.pdf.

② 中国人民银行等.关于构建绿色金融体系的指导意见，银发〔2016〕228号［EB/OL］.（2016-08-31）［2022-01-10］. http://www.scio.gov.cn/32344/32345/35889/36819/xgzc36825/Document/1555348/1555348.htm.

③ 中国人民银行.银行业金融机构绿色金融评价方案［EB/OL］.（2021-05-27）［2021-11-20］. http://www.pbc.gov.cn/tiaofasi/144941/3581332/4265383/index.html.

④ 江苏省财政厅.关于深入推进绿色金融服务生态环境高质量发展的实施意见，苏环办［2018］413 号［EB/OL］.（2018-10-10）［2021-11-12］. http://czt.jiangsu.gov.cn/module/download/downfile.jsp?classid=0&filename=8cfab87d222c4b389867682b9f2b5d88.pdf.

2019 年 11 月发布的《长三角生态绿色一体化发展示范区总体方案》提出了长三角地区打造绿色创新发展新高地的战略目标，通过发展绿色金融等产业，支持金融机构和企业发行绿色债券，探索建立吸引社会资本投入生态环境保护的市场化机制。①

2019 年 1 月深圳市发布的《深圳市人民政府关于构建绿色金融体系的实施意见》中提出："对成功发行绿色债券的我市企业，按照发行规模的 2%，给予单个项目单个企业最高 50 万元的补贴，相关经费从市金融发展专项资金中列支。"②

2020 年 4 月广州市黄埔区发布的《广州市黄埔区人民政府 广州开发区管委会关于印发广州市黄埔区、广州开发区促进绿色金融发展政策措施的通知》中提出："对发行绿色债券的企业，债券存续期内按其实际付息额的 10% 给予贴息，同一笔债券业务补贴期最长 3 年，单个企业每年最高 200 万元。对于发行绿色资产支持证券等绿色资产证券化产品的发行主体，按照发行金额 1‰给予奖励，单个发行主体每年最高 200 万元。"③ 2018 年 9 月湖州市发布的《关于印发湖州市

---

① 国家发展改革委 . 国家发展改革委关于印发长三角生态绿色一体化发展示范区总体方案的通知，发改地区〔2019〕1686 号，附件：长三角生态绿色一体化发展示范区总体方案［EB/OL］.（2020-07-28）［2022-01-01］. https://www.ndrc.gov.cn/xwdt/ztzl/cjsjyth1/ghzc/202007/P020200728576152165824.pdf.

② 深圳市人民政府 . 深圳市人民政府关于构建绿色金融体系的实施意见，深府规〔2018〕29 号［EB/OL］.（2019-01-08）［2022-01-23］. http://www.sz.gov.cn/zwgk/zfxxgk/zfwj/szfwj/content/post_6577287.html.

③ 广州市黄埔区，广州市黄埔区人民政府 . 广州开发区管委会关于印发广州市黄埔区、广州开发区促进绿色金融发展政策措施的通知，穗埔府规〔2020〕11 号［EB/OL］.（2020-04-24）［2022-01-07］. http://www.gz.gov.cn/gfxwj/qjgfxwj/hpq/qf/content/post_5803862.html.

建设国家绿色金融改革创新试验区若干意见操作办法的通知》中提出对绿色债券发行给予补助，“按照贴标绿色债券实际募集金额的 1‰ 给予补助，每单债券补助不超过 50 万元。实际募集金额以专项账户到位资金为准”。[①]

案　例

案例一：2019 年第一期广州地铁集团有限公司绿色债券[②]

债券名称：2019 年第一期广州地铁集团有限公司绿色债券

发行规模：30 亿元

债券期限：5 年期

债券利率：债券票面年利率根据簿记建档结果确定。

发行价格：债券面值 100 元，平价发行。

还本付息方式：每年付息一次，到期一次还本，最后一期利息随本金的兑付一起支付。年度付息款项自付息日起不另计利息，本金自其兑付日起不另计利息。

---

① 湖州市政府 . 关于印发湖州市建设国家绿色金融改革创新试验区若干意见操作办法的通知，湖绿金办〔2018〕11 号［EB/OL］.（2018-09-27）［2022-01-03］. http://www.huzhou.gov.cn/hzgov/front/s70/xxgk/zcwj/bmwj/20180927/i1166071.html.

② 广州地铁集团有限公司 . 2019 年第一期广州地铁集团有限公司绿色债券募集说明书［EB/OL］.（2019-01）［2021-11-09］. http://www.sse.com.cn/disclosure/bond/announcement/corporate/c/3456684640946795.pdf.

信用级别：经中诚信国际信用评级有限责任公司综合评定，发行人主体信用等级为 AAA，该期债券信用等级为 AAA。

债券担保：该期债券无担保。

募集资金用途：该期债券募集资金 30 亿元，其中 18 亿元拟用于轨道交通工程项目建设，12 亿元拟用于补充流动资金。

发行人概况见表 7.15。

表 7.15 发行人概况

公司名称	广州地铁集团有限公司
经济性质	国有独资有限责任公司
注册资本	5 842 539.673 7 万元
公司简介	广州地铁集团有限公司原名“广州市地下铁道总公司”，成立于 1992 年 11 月 21 日，是经广州市人民政府批准设立的企业，担负着广州城市轨道交通系统的建设及运营管理重任，同时负责经营以地铁相关资源开发为主的多元化产业
主营业务	主营业务主要包括地铁运营、物业开发、资源经营、行业对外服务等业务，其中地铁运营业务是公司主营业务收入的主要来源，物业开发、资源经营及行业对外服务等业务是毛利润的主要来源
公司状况	截至 2019 年 1 月，广州地铁共有 13 条运营线路，线网里程居全国第三，世界前十，日均客运量超过 760 万人次

案例二：2018 年第一期龙源电力集团股份有限公司绿色债券[①]

债券名称：2018 年第一期龙源电力集团股份有限公司绿色债券

发行规模：30 亿元

① 龙源电力集团 . 2018 年第一期龙源电力集团股份有限公司绿色债券募集说明书［EB/OL］.（2018-04-11）［2021-12-23］. http://www.sse.com.cn/disclosure/bond/announcement/corporate/c/3212737058717874.pdf.

债券期限：该期债券为 7 年期固定利率债券，在债券存续期的第 5 年末附发行人调整票面利率选择权及投资者回售选择权，投资者有权选择在该期债券的第 5 年末是否将持有的本期债券按面值全部或部分回售给发行人。

债券利率：该期债券的发行票面利率为上海银行间同业拆放利率（Shibor）基准利率加上基本利差确定，Shibor 基准利率为申购和配售办法说明公告日前 5 个工作日全国银行间同业拆借中心在上海银行间同业拆放利率网上公布的一年期 Shibor（1Y）利率的算术平均数（四舍五入保留两位小数），在债券存续期内前 5 年固定不变。

发行价格：本期债券面值 100 元，平价发行。以 1 000 元为一个认购单位，认购金额必须是 1 000 元的整数倍且不少于 1 000 元。

还本付息方式：每年付息一次，到期一次还本，最后一期利息随本金的兑付一起支付。年度付息款项自付息日起不另计利息，本金自其兑付日起不另计利息。

信用级别：经大公国际资信评估有限公司综合评定，发行人主体信用等级为 AAA，该期债券信用等级为 AAA。

债券担保：该期债券无担保。

募集资金用途：该期债券拟募集资金总额为 30 亿元，扣除发行费用后，其中 15 亿元用于发行人及其子公司风电项目建设，另外 15 亿元用于补充营运资金。

发行人概况见表 7.16。

表 7.16　发行人概况

公司名称	龙源电力集团股份有限公司
经济性质	国有控股股份有限公司

续表

注册资本	8 036 389 000 元
公司简介	龙源电力集团公司的前身为龙源电力技术开发公司，成立于 1993 年 1 月，是经国务院原经济贸易办公室批准，由原能源部直接管理，在国家市场监督管理总局注册登记的全民所有制企业。成立之初，主要从事电力技术研发和常规电力项目的投资
主营业务	公司主营业务分为电力产品板块和燃料销售及其他业务板块，其中电力业务板块包括风电业务、火电业务和其他电力业务，其他电力业务主要包括光伏发电、生物质发电、潮汐发电等
公司状况	截至 2016 年 12 月 31 日，公司保持风电行业世界第一的领先地位。截至 2016 年 12 月 31 日，公司控股装机容量为 1 949 万千瓦，其中，风电装机容量 1 737 万千瓦，占比 89.10%；火电装机容量 188 万千瓦，占比 9.62%；其他可再生能源控股装机容量 25 万千瓦，占比 1.28%

案例三：2018 年第一期比亚迪股份有限公司绿色债券①

债券名称： 2018 年第一期比亚迪股份有限公司绿色债券

发行规模： 10 亿元

债券期限： 该期债券期限为 5 年期，在债券存续期的第 3 个计息年度末附设发行人调整票面利率选择权和投资者回售选择权。

① 比亚迪股份有限公司 .2018 年第一期比亚迪股份有限公司绿色债券募集说明书 [EB/OL].(2018-12)[2021-12-24]. http://www.chinamoney.com.cn/dqs/cm-s-notice-query/fileDownLoad.do?mode=open&contentId=1217806&priority=0&ut=kV2AxRfZEkNKkDiZ/bCr7STt1XdIpVpML0%252BKPqcGNW%252BLydZaefZLaJGpQO5uLUVo/nnJFziSTz0x%250A//jHEr9%252BorS9yr7fYx2BMEtd7C2KNcgMaeI/E%252BkR2krtffug1zUUfEzfnhKQInMZF7AK%252BVBrdBrQ%250Al%252BAmMVFNKMvYYPGiqmo=%250A&sign=Q/d8solfMh3GOoMI5WmGUaZA1ukiCpO5sMwap9ByMZnt4tsJZeSkX6Wq1v3lRrKsnQLcWdAPun00%250ALsYa5AtcTZpCs2CvuKf8xTKL5JKkAphGIIEbpsADAhjeg2dCZIBVMUOFd2LaiLvRLJLML9AfJTc/%250AI44XV2MvFkyyEBuTLsA=%250A.

债券利率：该期债券采用固定利率形式，单利按年计息，不计复利。通过中央国债登记结算有限责任公司簿记建档发行系统，按照公开、公平、公正原则，以市场化方式确定发行利率。簿记建档区间由发行人与簿记管理人根据市场情况充分协商后确定。

发行价格：本期债券面值 100 元，平价发行。以 1 000 元为一个认购单位，认购金额必须是 1 000 元的整数倍且不少于 1 000 元。

还本付息方式：每年付息一次，到期一次还本，最后一期利息随本金的兑付一起支付。

信用级别：经联合资信评估有限公司综合评定，发行人主体信用等级为 AAA，该期债券信用等级为 AAA。

债券担保：该期债券无担保。

募集资金用途：该期绿色债券拟募集资金不超过 10 亿元（含 10 亿元），用于项目建设部分，主要拟投往比亚迪新建的若干新能源汽车及零部件、电池及电池材料、城市云轨等绿色产业项目建设，均属于《绿色债券发行指引》范畴，且均具有良好的社会和经济效益。其中，50% 的募集资金拟用于电池及电池材料、电动客车零部件项目，主要是青海比亚迪实业有限公司年产 2 万吨磷酸铁锂项目，汕尾比亚迪汽车有限公司电池零部件制造及电池测试项目之锂离子电池极片生产线扩产项目和武汉比亚迪汽车有限公司新能源客车零部件制造项目，剩余 50% 的募集资金拟用于补充公司流动资金。

发行人概况见表 7.17。

表 7.17　发行人概况

公司名称	比亚迪股份有限公司
经济性质	合资股份有限公司

续表

注册资本	272 814.285 5 万元
公司简介	比亚迪股份有限公司的前身为 1995 年成立的比亚迪实业，比亚迪实业经多次股权转让后变更设立比亚迪股份有限公司，2002 年于香港联交所主板上市，2011 年于深交所中小企业板上市
主营业务	主要从事包含传统燃油汽车及新能源汽车在内的汽车业务、手机部件及组装业务、二次充电电池及光伏业务，并通过跨座式单轨“云轨”产品积极拓展城市轨道交通业务领域
公司状况	自 2003 年拓展汽车业务以来，凭借领先的技术、成本优势及具备国际标准的卓越品质，集团迅速成长为中国自主品牌汽车领军厂商。作为全球新能源汽车研发和推广的引领者，集团在新能源汽车领域拥有雄厚的技术积累、领先的市场份额，奠定了比亚迪在全球新能源汽车领域的行业领导地位。此外，比亚迪在二次充电电池、光伏、城市轨道交通等方面均成就显著

案例四：小米发行亚洲 TMT 行业首单绿债①

2021 年 7 月 7 日，小米通讯技术有限公司创新式地于中国境内和境外同时进行债券簿记定价，公开发行 2021 科技创新短期公司债券（第一期）并以 144A+Reg S 格式发行合计 12 亿美元境外债券。

本次境外债券以 144A+Reg S 格式发行，合计规模 12 亿美元，其中发行 10 年期票息 2.875% 优先债券 8 亿美元（到期收益率为 2.975%），30 年期票息 4.100% 优先绿色债券 4 亿美元（到期收益率为 4.159%），债项评级均为穆迪 Baa2/ 标普 BBB–/ 惠誉 BBB。10 年期及 30 年期债券分别以 T10+200 基点区间及 OLB30+260 基点区间推出交易，最终分别实现了 35 基点及 40 基点的收窄。本次 10 年期

① 中金快讯 . 小米成为全球首家在中国境内、境外同期完成债券簿记定价的企业［EB/OL］.（2021–07–08）［2021–12–29］. https://mp.weixin.qq.com/s/82n5g GAsV4CkqQ1XNsUQ8w.

及 30 年期品种收益率均为历史以来中资 BBB 区间 TMT（电信、媒体、科技）企业同期限品种发行的最低收益率。本次绿色债券品种是小米第一笔 30 年期债券，也是亚洲 TMT 行业内首笔绿债，突破了全球 TMT 行业有史以来美元绿色债券发行的最长年期。

案例五：国家开发银行成功发行 150 亿元 5 年期绿色金融债①

国家开发银行 2022 年 1 月 19 日在全国银行间债券市场面向全球投资人发行 150 亿元“低碳交通运输体系建设”专题“债券通”绿色金融债券。至此，开发银行已累计发行绿色金融债券 1 200 亿元，余额 1 100 亿元，规模位居市场第一。

本期专题债券发行期限为 5 年，票面利率为 2.45%，获得了境内外各类投资者的踊跃认购，认购倍数达 3.36 倍。同时，该债券也将通过柜台承办机构面向社会公众发售。债券募集资金将服务于城市轨道交通等基础设施绿色升级项目，重点支持完善广东、江苏、浙江、山东、陕西、福建、吉林、黑龙江等省的公共交通体系建设。

本次发债募投项目筛选标准严、质量高，环境和社会效益明显，均符合《绿色债券支持项目目录》《绿色债券原则》《气候债券标准》等国内外标准，并获得了第三方机构独立评估认证和国际气候债券倡议组织贴标认证，绿色等级为 G1。经测算，相关项目建成后，预计可实现年减排二氧化碳 1.96 万吨、节约标准煤 0.97 万吨、减排氮氧化物 47.91 吨、减排可吸入颗粒物 0.90 吨，将有效提升交通运输体系

① 国家开发银行. 国家开发银行成功发行 150 亿元 5 年期绿色金融债［EB/OL］.（2022-01-20）［2022-01-21］. https://mp.weixin.qq.com/s/KcehrjoAz1vyZurdhzB2lw.

绿色发展水平。

碳中和债券

概况

随着“双碳”目标的提出，碳中和债也应运而生，本节拟对绿色债券中的碳中和债做专题介绍。

碳中和债是指募集资金专项用于具有碳减排效益的绿色项目的债务融资工具，需满足绿色债券募集资金用途、项目评估与遴选、募集资金管理和存续期信息披露等四大核心要素，属于绿色债务融资工具的子品种。通过专项产品持续引导资金流向绿色低碳循环领域，助力实现碳中和愿景。[①]

与一般意义上的绿色债券相比，碳中和债具有以下三个特点：一是资金用途更为聚焦；二是环境效益可量化；三是存续期信息披露更为精细。

---

① 中国银行间市场交易商协会 . 关于明确碳中和债相关机制的通知 .［EB/OL］.（2021-03-01）［2022-01-02］. http://www.nafmii.org.cn/ggtz/tz/202103/t20210318_84911.html.

发行要求

关于募集资金用途

根据《关于明确碳中和债相关机制的通知》(以下简称《通知》)可知，碳中和债募集资金应全部专项用于清洁能源、清洁交通、可持续建筑、工业低碳改造等绿色项目的建设、运营、收购及偿还绿色项目的有息债务，募投项目应符合《绿色债券支持项目目录》或国际绿色产业分类标准，且聚焦于低碳减排领域。碳中和债募投领域包括但不限于：

- 清洁能源类项目（包括光伏、风电及水电等项目）；
- 清洁交通类项目（包括城市轨道交通、电气化货运铁路和电动公交车辆替换等项目）；
- 可持续建筑类项目（包括绿色建筑、超低能耗建筑及既有建筑节能改造等项目）；
- 工业低碳改造类项目（碳捕集利用与封存、工业能效提升及电气化改造等项目）；
- 其他具有碳减排效益的项目。

关于绿色项目的认定，我国目前的主要参考文件为《绿色债券支持项目目录（2021年版）》(已经于2021年4月，由中国人民银行、国家发展和改革委员会、证监会联合发布)。①

① 中国人民银行，发展改革委，证监会.关于印发《绿色债券支持项目目录（2021年版）》的通知 银发〔2021〕96号［EB/OL］.(2021-04-02)［2021-11-10］. http://www.gov.cn/zhengce/zhengceku/2021-04/22/content_5601284.htm.

根据目前在银行间市场发行的碳中和债披露信息，募集资金用途主要是绿色项目建设、偿还绿色项目的有息负债、置换绿色项目的自有资金出资。比如：

“华电福新能源有限公司 2021 年度第一期绿色中期票据（碳中和债）”募集资金用途为“用于发行人及其子公司华电福新能源发展有限公司收购 7 家新能源发电公司股权，从而获得这 7 家新能源公司所属的风电项目和光伏项目的所有权和运营权”。

“中国华能集团有限公司 2021 年度第一期绿色中期票据（碳中和债）”募集资金用途包括“补充下属子公司华能新疆吉木萨尔新能源有限公司的华能新疆吉木萨尔 100 兆瓦并网光伏发电项目资本金”，将碳中和债募集资金用于收购新能源项目公司股权。

根据上交所、深交所发行的专项用于碳中和的绿色公司债券披露信息，募集资金用途主要包括：偿还具有减碳节碳效应的绿色项目有息债务、用于具有碳减排效益的绿色产业项目建设、补充发行人日常生产经营所需流动资金。与银行间市场的碳中和债不同，专项用于碳中和的绿色公司债券可将部分募投资金用于补充发行人的流动资金，资金用途上较交易所碳中和债更为广泛。①

关于项目评估与遴选

根据《通知》，发行人应在发行文件中披露碳中和债募投项目具体信息，确保募集资金用于低碳减排领域。在发行文件中，发行人应披露定量测算环境效益、测算方法及效果和碳减排计划。

---

① 段艳芳 .“30・60 目标”背景下碳中和债发行现状及发行注意要素［EB/OL］.（2021-05-17）［2021-11-30］. https://huanbao.bjx.com.cn/news/20210517/1152858.shtml.

关于募集资金管理

根据《通知》，募集资金应设立监管账户，由资金监管机构对募集资金的到账、存储和划付实施管理，并严格按照发行文件中所约定的用途使用，确保募集资金专款专用。同时应做好闲置资金管理，闲置的募集资金可暂时投资于安全性高、流动性好的产品，如国债、政策性银行金融债、地方政府债等。此外，存续期管理机构应按季度排查募集资金使用情况，关注募集资金使用金额、实际用途，闲置资金管理使用情况等。

目前在交易所发行的碳中和债中，主要通过发行人内部资金管理制度及外部的资金监管机构实现对募投资金专款专用。专项用于碳中和的绿色公司债券的部分发行人除了与监管银行签订《募集资金专项监管协议》外，债券受托管理人也将按照《债券受托管理协议》约定，对专项账户资金使用情况进行检查。①

关于存续期信息披露

根据《通知》，发行人应于每年 4 月 30 日前披露上一年度募集资金使用情况、绿色低碳项目进展情况以及募投项目实际或预期产生的碳减排效益等相关内容；于每年 8 月 31 日前披露本年度上半年募集资金使用情况、绿色低碳项目进展情况以及募投项目实际或预期产生的碳减排效益等相关内容。②

---

① 段艳芳．“30 · 60 目标”背景下碳中和债发行现状及发行注意要素［EB/OL］．（2021–05–17）［2021–11–30］．https://huanbao.bjx.com.cn/news/20210517/1152858.shtml.

② 中国银行间市场交易商协会．关于明确碳中和债相关机制的通知［EB/OL］．（2021–03–18）［2022–01–05］．http://www.nafmii.org.cn/ggtz/tz/202103/t20210318_84911.html.

发行现状[①]

在国家和行业政策的指引下，2021 年 2 月 7 日，“21 四川机场 GN001”等 6 只债券成为我国碳中和债券市场上发行的首批碳中和债券。

发行数据

截至 2021 年 8 月 31 日，全国累计发行绿色债券 414 只，计划发行 4 097.27 亿元，实际发行 4 013.14 亿元。其中，88 家公司等发行主体合计发行了 160 只碳中和债券，计划发行 1 623.01 亿元，实际发行 1 587.98 亿元，占同期国内绿色债券发行额的 39.62%（以计划发行规模为准）。这 160 只碳中和债，发行规模从 0.01 亿元至 60 亿元不等，主要集中在 10 亿元以下，占比 58%。单笔发行规模不足 1 亿元的债券有 30 只，占比 19%。单比发行量超 30 亿元的碳中和债券数量相对较少，占比仅有 5%（见图 7.4）。

随着《关于明确碳中和债相关机制的通知》和《绿色债券支持项目目录（2021 年版）》两份文件的发布，碳中和债券在 3、4 月份迎来发行高峰期（如图 7.5 所示），共计发行 64 只债券，发行规模高达 818.55 亿元。7 月以来，随着全国碳排放权交易市场的建立，碳中和债券再次迎来发行热潮，共计发行 52 只债券，规模达 392.63 亿元（截至 8 月 31 日）。

① 统计区间：2021 年 2 月 7 日—8 月 31 日

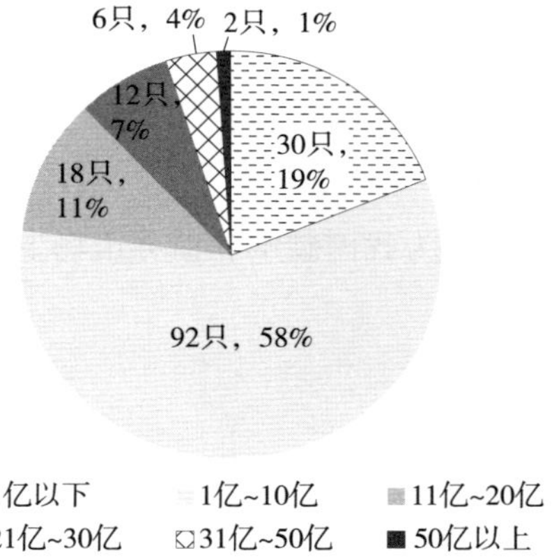

图 7.4　不同规模碳中和债券发行量（截至 2021 年 8 月 31 日）

来源：Wind，清华大学国家金融研究院绿色金融研究中心整理。

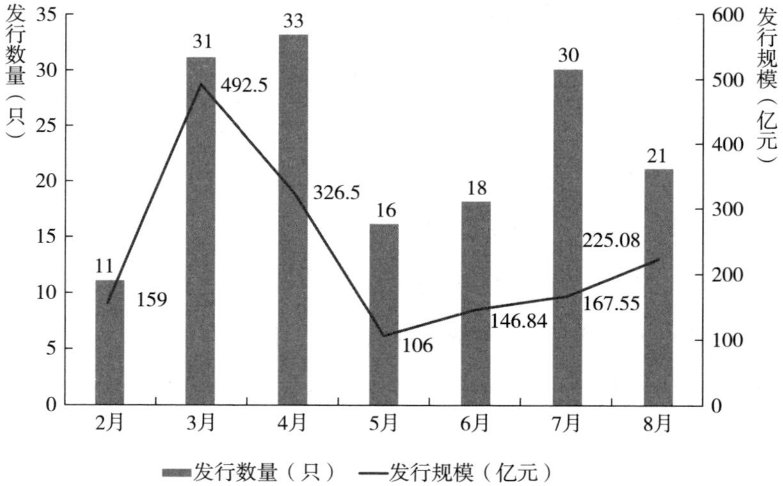

图 7.5　月度碳中和债券发行情况（截至 2021 年 8 月 31 日）

来源：Wind，清华大学国家金融研究院绿色金融研究中心整理。

发行额排名前四的行业是公用事业（电力、燃气）、多元金融（融资租赁）、运输（航空货运、交通基建）和资本货物（建筑、电气设备）。其中，公用事业行业发行碳中和债731.83亿元，占整个市场发行总额的45.09%。其次是多元金融行业发债357.06亿元，运输行业发债252.2亿元，以及资本货物行业192.72亿元（见图7.6）。

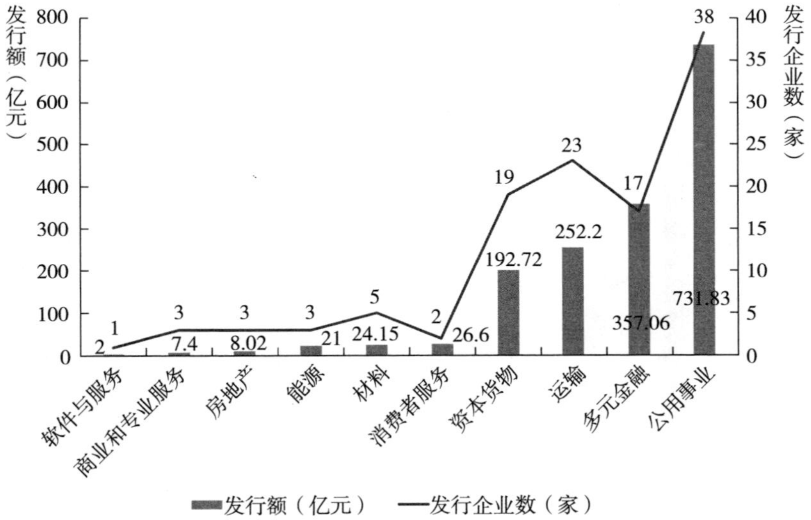

图7.6　不同行业碳中和债券市场发行情况（截至2021年8月31日）

来源：Wind，清华大学国家金融研究院绿色金融研究中心整理。

备注：

1. 此处发行企业（家）为频次概念，同一企业不同行业分别计数。

2. 根据Wind二级行业，公用事业行业包括电力、燃气、复合型公用事业与不受监管电力公司和水务；运输行业包括航空货运与物流、航空、海运、公路与铁路运输和交通基础设施；资本货物行业包括航天航空与国防、建筑产品、建筑与工程、电气设备等。

发行主体

碳中和债的主要发行人为中央国有企业和地方国有企业。具体来看，中央国有企业 44 家，发行总额 1 088.47 亿元，占全部发行总额的 67.04%。地方国有企业 49 家，发行总额 407.59 亿元，仅占全部发行总额的 25.11%。3 家国有控股企业、2 家法人独资企业、2 家民营企业等 11 家企业发行额均低于 50 亿元（见图 7.7）。

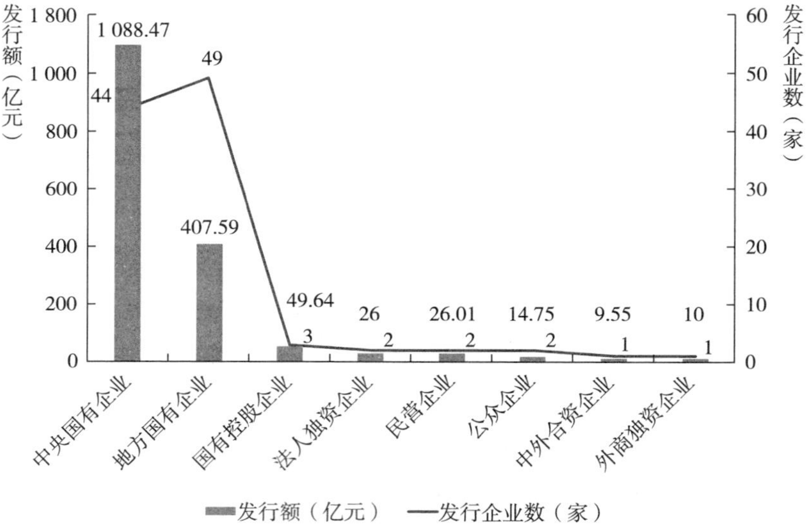

图 7.7　不同企业碳中和债券发行情况（截至 2021 年 8 月 31 日）

来源：Wind，清华大学国家金融研究院绿色金融研究中心整理。

超半数（59%）碳中和债券的发行主体评级为 AAA（见图 7.8）。截至 8 月 31 日，评级为 AAA 的企业包括国家电网、三峡集团、首都机场等涉足电力、能源等行业的中央国有企业和深圳能源、宁波轨道集团、重庆轨道等涉足能源、运输等行业的地方国有企业。

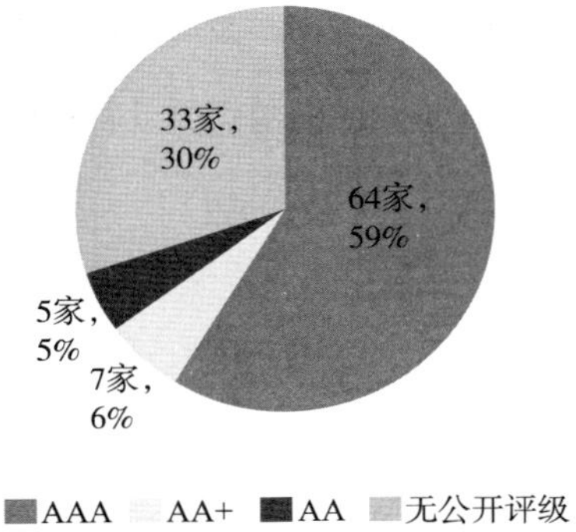

图 7.8 碳中和债券发行主体评级（截至 2021 年 8 月 31 日）

来源：Wind，清华大学国家金融研究院绿色金融研究中心整理。

前十大发行人

碳中和债券前十大发行人如图 7.9 所示。从发行总规模来看，在 88 家公司之中，有 3 家企业的发债规模占据领先地位，分别是国家电网、三峡集团和国家电投。

国家电网发行 3 只债券规模达 155 亿元，位居榜首。3 只债券募集资金用途相同，均将募集的全部资金用于白鹤滩江苏 ±800 千伏特高压直流输电工程换流站及部分输电线路项目，南昌长沙特高压交流输电工程及雅中江西 ±800 千伏特高压直流输电工程的建设。

三峡集团发行 6 只债券规模达 140 亿元，位列第二。从资金用途来看，募集资金大多用于满足乌东德水电站和白鹤滩水电站项目建设的资金需求，少部分用于补充流动资金。

国家电投发行 5 只债券规模达 117.81 亿元，位列第三。从资金用途来看，5 只债券的资金用途各不相同，除一只债券资金用途未披露外，其余债券募集的资金分别用于偿还国电投集团及合并范围内存量负债、其 2021 年度新能源 2 号第一期绿色定向资产支持商业票据的本金、风电和光伏发电绿色低碳产业项目前期金融机构借款、山东海阳核电一期工程项目前期金融机构借款、补充流动资金以及用于支持企业日常经营。

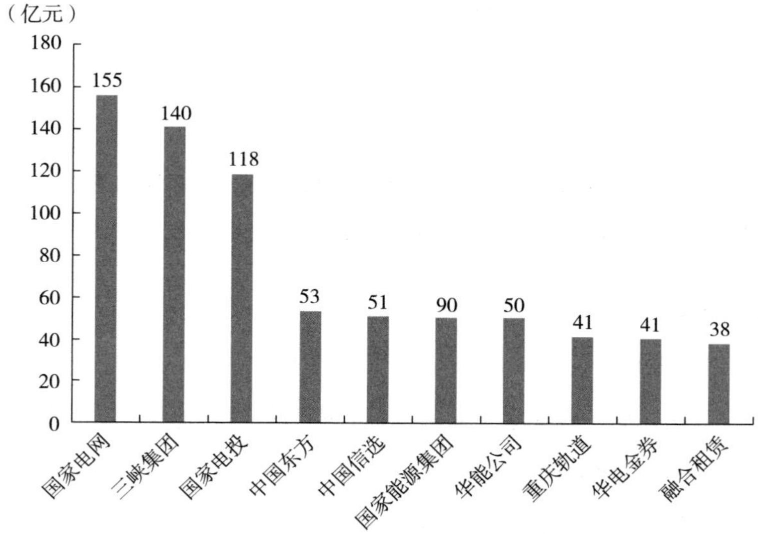

图 7.9　碳中和债券发行量 top10 企业

来源：Wind，清华大学国家金融研究院绿色金融研究中心整理。

票息率和期限

近半数碳中和债券的息票率在 2.34%~3.46%（占比 46.15%）和 3.46%~4.57%（占比 40.56%）内，仅有少部分碳中和债券发行息票率高于 5.68%（占比 1.4%）（见图 7.10）。

从发行期限来看，绝大部分碳中和债券为短期（占比 16.25%）和中期债券（占比 81.25%）（见图 7.11）。

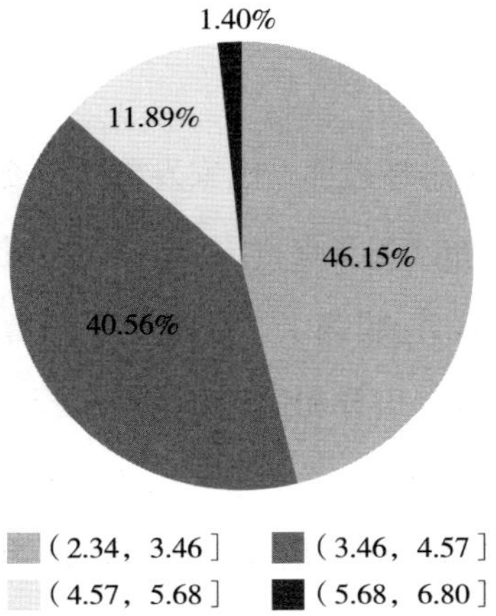

图 7.10　不同息票率区间的债券个数占比

来源：Wind，清华大学国家金融研究院绿色金融研究中心整理。
备注：未发布息票率的 17 只碳中和债券不计入统计范围内。

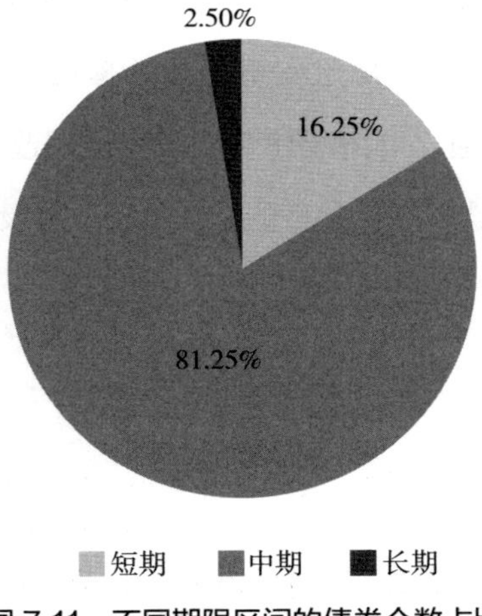

图 7.11　不同期限区间的债券个数占比

来源：Wind，清华大学国家金融研究院绿色金融研究中心整理。
备注：短期债券发行期限在一年及以下，中期债券发行期限为一年至十年，长期债券发行期限为十年以上。

相关政策

2020 年 10 月，生态环境部、国家发展改革委、人民银行、银保监会、证监会联合发布《关于促进应对气候变化投融资的指导意见》（环气候〔2020〕57 号），明确了气候投融资是指为实现国家自主贡献目标和低碳发展目标，引导和促进更多资金投向应对气候变化领域的投资和融资活动，是绿色金融的重要组成部分。①

2021 年 2 月，国务院印发的《关于加快建立健全绿色低碳循环发展经济体系的指导意见》（国发〔2021〕4 号）提出，大力发展绿色金融，发展绿色信贷和绿色直接融资，加大对金融机构绿色金融业绩评价考核力度，统一绿色债券标准，建立绿色债券评级标准。②

2021 年 3 月，中国银行间市场交易商协会发布《关于明确碳中和债相关机制的通知》，规定碳中和债券募集资金应全部专项用于清洁能源、清洁交通、可持续建筑、工业低碳改造等绿色项目的建设、运营、收购及偿还绿色项目的有息债务，募投项目应符合《绿色债券支持项目目录》或国际绿色产业分类标准，且聚焦于低碳减排领域。③

---

① 生态环境部，国家发展改革委，人民银行，银保监会，证监会 . 关于促进应对气候变化投融资的指导意见（环气候〔2020〕57 号）[EB/OL] .（2020–10–21）[2021–12–12] . http://www.mee.gov.cn/xxgk2018/xxgk/xxgk03/202010/t20201026_804792.html.

② 国务院 . 关于加快建立健全绿色低碳循环发展经济体系的指导意见（国发〔2021〕4 号）[EB/OL] .（2021–02–22）[2022–01–09] . http://www.mee.gov.cn/zcwj/gwywj/202102/t20210222_821923.shtml.

③ 中国银行间市场交易商协会 . 关于明确碳中和债相关机制的通知 [EB/OL] .（2021–03–18）[2022–01–05] . http://www.nafmii.org.cn/ggtz/tz/202103/t20210318_84911.html.

2021年4月，中国人民银行、国家发改委、证监会联合发布了《绿色债券支持项目目录（2021年版）》（银发〔2021〕96号），首次统一了绿色债券相关管理部门对绿色项目的界定标准，为我国绿色债券发展提供了稳定框架和灵活空间。[①]

案例

案例一：国家电投发行2021年度第一期绿色中期票据[②]

债券名称：国家电力投资集团有限公司2021年度第一期绿色中期票据（碳中和债）

发行日期：2021年2月7日

发行规模：6亿元

债券期限：2年期

债券利率：3.400 0%

发行价格：债券面值100元，平价发行。

还本付息方式：每年付息一次，到期一次性还本付息。

信用级别：经中诚信国际信用评级有限责任公司综合评定，发行人主体信用等级为AAA，该期债券信用等级为AAA。

---

① 中国人民银行，发展改革委，证监会．关于印发《绿色债券支持项目目录（2021年版）》的通知 （银发〔2021〕96号）[EB/OL].（2021-04-02）[2022-01-05]. http://www.gov.cn/zhengce/zhengceku/2021-04/22/content_5601284.htm.

② 上海清算所．国电电力发展股份有限公司2021年度第一期绿色中期票据（碳中和债）发行文件[EB/OL].（2021-03-19）[2021-12-23]. https://www.shclearing.com/xxpl/fxpl/mtn/202103/t20210319_833072.html.

数据来源：Wind，清华大学绿色金融研究中心整理。

债券担保：该期债券无担保。

募集资金用途：本次绿色中期票据拟发行金额为 6 亿元人民币，募集资金拟全部用于偿还国家电投风电和光伏发电绿色低碳产业项目前期金融机构借款。

发行人概况见表 7.18。

表 7.18　发行人概况

公司名称	国家电力投资集团有限公司
经济性质	中央国有企业
注册资本	3 500 000.00 万元
公司简介	国家电力投资集团有限公司简称“国家电投”，成立于 2003 年 3 月 31 日，是国务院同意进行授信投资的机构和国家控股公司的试点，为五家大型国有独资发电企业集团之一，其他四家分别为中国华能集团公司、中国华电集团公司、中国大唐集团公司和中国国电集团公司。本公司发电资产广泛分布在全国 29 个省、市、自治区及港、澳、缅甸和几内亚等地。公司的电力业务在资产总量、市场份额和技术水平等方面都位居我国发电企业的前列
主营业务	项目投资；电源、电力、热力、铝土矿、氧化铝、电解铝的开发、建设、经营、生产与管理（不在北京地区开展）；电能设备的成套、配套、监造、运行及检修；销售电能及配套设备、煤炭（不在北京地区开展实物煤的交易、储运活动）；铁路运输；施工总承包；专业承包；工程建设及监理；招投标服务及代理；技术开发、技术咨询、技术服务；电力及相关业务的咨询服务；物业管理；货物进出口；技术进出口；代理进出口（企业依法自主选择经营项目，开展经营活动；铁路运输以及依法须经批准的项目，经相关部门批准后依批准的内容开展经营活动；不得从事本市产业政策禁止和限制类项目的经营活动）
公司状况	截至 2014 年 3 月末，公司的水电装机容量为 2 011.18 万千瓦，占总装机容量的 22.29%，高于其他四大电力集团水电装机占比

案例二：三峡集团在银行间债券市场成功发行碳中和债券①

债券名称：中国长江三峡集团有限公司 2021 年度第一期绿色中期票据（碳中和债）

发行日期：2021 年 2 月 7 日

发行规模：20 亿元

债券期限：3 年期

债券利率：3.450 0%

发行价格：债券面值 100 元，平价发行。

还本付息方式：每年付息一次，到期一次性还本付息。

信用级别：经中诚信国际信用评级有限责任公司综合评定，发行人主体信用等级为 AAA，该期债券信用等级为 AAA。

债券担保：该期债券无担保。

募集资金用途：本期中期票据拟募集资金 20 亿元，所募集资金全部用于满足金沙江白鹤滩水电站项目建设的资金需求。

发行人概况见表 7.19。

表 7.19　发行人概况

公司名称	中国长江三峡集团有限公司
经济性质	中央国有企业
注册资本	21 150 000.00 万元

① 上海清算所．中国长江三峡集团有限公司 2021 年度第一期绿色中期票据（碳中和债）发行文件［EB/OL］.（2021-02-04）［2021-12-09］. https://www.shclearing.com/xxpl/fxpl/GN_1/202102/t20210204_810550.html.

数据来源：Wind，清华大学绿色金融研究中心整理。

续表

公司简介	中国长江三峡集团有限公司成立于 1993 年 9 月 18 日。公司以长江流域为主线，依托葛洲坝电站和三峡电站，滚动开发长江上游水能资源；全面实施以水电开发为主体的开发战略、以新型清洁能源为导向的优化战略和以求精求强为目标的差异化竞争战略；战略目标是建设国际一流清洁能源集团
主营业务	1. 水电业务：三峡工程及长江干支流水电工程建设与运营；2. 生态环保投资与运营：培育生态环境保护相关产业，推动社会资本聚焦生态环境保护和清洁能源发展；3. 新能源业务：风电、太阳能等新能源开发与技术服务；4. 国际业务：在亚洲、欧洲、南美洲、非洲等地区和国家投资开发水电、风电等清洁能源与 EPC 建设业务；5. 资本投资与工程技术咨询业务：与水电、清洁可再生能源相关的资本投资与工程技术咨询业务
公司状况	截至 2012 年底，公司已投产水电、风电等清洁能源装机容量 2 933.57 万千瓦，成为我国清洁能源领域最大独立发电企业。公司水电主业资产占总资产规模的 75.50%，水电主业收入占营业收入的 69.86%，水电业务利润占利润总额的 70.18%，水电业务对公司盈利贡献明显。公司经营业绩保持持续稳定增长，资产质量始终保持优良，资产负债率低，成本费用利润率、销售利润率、全员劳动生产率、人均利润等指标处于行业领先水平

案例三：中国铝业发行 2021 年度第一期绿色超短期融资券①

债券名称：中国铝业股份有限公司 2021 年度第一期绿色超短期融资券（碳中和债）

发行日期：2021 年 5 月 31 日

发行规模：4 亿元

债券期限：0.74 年期

① 上海清算所 . 中国铝业集团有限公司 2021 年度第一期超短期融资券发行披露文件［EB/OL］.（2021-02-08）［2021-12-14］. https://www.shclearing.com/xxpl/fxpl/scp/202102/t20210208_812556.html.

数据来源：Wind，清华大学绿色金融研究中心整理。

债券利率：2.600 0%

发行价格：债券面值 100 元，平价发行。

还本付息方式：每年付息一次，每年付息一次，到期一次性还本付息。

信用级别：经中诚信国际信用评级有限责任公司综合评定，发行人主体信用等级为 AAA，该期债券信用等级为 AA+。

债券担保：该期债券无担保。

募集资金用途：本期超短期融资券的发行规模为 4 亿元。公司拟将募集资金用于偿还公司所属风力发电项目的项目贷款。

发行人概况见表 7.20。

表 7.20 发行人概况

公司名称	中国铝业股份有限公司
经济性质	中央国有企业
注册资本	17 022 672 951 万元
公司简介	中国铝业股份有限公司成立于 2001 年 9 月 10 日。公司是中国有色金属行业的龙头企业，综合实力位居全球铝行业前列，也是中国铝行业唯一集铝土矿、煤炭等资源勘探开采，氧化铝、原铝和铝合金产品生产、销售、技术研发，国际贸易，物流产业，火力发电、新能源发电于一体的大型生产经营企业
主营业务	铝土矿及其他金属矿、石灰石矿、煤炭的勘探、开采；铝、镁及其他金属矿产品、冶炼产品、加工产品的生产和销售；煤炭的生产和销售；碳素制品及相关有色金属产品、水电汽、工业用氧气和氮气的生产、销售；蒸压粉煤灰砖的生产、销售及装卸、搬运服务；硫酸（或危险化学品）的生产和销售；发电及销售；尾矿（含赤泥）综合利用产品的研发、生产和销售；从事勘察设计、建筑安装；机械设备、备件、非标设备制造、安装及检修；汽车和工程机械修理、特种工艺车制造和销售；公路货物运输；电讯通信、测控仪器的安装、维修、检定和销售；自动测量控制、网格、软件系统设计、安装调试；经营办公自动化、仪器仪表；相关技术开发、技术服务

续表

公司状况	公司以保障国家战略资源开发和利用为己任，在军工用铝、航空航天、轨道交通、民用高端合金等方面发挥了极为重要的作用，先后为中国第一颗人造卫星、第一座核反应堆、第一艘核潜艇以及长征系列火箭、神舟系列飞船、嫦娥工程、大飞机、航空母舰、高铁动车等国防军工、建筑交通等提供了大量的高品质的关键型材

案例四：中广核风电发行 2021 年度第一期绿色超短期融资券①

债券名称：中广核风电有限公司 2021 年度第一期绿色超短期融资券（碳中和债）

发行日期：2021 年 4 月 21 日

发行规模：10 亿元

债券期限：0.41 年期

债券利率：2.600 0%

发行价格：债券面值 100 元，平价发行。

还本付息方式：每年付息一次，到期一次性还本付息。

信用级别：经中诚信国际信用评级有限责任公司综合评定，发行人主体信用等级为 AAA，该期债券信用等级为 AAA-。

债券担保：该期债券无担保。

募集资金用途：本期超短期融资券发行金额 10 亿元，募集资金拟全部用于偿还即将到期的发行人 2018 年度第一期绿色中期票据。

发行人概况见表 7.21。

① 上海清算所．中广核国际融资租赁有限公司 2021 年度第一期绿色中期票据（碳中和债）发行文件［EB/OL］.（2021-04-30）［2022-01-08］. https://www.shclearing.com/xxpl/fxpl/GN_1/202104/t20210430_859026.html.

数据来源：Wind，清华大学绿色金融研究中心整理。

表 7.21　发行人概况

公司名称	中广核风电有限公司
经济性质	中央国有企业
注册资本	1 942 353.95 万元
公司简介	中广核风电有限公司于 2010 年 5 月 25 日成立。截至目前，公司市场网络已基本涵盖全国所有省区（港、澳、台除外）。公司建立了公司总部、分公司、项目公司三级管理体系，以区域化综合协调管理和本部垂直管理相结合的矩阵式管理模式为基础，实现优势互补、专业化管理的经营模式
主营业务	风力发电项目的投资、开发、建设、管理；风电产品、设备及零部件的销售；提供风电项目的咨询服务；技术咨询、技术服务、技术转让
公司状况	截至 2012 年，公司根据中国电网的发展规划，合理调整 2012 年投产项目布局，加快中西部和东南沿海地区以及其他非限电地区的开发建设。公司具备较强的资源分析、项目评价、公关协调、项目策划、情报收集等项目开发的核心能力。目前，风电项目开发布局已基本涵盖全国，在国内风电行业已具有相当的知名度与影响力。年度项目核准能力在 100 万千瓦以上，并且已建立进度、成本、技术、安全、质量、环境、文档、合同（供应链）八大管理控制体系。形成结构严谨、分工清晰、切实可行的工程建设管理体系，包括组织体系和制度体系。目前公司具备同时开工建设 200 万千瓦、40 个风电项目的能力

第八章

绿色保险

概　况

绿色保险是管理环境与气候风险的重要工具，旨在促进环境改善、积极应对气候变化。随着经济社会的低碳转型，绿色保险产品也不断创新迭代，除了大众较为熟悉的环境污染责任险、森林保险、巨灾保险等，清洁能源、绿色交通、绿色建筑等相关保险产品也逐渐进入市场。

据中国保险业协会统计，2018—2020 年绿色保险累计保额为 45.03 万亿元，支付赔款 533.77 亿元。2020 年绿色保险保额约 18.33 万亿，较 2018 年增加 6.30 万亿元，年均增长 23.43%。2020 年绿色保险赔付金额 213.57 亿元，较 2018 年增加 84.78 亿元，年均增长 28.77%，高于保费年均增长 6.81%（见表 8.1）。分类别看，2020 年各类绿色保险保额占比最大的两类是：绿色交通保险和环境污染保险，分别为 63 419.1 亿元和 53 921.48 亿元（见图 8.1）。①

① 中国保险行业协会. 保险业聚焦碳达峰碳中和目标助推绿色发展蓝皮书［EB/OL］.（2021-06-12）［2021-11-09］. http://www.iachina.cn/module/download/downfile.jsp?classid=0&filename=71fe3c6f7b36451bb51f9c33ad104aff.pdf.

表 8.1　2018—2020 年绿色保险概况

年份	绿色保险保额（亿元）	绿色保险保额占保险业保险金额比重	绿色保险赔付金额（亿元）	绿色保险赔付金额占保险业原保险赔付支出比重
2018①	120 284.96	0.17%	128.79	1.05%
2019②	146 766.99	0.23%	191.41	1.48%
2020③	183 263.62	0.21%	213.57	1.54%

来源：银保监会，《保险业聚焦碳达峰碳中和目标助推绿色发展蓝皮书》。

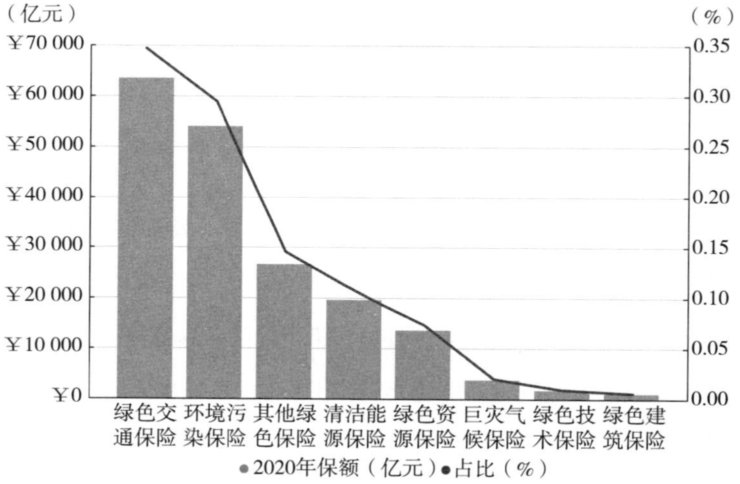

图 8.1　2020 年各类绿色保险保额

来源：《保险业聚焦碳达峰碳中和目标助推绿色发展蓝皮书》。

① 中国银行保险监督管理委员会 . 2018 年保险统计数据报告［EB/OL］.（2019-01-29）［2021-11-10］. http://www.cbirc.gov.cn/cn/view/pages/ItemDetail.html?docId=358921&itemId=954&generaltype=0.

② 中国银行保险监督管理委员会 . 2019 年 1-12 月保险业经营情况表［EB/OL］.（2020-01-22）［2021-12-01］. http://www.cbirc.gov.cn/cn/view/pages/ItemDetail.html?docId=887993&itemId=954&generaltype=0.

③ 中国银行保险监督管理委员会 . 2020 年 12 月保险业经营情况表［EB/OL］.（2021-01-28）［2021-12-08］. http://www.cbirc.gov.cn/cn/view/pages/ItemDetail.html?docId=963080&itemId=954&generaltype=0.

对保险行业来说，除了在产品端开发绿色保险产品外，在资产端积极投向绿色产业也是助力绿色发展的重要手段。据保险业协会统计，保险资金绿色投资从 2018 年的 3 954 亿元增加到 2020 年的 5 615 亿元，年均增长 19.17%。① 关于绿色投资的内容，可参考绿色基金章节，本章聚焦于各类绿色保险产品。

产品类别

环境污染保险

定义

环境污染责任保险是保险助力化解环境损害风险的主要产品，是以环境侵权者因污染环境而应承担被侵权的第三者损害赔偿和污染治理责任或生态系统修复责任为标的的责任保险。② 除了环境污染责任保险外，还有沿海内河船舶污染责任险、远洋船东保赔险等相关产品（见表 8.2）。

① 中国保险行业协会．保险业聚焦碳达峰碳中和目标助推绿色发展蓝皮书［EB/OL］.（2021–06–12）［2021–11–09］. http://www.iachina.cn/module/download/downfile.jsp?classid=0&filename=71fe3c6f7b36451bb51f9c33ad104aff.pdf.

② 朱信凯等．中国绿色金融发展研究报告 2020［M］. 北京：中国金融出版社，2020.

表 8.2　环境污染保险产品

产品分类	产品名称	保障风险
责任保险	环境污染责任保险	企业发生污染事故对第三者造成的损害依法应承担的赔偿责任和清污费用
	安全生产与环境污染责任保险	企业发生安全生产事故和污染事故对第三者造成的损害依法应承担的赔偿责任和清污费用
	道路危险货物承运人责任保险	运载危险货物发生污染事故对第三者造成的损害依法应承担的赔偿责任和清污费用
船舶保险	沿海内河船舶污染责任险	沿海内河船舶漏油造成的损害依法应承担的赔偿责任和清污费用
	远洋船东保赔险	远洋船舶漏油造成的损害依法应承担的赔偿责任和清污费用
特殊保险	石油井喷控制费用保险	为控制石油井喷事故造成的费用支出

来源：《保险业聚焦碳达峰碳中和目标助推绿色发展蓝皮书》。

保险企业在环境污染风险管理上，致力于将事前污染防治和事后保险赔偿相结合。比如中国人保，截至 2021 年末，为参保企业累计提供事故预防服务 5 000 余次，发现风险隐患 1.2 万余条，企业整改率 75% 左右。人保财险环责险“无锡模式”，通过建立第三方环境风险评估机制、开发环责险云平台等举措，搭架环境风险闭环管理体系。人保财险安环险“衢州模式”，综合保障安全生产风险和环境污染风险，参与企业安全生产和环境保护管理全过程，通过“保险 + 服务 + 监管 + 科技”模式，实现对化工产品全生命周期管理，解决生产和环境风险难题。近五年累计为参保企业提供风险检查逾 1 万次，查找隐患近 3 万条，平均隐患整改率超过 90%。保障行业从市本级危化、冶金两大行业扩展到全市七大高危行业，参保企业从 90 家增加至 700 余家。①

① 中国人民保险集团服务碳达峰碳中和战略发展报告［EB/OL］.（2022-05-19）［2022-06-30］. https://www.picc.com/xwzx/shehuizeren/zrbg/202205/P020220519613812916879.pdf.

2021 年 7 月 28 日，平安产险承保首批深圳环境污染强制责任保险。为助力深圳市环强险的顺利推行，平安旗下智慧城市创新性支持打造“智慧环责险服务平台”，项目总投资超 2 000 万元。企业用户可通过平台实现“千企千面”保费测算、保险公司选择、项目概况查阅和保单查询，同时享受监测设备在线预警等多方服务。保险公司通过平台可实现投保数据统计、投保单位风险分析和业务管理；监管部门则可通过平台实现智慧化监管，实时掌握企业投保、续保情况，据此推动相关惩处和激励政策。①

规模

2020 年环境污染保险保额已达到 5.39 万亿元，较 2018 年增长 1.2 万亿元，年均增速 14.38%，赔款为 2.25 亿元（见表 8.3）。②

表 8.3　2018—2020 年环境污染保险的保额及其构成

项目		2018 年	2019 年	2020 年
环境污染保险保额（亿元）		41 878.17	47 027.17	53 921.48
各类型占比	责任保险	96.01%	96.29%	96.47%
	船舶保险	3.89%	3.57%	3.40%
	特殊保险	0.10%	0.14%	0.13%

来源：《保险业聚焦碳达峰碳中和目标助推绿色发展蓝皮书》。

① 平安集团 2021 年可持续发展报告［EB/OL］.（2022-03-18）［2022-06-30］. http://www.pingan.com/app_upload/images/info/upload/62ec3bde-d819-4d09-bf06-1a1eb9b31414.pdf.

② 中国保险行业协会 . 保险业聚焦碳达峰碳中和目标助推绿色发展蓝皮书［EB/OL］.（2021-06-12）［2021-11-09］. http://www.iachina.cn/module/download/downfile.jsp?classid=0&filename=71fe3c6f7b36451bb51f9c33ad104aff.pdf.

绿色资源保险

定义

绿色资源保险主要覆盖森林、草原等绿色资源在生长周期中可能遭遇的火灾、有害生物灾害、气象灾害等风险，随着林业碳汇的发展，还延伸至因火灾、冻灾、泥石流、山体滑坡等约定灾害造成的森林固碳量损失风险。[①]

2021 年，中国人保承保森林面积超过 11.6 亿亩，创新发展各类森林保险产品 280 余个，其中气象指数、价格、产量、收益等创新型产品 13 个（见表 8.4）。[②]林业碳汇与林业保险相结合是一种创新模式，也就是把森林保险与碳汇价值、碳汇质押、碳汇融资有机融合，把碳排放权转化为经济价值。比如，2021 年 5 月，人保财险福建省顺昌支公司与顺昌县国有林场签订全国首单《"碳汇保"商业性林业碳汇价格保险协议》，为南平市顺昌县国有林场提供林业碳汇价格损失风险保障，承保的林业碳汇项目面积达 6.9 万亩，总减排量可达 25.7 万吨。在保险期内，当市场林业碳汇项目价格波动造成保险碳汇的实际价格低于目标价格时，按照合同约定进行赔偿。[③]

同样，平安产险开创了森林碳汇遥感指数保险，一是通过创新应

---

① 中国保险行业协会 . 保险业聚焦碳达峰碳中和目标助推绿色发展蓝皮书［EB/OL］.（2021-06-12）［2021-11-09］. http://www.iachina.cn/module/download/downfile.jsp?classid=0&filename=71fe3c6f7b36451bb51f9c33ad104aff.pdf.

② 中国人保 2021 企业社会责任报告［EB/OL］.（2022-03-28）［2022-06-24］. https://www.picc.com/xwzx/shehuizeren/zrbg/202203/U020220328406248642090.pdf.

③ 新浪财经 ."碳汇贷"，林业碳汇价格保险来喽！首单落地福建南平顺昌县国有林场［EB/OL］.（2021-05-28）［2021-11-15］. https://baijiahao.baidu.com/s?id=1700971424680288028&wfr=spider&for=pc.

用卫星遥感技术实现高效量化监测林业碳汇累积和增长，实现承保项目快速核保，二是定期向客户反馈森林长势，提出科学管理建议，帮助客户提升碳汇值增长水平，同时通过创新的指数保险新模式，还可实现灾后的快速定损、极速理赔，将赔款用于灾后林业碳汇资源救助和碳源清除、森林资源培育，为林业碳汇发展提供有力的保障。截至目前，该产品已在河北、广西、湖南三省相继试点落地，累计为 13 万亩林地提供 1 558.2 万元碳汇风险保障。①

在草原保险方面，2020 年 11 月，人保财险在内蒙古巴彦淖尔市成功落地全国首单政策性天然草原综合保险，为乌拉特后旗获各琦苏木巴拉乌拉嘎查 76 户的 100 余万亩草原提供保险服务，以禁牧区草原和草畜平衡区草原为保险标的，以旱灾、病虫鼠害、沙尘暴和火灾为保险责任，以受灾草原不同灾害等级和对应损失面积确定赔偿标准的保险产品。②

从保护生物多样性角度看，野生动物致害政府救助保险是一种有效尝试。2021 年云南北迁象群引发广泛关注，当地政府通过检测、宣传与投喂引导，努力降低野象群在活动区域造成的损失。其中，人保财险云南分公司参与承保了西双版纳野生动物公众责任险统保项目，参与处理野生动物致害政府救助保险案件超过 20 笔，涉及受损

① 平安集团 2021 年可持续发展报告［EB/OL］.（2022–03–18）［2022–06–30］. http://www.pingan.com/app_upload/images/info/upload/62ec3bde–d819–4d09–bf06–1a1eb9b31414.pdf.

② 网易新闻 . 全国首单政策性草原保险试点落地内蒙古乌拉特后旗［EB/OL］.（2020–11–17）［2021–11–19］. https://www.163.com/dy/article/FRKQKV5L05456LW2.html.

农户超过 2 800 户。[①] 平安产险为 411 笔野象群“肇事”案件赔付保险金额 172.38 万元。[②] 此外，太平财险云南分公司承保了昆明花都海洋世界 94 种动物的观赏动物保险，包括瓶鼻海豚、麦哲伦企鹅、南美海狮、亚马逊鹦鹉等，保额超过 1 300 万元。[③]

表 8.4　绿色资源保险产品

产品分类	产品名称	保障风险
农业保险	森林综合保险	公益林或商品林遭受各类灾害造成的损失
	森林火灾保险	公益林或商品林遭受火灾造成的损失
	商业性林业碳汇价格保险	市场林业碳汇项目价格波动造成保险碳汇的实际价格低于目标价格的损失
	天然草原保险	天然草原遭受各类灾害造成的损失
	林果保险	林果遭受各类灾害造成的损失
	景观绿化林木保险	景观绿化林木遭受各类灾害造成的损失
保证保险	林权抵押贷款保证保险	林权抵押贷款不能偿还的信用风险

来源：《保险业聚焦碳达峰碳中和目标助推绿色发展蓝皮书》。

规模

2020 年，绿色资源保险保额约 1.35 万亿元，较 2018 年增长 0.12 万亿元，年均增速 4.92%，赔款达到 10.19 亿元。2018—2020 年，森

① 中国人民保险集团服务碳达峰碳中和战略发展报告［EB/OL］.（2022-05-19）［2022-06-30］. https://www.picc.com/xwzx/shehuizeren/zrbg/202205/P020220519613812916879.pdf.

② 平安集团 2021 年可持续发展报告［EB/OL］.（2022-03-18）［2022-06-30］. http://www.pingan.com/app_upload/images/info/upload/62ec3bde-d819-4d09-bf06-1a1eb9b31414.pdf

③ 中国太平 2021 年环境、社会记管治（ESG）暨社会责任报告［EB/OL］.（2022-05-31）［2022-06-30］. http://www.cntaiping.com/upload/cms/cntaiping/202205/311733519n6t.pdf.

林保险保额占绿色资源保险保额的 98% 以上，赔款占比达到 96% 以上（见表 8.5）。[①]

表 8.5　绿色资源保险保额及其构成

项目		2018 年	2019 年	2020 年
绿色资源保险保额（亿元）		12 262.91	12 975.96	13 468.16
各类型占比	森林保险	99.44%	99.59%	98.82%
	其他保险	0.56%	0.41%	1.18%

来源：《保险业聚焦碳达峰碳中和目标助推绿色发展蓝皮书》。

巨灾气候保险

定义

巨灾一般指突发、难以避免且造成巨大损失的自然灾害，如特别严重的地震、洪水、台风、泥石流等，往往导致大量的财产损失或人员伤亡。十八届三中全会通过的《中共中央关于全面深化改革若干重大问题的决定》（以下简称《决定》）指出，“完善保险补偿机制，建立巨灾保险制度”。2013 年 12 月，《深圳市巨灾保险方案》正式实施，巨灾保险在地方层面破题开局（见表 8.6）。[②]

① 中国保险行业协会 . 保险业聚焦碳达峰碳中和目标助推绿色发展蓝皮书［EB/OL］.（2021-06-12）［2021-11-09］. http://www.iachina.cn/module/download/downfile.jsp?classid=0&filename=71fe3c6f7b36451bb51f9c33ad104aff.pdf.

② 保监会推动我国巨灾保险制度破题起步［EB/OL］.（2014-01-06）［2022-06-23］. http://www.cbirc.gov.cn/cn/view/pages/ItemDetail.html?docId=366017&itemId=915&generaltype=0.

表 8.6　深圳市巨灾保险制度组成部分

组成部分	内容描述
政府巨灾救助保险	由深圳市政府出资向商业保险公司购买，用于巨灾发生时对所有在深圳人员的人身伤亡救助和核应急救助
巨灾基金	在政府巨灾救助保险的基础上，由深圳市政府每年再另外拨付一定资金建立，主要用于承担在政府巨灾救助保险赔付限额之上，对居民进行人身伤亡救助和核应急转移救助
个人巨灾保险	由商业保险公司研发和提供相关保险产品，居民自主购买

来源：银保监会。

在地震保险方面，银保监会联合相关部门出台《建立城乡居民住宅地震巨灾保险制度实施方案》等文件，建立了地震巨灾保险制度规范，并指导 40 多家保险公司组建中国城乡居民住宅地震巨灾保险共同体。截至 2022 年 3 月 31 日，地震巨灾保险共同体累计为全国 1 674 万户次城乡居民提供 6 424 亿元的巨灾风险保障，累计支付赔款 7 037 万元。①

目前，银保监会指导地方结合自身特点，推动巨灾保险在广东、四川等十多个省市落地。温室气体排放造成全球变暖，并引发一系列极端气候事件，其严重程度和发生频率都有所上升，与气候相关的巨灾保险制度安排也亟待重视。国内的巨灾保险试点主要包括三种类型：民生保障型、指数型、个人住宅型（见表 8.7）。

① 加快发展巨灾保险助力国家应急管理体系建设［EB/OL］.（2022–05–12）［2022–06–23］. http://www.cbirc.gov.cn/cn/view/pages/ItemDetail.html?docId=1050996&itemId=915&generaltype=0.

表 8.7 巨灾保险试点类型

类别	介绍
民生保障型	政府承担费用，一张保单保全市的方式，保障行政区划内的人伤和家财，赔付到人到户
指数型	政府承担费用，通过指数设计，保障特定灾种，赔付到政府，由政府支配赔款
住宅地震型	自愿购买，政府补贴，保障个人家庭住宅

来源：《保险业聚焦碳达峰碳中和目标助推绿色发展蓝皮书》。

以中国人保为例，近五年承保的气象指数保险保额年均增速35.5%。2021 年其开展的气象指数保险项目为 16 万农户提供了 127 亿元风险保障，覆盖蔬菜、水果、茶叶、花卉、中药材等多个品种。①

在应对大灾方面，保险公司的作用也不仅仅是灾后理赔，搭建智能防灾防损平台，实现灾前预警与灾中干预都是应对灾害、减少损失的有效措施。比如太平再保险（中国）与国家气象中心合作，共同打造气象灾害风险分析平台。人保财险浙江分公司依靠“智能水浸”模块，对高风险地段进行智能监控，提供城市内涝应急管理解决方案。截至 2021 年末，已在浙江省设置 1 200 余个智能监控点，成功预警 3 600 余次。②

平安产险成立自然灾害实验室，组建自然灾害专业团队，针对气候变化导致的极端天气现象，利用数值模拟、机器学习、卫星遥感监测等创新技术，开展气候变化物理风险研究，加强风险评估及管理，

① 中国人民保险集团服务碳达峰碳中和战略发展报告［EB/OL］.（2022-05-19）［2022-06-30］. https://www.picc.com/xwzx/shehuizeren/zrbg/202205/P020220519613812916879.pdf.

② 中国人民保险集团服务碳达峰碳中和战略发展报告［EB/OL］.（2022-05-19）［2022-06-30］. https://www.picc.com/xwzx/shehuizeren/zrbg/202205/P020220519613812916879.pdf.

协助财产所有者保护财务及控制损失。平安自主研发的数字化自然灾害风险识别系统与风险管理平台——DRS 鹰眼系统，整合了地理学、灾害学、气象学、保险学等四大学科知识，内嵌了超过140亿的全国地理历史灾害数据、公司承保及理赔数据，可分析评估全国境内的九种自然灾害的发生风险评级和五种最常见农作物的主要自然灾害风险评级，实现全国境内任意地址的自然灾害风险、强风降水和环境污染风险分析，并与国家气象管理预警系统对接，在灾害来临之前为客户发布灾害预警短信提示、推送应对风险的防灾防损建议。①

规模

2020 年巨灾气候保险总保额达到 3 624.99 亿元，比 2018 年增加了 803.43 亿元，年均增速 13.35%。2020 年，巨灾气候保险赔款达到 5.058 亿元，较 2018 年增加 2.627 亿元，年均增速 44.24%。其中保额占比最高的是财产保险。在赔款方面，农业保险赔款占比提升明显，从 27.81% 增至 56.52%，财产保险赔款合计占比有所缩小，从 41.72% 降至 24.3%（见表 8.8）。②

表 8.8　巨灾气候保险保额及其构成

项目	2018 年	2019 年	2020 年
巨灾气候保险保额（亿元）	2 821.56	3 509.66	3 624.99

① 平安集团 2021 年可持续发展报告［EB/OL］.（2022–03–18）［2022–06–30］. http://www.pingan.com/app_upload/images/info/upload/62ec3bde–d819–4d09–bf06–1a1eb9b31414.pdf.

② 中国保险行业协会 . 保险业聚焦碳达峰碳中和目标助推绿色发展蓝皮书［EB/OL］.（2021–06–12）［2021–11–09］. http://www.iachina.cn/module/download/downfile.jsp?classid=0&filename=71fe3c6f7b36451bb51f9c33ad104aff.pdf.

续表

项目		2018 年	2019 年	2020 年
各类型占比	家庭财产保险	75.13%	31.82%	29.40%
	企业财产保险	1.06%	65.69%	67.41%
	责任风险	21.83%	0.55%	0.19%
	农业保险	0.50%	1.08%	1.96%
	其他保险	1.48%	0.86%	1.04%

来源：《保险业聚焦碳达峰碳中和目标助推绿色发展蓝皮书》。

清洁能源保险

定义

清洁能源保险主要覆盖风电、光伏、水电和特高压等产业在建设和运营期所面临的风险，一般包括物质损失风险和质量（利润）波动风险。在这一领域中，建筑工程险、安装工程险、机器设备损失险等是较为传统的险种，保证保险具有一定创新性（见表 8.9）。

比如太平财险承保了国电投山东半岛南海上风电工程险项目，独家承保境外某风电项目营运期保险，该项目为该地区提供 5% 的电力，为超过 6 万个家庭提供优质的清洁能源，同时项目启用多项环保计划，制定了各类环保措施，对濒危动植物、人文遗迹、噪声污染等问题进行了有效控制和防护。①

中国人保为新能源企业量身定制了产品质量保证保险、太阳能光

① 中国太平 2021 年环境、社会及管治（ESG）暨社会责任报告［EB/OL］.（2022-05-31）［2022-06-30］. http://www.cntaiping.com/upload/cms/cntaiping/202205/311733519n6t.pdf.

伏组件长期质量与功率保证保险等。2021 年，中国人保产品质量保证保险为风电设备整机制造商及其上下游企业的质量风险提供 550 亿元保障，太阳能光伏组件长期质量与功率保证保险为光伏企业提供风险保障 121 亿元。①

同时，保险与服务相结合，全方位防控各类风险也越来越成为常规模式。以白鹤滩水电站为例，白鹤滩水电站是实施“西电东送”的国家重大工程，是当今世界在建规模最大、技术难度最高的水电工程。自“护航白鹤”保险协议签署以来，中国人保全方位防控白鹤滩水电站各类风险，以“当地服务 + 汛期驻点”方式，定期对水电站进行专业风险巡查。特别是在风险高发的汛期，每月安排服务人员前往现场，主动与生产、安全管理单位保持沟通协作，及时发现并处置事故隐患，确保“白鹤”安全。②

表 8.9　清洁能源保险产品

产品分类	产品名称	保障风险
财产保险	太阳能光伏电站建设期和运营期物资损失险	太阳能光伏电站建设期和运营期间的财产损失
	建筑工程险	清洁能源电站建设过程中的财产损失和第三者责任
	安装工程险	清洁能源设备、特高压工程安装过程中的财产损失和第三者责任
	机器设备损失险	清洁能源电站、变电站 / 换流站设备的财产损失
	利润损失保险	发电设备停止运行造成的利润损失
	光伏日照指数保险	日照强度不达标影响发电量

① 中国人保 2021 企业社会责任报告［EB/OL］.（2022–03–28）［2022–06–24］. https://www.picc.com/xwzx/shehuizeren/zrbg/202203/U020220328406248642090.pdf.

② 中国人民保险集团服务碳达峰碳中和战略发展报告［EB/OL］.（2022–05–19）［2022–06–30］. https://www.picc.com/xwzx/shehuizeren/zrbg/202205/P020220519613812916879.pdf.

续表

产品分类	产品名称	保障风险
财产保险	风电指数保险	风速不达标影响发电量
	海上风电专属保险	超设计风速导致机械损坏和利润损失
保证保险	太阳能光伏组件效能保险	光伏组件输出功率衰减造成发电损失
	风机质量保证保险	风电设备的产品质量
	发电量保证保险	发电量不达标造成的利润损失
	光伏组件质量保险	光伏组件的产品质量
特殊风险保险	核物质损失险	核电厂的财产损失
	核电厂责任保险	核电厂运营过程中发生意外事故造成第三者责任
	核电站建筑安装工程一切险	核电厂开展建设安装工程过程中的财产损失和第三者责任

来源：《保险业聚焦碳达峰碳中和目标助推绿色发展蓝皮书》。

规模

2020 年，清洁能源保险保额高达约 1.96 万亿元，比 2018 年增加了 0.57 万亿元，年均增速 20.5%。从产品类型上看，保额和赔付占比较高的还是企业财产保险（见表 8.10）。[①]

表 8.10　2018—2020 年清洁能源保险保额及其构成

项目		2018 年	2019 年	2020 年
清洁能源保险保额（亿元）		13 938.87	18 033.43	19 558.63
各类型占比	财产保险	88.40%	86.66%	86.62%
	特殊风险保险	10.01%	12.36%	12.46%
	其他	1.59%	0.98%	0.92%

① 中国保险行业协会 . 保险业聚焦碳达峰碳中和目标助推绿色发展蓝皮书［EB/OL］.（2021-06-12）［2021-11-09］. http://www.iachina.cn/module/download/downfile.jsp?classid=0&filename=71fe3c6f7b36451bb51f9c33ad104aff.pdf.

绿色交通保险

定义

绿色交通保险主要覆盖新能源汽车和轨道交通建设领域的风险，一般有财产保险、责任保险和综合保险三类（见表 8.11）。随着新能源汽车市场份额逐步扩大，其风险因素与传统汽车相比有独特之处，通过近几年的积累，保险业初步具备了开发新能源汽车保险产品的数据基础。2021 年，保险业协会启动了新能源汽车专属条款的开发工作，于 2021 年 8 月开始征求行业和社会意见，同年 12 月正式发布。[①]（关于新能源汽车专属条款的解读，详见专栏一。）新能源车险、配套电池保险和充电桩保险共同构建了全面保障体系。

保险公司对轨道交通建设工程提供承保支持，除了对施工过程中遇到的自然灾害和意外事故提供经济补偿外，还通过“保险 + 服务”的形式，提供全流程风控服务，对安全隐患提出改进措施。[②]

① 中国保险行业协会 . 关于征求《中国保险行业协会新能源汽车商业保险专属条款（2021 版征求意见稿）》意见的通知［EB/OL］.（2021–08–04）［2021–11–20］. http://www.iachina.cn/art/2021/8/4/art_24_105269.html.
中国保险行业协会；关于发布《中国保险行业协会新能源汽车商业保险专属条款（试行）》的通知［EB/OL］.（2021–12–14）［2022–04–19］. http://www.iachina.cn/art/2021/12/14/art_24_105694.html.

② 中国保险行业协会 . 保险业聚焦碳达峰碳中和目标助推绿色发展蓝皮书［EB/OL］.（2021–06–12）［2021–11–09］. http://www.iachina.cn/module/download/downfile.jsp?classid=0&filename=71fe3c6f7b36451bb51f9c33ad104aff.pdf.

表 8.11　绿色交通保险产品

产品分类	产品名称	保障风险
财产保险	地铁工程建筑工程一切险	轨道交通工程中的财产损失和第三者责任
	充电桩财产保险	充电桩财产损失
责任保险	充电桩充电安全责任保险	充电桩意外事故造成第三者损失
	车辆延长保修责任保险	新能源车辆延长保修责任
	公众责任险	公共交通站台等固定设施运营的第三者责任
	承运人责任险	公共交通车辆运营中对乘客安全的保障责任
综合保险	公交运营综合保险	经营公交车的单位在运营过程中的车辆损失、财产损失、第三者责任等

专栏一　《中国保险行业协会新能源汽车商业保险专属条款（试行）》解读

新能源汽车行业是《绿色产业指导目录（2019 年版）》中节能环保产业下的重要板块之一。近年来，在全球应对气候变化，推动能源转型的大背景下，新能源汽车市场作为备受瞩目的焦点持续快速增长。截至 2022 年 3 月底，全国新能源汽车保有量达 891.5 万辆，占汽车总量的 2.90%。其中纯电动汽车保有量 724.5 万辆，占新能源汽车总量的 81.27%。一季度新注册登记新能源汽车 111 万辆，占新注册登记汽车总量的 16.91%，与去年同期相比增加 64.4 万辆，增长 138.20%，呈高速增长态势（见图 8.2）。①

---

① 交通管理局；全国机动车保有量突破 4 亿辆［EB/OL］.（2022-04-07）［2022-04-19］.https://app.mps.gov.cn/gdnps/pc/content.jsp?id=8451260.

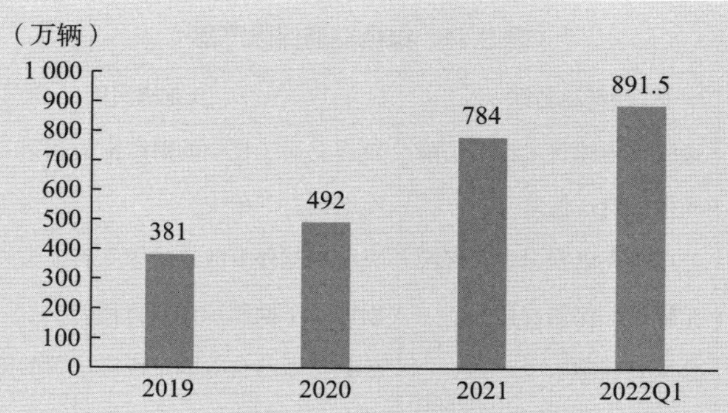

图 8.2　近三年新能源汽车保有量变化

来源：交通管理局，清华大学国家金融研究院绿色金融研究中心整理。

新能源汽车与传统燃油车在动力结构等多方面具有较大差异，日常的实际使用情况也与传统燃油车大不相同，因而具有其独特的消费者权益保障需求。人们在选购新能源汽车时，更加在意续航里程和电池安全，而不是喷漆、内饰、动力等传统问题。若缺乏电池起火等新型风险相关保单条款，如果发生此类事故，新能源汽车车主将难以索赔。① 作为深化车险市场供给侧结构性改革的一大举措，2021 年 12 月，中国保险行业协会印发《中国保险行业协会新能源汽车商业保险专属条款（试行）》（以下简称《示范条款》），包括：《中国保险行业协会新能源汽车商业保险示范条款（试行）》和《中国保险行业协会新能源汽车驾乘人员意外伤害保险示范条款（试行）》，按照切换时间，所有新保和续保的新能源汽车将统一适用《示范条款》承保，不再适用《中国保险行业协会机动车商业保险示范条款（2020 版）》，新能源汽车

① 汽车之家；电池是重点 新能源车保险面临三大难题［EB/OL］.（2019-11-13）［2022-04-19］.https://www.autohome.com.cn/news/201911/950829.html.

消费者将拥有更加有效且更具针对性的保险保障。

新能源汽车的受保障范围如何?

《示范条款》中明确给出了被保险新能源汽车的定义:“被保险新能源汽车是指在中华人民共和国境内(不含港、澳、台地区)行驶,采用新型动力系统,完全或主要依靠新型能源驱动,上道路行驶的供人员乘用或者用于运送物品以及进行专项作业的轮式车辆、履带式车辆和其他运载工具,但不包括摩托车、拖拉机、特种车。”

在保险责任方面,《示范条款》规定,保险期间内,被保险人或被保险新能源汽车驾驶人在使用被保险新能源汽车过程中(使用包括行驶、停放、充电及作业,但不包括在营业场所被维修养护期间、被营业单位拖带或被吊装等施救期间),因自然灾害、意外事故(含起火燃烧)造成被保险新能源汽车下列设备的直接损失,且不属于免除保险人责任的范围,保险人依照本保险合同的约定负责赔偿:

(一)车身;

(二)电池及储能系统、电机及驱动系统、其他控制系统;

(三)其他所有出厂时的设备。

在责任免除方面,《示范条款》针对新能源汽车特别指出,电池衰减以及充电期间因外部电网故障导致被保险新能源汽车的损失,保险人不负责赔偿。

《示范条款》新增了哪些附加险？

针对新能源汽车，《示范条款》特别新设了 3 个附加险，考虑到了新能源汽车使用中的特殊场景：

1. 附加外部电网故障损失险

《示范条款》规定，保险期间内，投保了该附加险的被保险新能源汽车在充电期间，因外部电网故障，导致被保险新能源汽车的直接损失，且不属于免除保险人责任的范围，保险人依照本保险合同的约定负责赔偿。发生保险事故时，被保险人为防止或者减少被保险新能源汽车的损失所支付的必要的、合理的施救费用，由保险人承担；施救费用数额在被保险新能源汽车损失赔偿金额以外另行计算，最高不超过主险保险金额。

2. 附加自用充电桩损失保险

《示范条款》规定，除投保人、被保险人或驾驶人故意制造保险事故外，保险期间内，保险单载明地址的，被保险人的符合充电设备技术条件、安装标准的自用充电桩，因自然灾害、意外事故、被盗窃或遭他人损坏导致的充电桩自身损失，保险人在保险单载明的本附加险的保险金额内，按照实际损失计算赔偿。保险金额为 2 000 元、5 000 元、10 000 元或 20 000 元，由投保人和保险人在投保时协商确定。

发生保险事故后，保险人在保险责任范围内承担赔偿责任，赔偿方式由保险人与被保险人协商确定。赔款计算公式为：

赔款 = 实际修复费用 − 被保险人已从第三方获得的赔偿金额

在保险期间内，累计赔款金额达到保险金额，该附加险保险责任终止。

3. 附加自用充电桩责任保险

《示范条款》规定，除因被保险人的故意行为导致外，保险期间内，保险单载明地址的，被保险人的符合充电设备技术条件、安装标准的自用充电桩造成第三者人身伤亡或财产损失，依法应由被保险人承担的损害赔偿责任，保险人负责赔偿。责任限额由投保人和保险人在投保时协商确定。

新能源汽车的参考折旧系数有何变动?

相较《中国保险行业协会机动车商业保险示范条款（2020 版）》,《示范条约》特别针对 9 座以下客车做出改动，9 座以下客车的参考折旧系数按照家庭自用和非营业纯电动新能源汽车与家庭自用和非营业插电式混合动力与燃料电池新能源汽车划分为两档，对于家庭自用和非营业插电式混合动力与燃料电池新能源汽车，新车购置所有价格区间均适用 0.63% 每月，对于家庭自用和非营业纯电动新能源汽车，则进一步按新车购置价格区间设置了依次递减的 4 档参考折旧系数（见表 8.12、表 8.13）。

表 8.12　9 座以下客车家庭自用和非营业纯电动新能源汽车折旧系数

新车购置价格区间（万元）	纯电动汽车折旧系数（每月）
0~10	0.82%
10~20	0.77%
20~30	0.72%
30 以上	0.68%

来源：《中国保险行业协会新能源汽车商业保险专属条款（试行）》。

表 8.13 《示范条约》特别变动概览

内容	《示范条约》特别变动
保险责任	因自然灾害、意外事故（含起火燃烧）造成被保险新能源汽车下列设备的直接损失： （1）车身； （2）电池及储能系统、电机及驱动系统、其他控制系统； （3）其他所有出厂时的设备
使用过程	使用包括行驶、停放、充电及作业，但不包括在营业场所被维修养护期间、被营业单位拖带或被吊装等施救期间
责任免除	电池衰减及充电期间因外部电网故障导致被保险新能源汽车的损失
附加险	1. 附加外部电网故障损失险 2. 附加自用充电桩损失保险 3. 附加自用充电桩责任保险
参考折旧系数	特别针对 9 座以下客车划分为两大档

来源：《中国保险行业协会新能源汽车商业保险专属条款（试行）》。

规模

2020 年，绿色交通保险总保额达到 6.34 万亿元，比 2018 年增加了 3.78 万亿元，年均增速 73.83%；赔款达到 64.77 亿元，较 2018 年增加 19.68 亿元，年均增速 21.83%。新能源汽车的机动车辆保险保额占绿色交通保险保额的比例[①]，从 2018 年的 85.22% 提高至 2020 年的 90.75%，赔款占比则始终保持在 98% 以上（见表 8.14）。[②]

① 此处使用的是传统车险条款承保新能源汽车的数据。

② 中国保险行业协会 . 保险业聚焦碳达峰碳中和目标助推绿色发展蓝皮书［EB/OL］.（2021-06-12）［2021-11-09］. http://www.iachina.cn/module/download/downfile.jsp?classid=0&filename=71fe3c6f7b36451bb51f9c33ad104aff.pdf.

表 8.14 2018—2020 年绿色交通保险保额及其构成

项目		2018 年	2019 年	2020 年
绿色交通保险保额（亿元）		25 564.31	38 709.43	63 419.10
各类型占比	机动车辆保险	85.22%	93.20%	90.75%
	财产保险	2.75%	2.72%	2.93%
	工程险	9.53%	1.86%	3.38%
	货物运输保险	1.71%	1.75%	2.38%
	责任保险	0.79%	0.47%	0.55%
绿色交通保险赔款（亿元）		45.09	61.50	64.77

绿色建筑保险

定义

绿色建筑保险覆盖绿色建筑建设和运营期间所涉及的工程与财产安全、质量和性能达标等方面的风险，一般分为财产保险和责任保险两大类（见表 8.15）。

表 8.15 绿色建筑保险产品

产品分类	产品名称	保障风险
财产保险	建筑工程一切险	绿色建筑建设过程中的财产损失和第三者责任
	安装工程一切险	绿色建筑设备安装过程中的财产损失和第三者责任
	企财险	绿色建筑运营过程中的财产损失
	家财险	绿色建筑运营过程中的财产损失
责任保险	绿色建筑性能责任保险	绿色建筑的预定星级目标与实际评定星级之间的偏差风险
	施工企业安全生产责任保险	绿色建筑施工中发生生产安全事故造成的从业人员人身伤亡和第三者人身伤亡
	工程质量潜在缺陷保险	绿色建筑工程质量潜在缺陷的修复费用和开发商的赔偿责任

来源：《保险业聚焦碳达峰碳中和目标助推绿色发展蓝皮书》。

2021 年 4 月 26 日，人保财险在青岛落地全国首个“减碳保”建筑节能责任保险，为青岛蓝海大饭店（黄岛）节能改造项目运营期提供三年累计 300 万元、每年 100 万元节能指标风险保障，项目改造完成后预计年均减碳量可达 542.6 吨。除了在节能改造过程中对改造工程进行全过程监督外，在运营期间，人保财险还对节能效果指标数据进行实时监测。[①] 2021 年 12 月，人保财险天津市塘沽支公司承保河南建业集团位于生态城内的蓝海津誉项目，签订绿色建筑性能责任保险，在保障绿色建筑基础上，对生态城公共基础设施的绿色性能提供保障。[②]

规模

2020 年，绿色建筑保险总保险金额为 1 017 亿元，较 2018 年增加 218 亿元，年均增速 13.64%（见表 8.16）。[③]

表 8.16　2018—2020 年绿色建筑保险保额

项目	2018 年	2019 年	2020 年
绿色建筑保险保额（亿元）	799.68	655.36	1 017.42

① 中国人保 2021 企业社会责任报告［EB/OL］.（2022-03-28）［2022-06--24］. https://www.picc.com/xwzx/shehuizeren/zrbg/202203/U020220328406248642090.pdf.

② 中国人民保险集团服务碳达峰碳中和战略发展报告［EB/OL］.（2022-05-19）［2022-06-30］. https://www.picc.com/xwzx/shehuizeren/zrbg/202205/P020220519613812916879.pdf.

③ 中国保险行业协会 . 保险业聚焦碳达峰碳中和目标助推绿色发展蓝皮书［EB/OL］.（2021-06-12）［2021-11-09］. http://www.iachina.cn/module/download/downfile.jsp?classid=0&filename=71fe3c6f7b36451bb51f9c33ad104aff.pdf.

绿色技术保险

定义

绿色技术保险主要覆盖技术研发、知识产权、产品质量和产品推广四个方面的风险，一般分为责任保险和保证保险两类（见表 8.17）。

表 8.17 绿色技术保险产品

产品分类	产品名称	保障风险
责任保险	研发费用损失保险	绿色技术研发失败的研发费用补偿
	专利执行保险	通过法律程序排除他人对该专利权的侵权行为过程中的调查费用、法律费用和直接损失
	专利被侵权损失保险	预赔付通过法律程序排除他人对该专利权的侵权行为过程中的调查费用、法律费用和直接损失
	产品质量安全责任保险	生产者、销售者应当承担的修理、更换、退货责任以及产品存在缺陷造成人身损害、缺陷产品以外的其他财产损害的赔偿责任
	首台 / 套重大技术装备保险	绿色首台 / 套重大技术装备在销售后的产品质量风险和责任风险
	重点新材料首批次应用保险	首批次应用绿色新材料在销售后的产品质量风险和责任风险
保证保险	专利质押融资还款保证保险	绿色专利质押人不能还款的信用风险
	产品质量保证保险	制造商、销售商或修理商因其制造、销售或修理的产品质量有内在缺陷而给消费者带来的经济损失

来源：《保险业聚焦碳达峰碳中和目标助推绿色发展蓝皮书》。

考虑到绿色技术与首台 / 套设备投入成本高，风险大，同时知识产权也容易受到侵害，保险企业积极创新了相关产品。比如 2021 年，人保财险苏州分公司与苏州市科技局合作，在全国首创推出“科研保”，为当地低碳供应链企业提供科研费用损失保险保障。受疫情影响，当地低碳供应链企业的物联网智能箱管系统在开发上与预期产生了偏差，导致科研费用损失。人保财险苏州分公司主动上门调研，认定其损失在保险保障范围之内，支付赔款 36.5 万元，目前该公司智能箱管系统已实现新的突破。2021 年 4 月，人保财险广东分公司向广州橙行智动汽车科技有限公司（小鹏汽车）签发知识产权海外侵权责任险保单，该保单是国内首张千万保险额度的知识产权海外侵权责任险保单，基本覆盖了企业应对海外知识产权侵权案件的主要损失。①

规模

2020 年绿色技术保险保额约 1 665 亿元（见表 8.18），赔款达 1.15 亿元，较 2018 年增长 0.81 亿元，年均增速 120.18%（见表 8.19）。2018—2020 年，保证保险和信用保险保额合计占绿色技术保险保额的 96% 以上。②

绿色技术保险中承保特殊风险的主要是首台 1 套保险，虽然三年的保额占比均不到 3%，但 2019 年、2020 年赔款占比分别为 14.03% 和 18.67%，2018 年赔款占比高达 51.89%（见表 8.19）。③

---

① 中国人民保险集团服务碳达峰碳中和战略发展报告［EB/OL］.（2022-05-19）［2022-06-30］. https://www.picc.com/xwzx/shehuizeren/zrbg/202205/P020220519613812916879.pdf.

② 中国保险行业协会 . 保险业聚焦碳达峰碳中和目标助推绿色发展蓝皮书［EB/OL］.（2021-06-12）［2021-11-09］. http://www.iachina.cn/module/download/downfile.jsp?classid=0&filename=71fe3c6f7b36451bb51f9c33ad104aff.pdf.

③ 中国保险行业协会 . 保险业聚焦碳达峰碳中和目标助推绿色发展蓝皮书［EB/OL］.（2021-06-12）［2021-11-09］. http://www.iachina.cn/module/download/downfile.jsp?classid=0&filename=71fe3c6f7b36451bb51f9c33ad104aff.pdf.

表 8.18　2018—2020 年绿色技术保险保额及其构成

项目		2018 年	2019 年	2020 年
绿色技术保险保额（亿元）		2 746.98	2 846.43	1 664.85
各类型占比	保证保险	70.50%	84.84%	75.35%
	信用保险	26.22%	12.67%	21.67%
	特殊风险保险	2.93%	2.10%	2.06%
	责任保险	0.34%	0.39%	0.92%

表 8.19　2018—2020 年绿色技术保险赔款及其构成

项目		2018 年	2019 年	2020 年
绿色技术保险赔款（亿元）		0.34	0.92	1.15
各类型占比	保证保险	48.11%	30.67%	27.13%
	信用保险	–	53.92%	54.20%
	特殊风险保险	51.89%	14.03%	18.67%
	责任保险	–	1.38%	–

其他绿色保险

定义

随着经济社会绿色低碳转型的深入，绿色保险产品推陈出新，有些难以归入上述类别，主要包括绿色资产的财产保险、种植业养殖业保险、保证保险等类别，充分发挥了保险保障和企业增信作用，推动了绿色产业的发展。

比如，人保财险浙江省分公司在水稻生产端升级推出早稻育秧期保险、水稻种植全成本补充保险、水稻收获期损失补充保险和连阴雨气象指数保险等，在销售端创新开发水稻价格指数保险，在收储端推广稻谷收购价值指数保险，实现从水稻生产种植到收储的全产业链闭环保障。2021 年，中国人保承保三大粮食作物 4.4 亿亩，承保生猪 2.5 亿头，共为 8 064 万户次农户提供风险保障 2.7 万亿元；特色农险产品数量 2 086 个，覆盖肉蛋奶禽、茶菌果蔬、中药等 280 余种，为 1 478 万户次农户提供风险保障 1.3 万亿元，累计支付赔款 52.8 亿元。①

太平财险创新推出涵盖风力、气温、波高等保险责任的海产品养殖气象指数保险产品，积极服务山东地区海洋牧场建设。截至 2021 年 12 月，太平财险在山东五个沿海地市推出海洋牧场保险产品八个，涵盖各类近海大宗海产品及新型深远海养殖品种，提供保险保障共 4.5 亿元人民币，支付赔款及防灾防损费共 2 530 万元人民币。②

2022 年 2 月，人保财险武汉市分公司与汉口银行、兴业银行及君集环境科技股份有限公司、三峡电能能源管理（湖北）有限公司签订“绿保贷”贷款保证保险项目承保意向书，为上述两家企业提供政策性贷款融资增信支持，为节能减排、绿色环保、清洁能源等相关行业领域小微企业提供政策性信用类贷款。在广州花都区，人保财险与广州碳排放权交易中心达成战略合作，共同开展碳排放权配额质押融资保险。控排企业以碳排放权配额向银行申请贷款，并购买贷款保证保险进行信用增级，保险期限内若控排企业出现贷款违约，人保财险将按照保单责任给予银行风险补偿。③

---

① 中国人保 2021 企业社会责任报告［EB/OL］.（2022-03-28）［2022-06-24］. https://www.picc.com/xwzx/shehuizeren/zrbg/202203/U020220328406248642090.pdf.

② 中国太平 2021 年环境、社会及管治（ESG）暨社会责任报告［EB/OL］.（2022-05-31）［2022-06-30］. http://www.cntaiping.com/upload/cms/cntaiping/202205/311733519n6t.pdf.

③ 中国人民保险集团服务碳达峰碳中和战略发展报告［EB/OL］.（2022-05-19）［2022-06-30］. https://www.picc.com/xwzx/shehuizeren/zrbg/202205/P020220519613812916879.pdf.

规模

2020 年其他绿色保险保额达到约 2.66 万亿元，较 2018 年增长 0.63 万亿元，年均增速 15.52%；赔款达到 130.12 亿元，较 2018 年增长 62.79 亿元，年均增速 46.63%。其中，保额占比最高的是企业财产保险，三年均超过 77%；赔款占比最高的是种植业保险，三年均超过 67%（见表 8.20）。[①]

表 8.20 其他绿色保险保额及其构成

项目		2018 年	2019 年	2020 年
其他绿色保险保额（亿元）		20 284.31	23 014.26	26 596.21
各类型占比	企业财产保险	79.74%	77.86%	79.06%
	家庭财产保险	3.96%	4.97%	3.61%
	种植业保险	8.73%	10.12%	10.98%
	养殖业保险	1.96%	2.08%	2.11%
	其他	5.61%	4.97%	4.24%

激励政策

国家层面

2016 年 8 月，中国人民银行与保监会等七部委联合印发《关于

① 中国保险行业协会. 保险业聚焦碳达峰碳中和目标助推绿色发展蓝皮书［EB/OL］.（2021-06-12）［2021-11-09］. http://www.iachina.cn/module/download/downfile.jsp?classid=0&filename=71fe3c6f7b36451bb51f9c33ad104aff.pdf.

构建绿色金融体系的指导意见》，将发展绿色保险作为独立章节并提出指导意见，“在环境高风险领域建立环境污染强制责任保险制度、鼓励和支持保险机构创新绿色保险产品和服务、鼓励和支持保险机构参与环境风险治理体系建设，为绿色保险的发展提供了顶层设计”。①

2016 年 8 月，保监会发布的《中国保险业发展“十三五”规划纲要》提出“配合国家新能源战略，加快发展绿色保险，完善配套保险产品研发”。②

2020 年 1 月，银保监会印发的《关于推动银行业和保险业高质量发展的指导意见》（银保监发〔2019〕52 号）提出大力发展绿色金融，“探索碳金融、气候债券、蓝色债券、环境污染责任保险、气候保险等创新型绿色金融产品”。③

2021 年 2 月，《国务院关于加快建立健全绿色低碳循环发展经济体系的指导意见》（国发〔2021〕4 号）印发，就加快建立健全绿色低碳循环发展的经济体系进行全面部署，在大力发展绿色金融方面明确提出，“发展绿色保险，发挥保险费率调节机制作用”。④

---

① 中国人民银行，财政部等七部委 . 关于构建绿色金融体系的指导意见［EB/OL］.（2016–09）［2021–12–03］. http://www.gov.cn/xinwen/2016–09/01/content_5104132.htm.

② 保监会 . 中国保险业发展“十三五”规划纲要［EB/OL］.（2016–08）［2021–11–23］. http://www.gov.cn/gongbao/content/2017/content_5194905.htm.

③ 中国银保监会 . 关于推动银行业和保险业高质量发展的指导意见［EB/OL］.（2019–12）［2021–12–02］. http://www.gov.cn/zhengce/zhengceku/2020–03/26/content_5495757.htm.

④ 国务院 . 关于加快建立健全绿色低碳循环发展经济体系的指导意见［EB/OL］.（2021–02）［2021–12–04］. http://www.gov.cn/zhengce/content/2021–02/22/content_5588274.htm.

地方层面

浙江省

浙江省积极探索绿色企业贷款保证保险：支持在环境高风险领域按程序推动制修订环境污染强制责任保险相关法律或行政法规，健全环境损害赔偿机制；创新生态环境责任类保险产品，针对试验区特征，支持湖州市研究开发船舶油污损害责任保险产品。支持衢州市加快实施安全、环境污染综合责任保险项目，加快发展生猪保险等养殖业保险，建立养殖业保险与养殖业病死动物无害化处理联动机制，扩大覆盖范围；争取设立服务试验区绿色发展的专业性保险公司，提供特色保险服务。①

同时，浙江省要求保险公司在承保前应当委托专业评估机构，对拟投保企业免费进行环境体检，排查企业环境安全隐患、编制环境风险评估报告，确定投保企业环境风险等级，作为厘定费率的依据和基础。评估报告同时报环保部门。②

企业投保后，保险公司应当委托相关专业机构为投保企业免费提供每年不少于 1 次的环境体检，排查企业环境安全隐患，建立风险源信息和管理台账，形成环境风险防控长效机制。

对市本级市控及以上企业，根据环境体检认定风险等级对投保企

① 浙江省政府 . 浙江省湖州市、衢州市建设绿色金融改革创新试验区总体方案［EB/OL］.（2017-06）［2021-11-09］. http://www.pbc.gov.cn/goutongjiaoliu/113456/113469/3332861/index.html.

② 湖州市人民政府 . 湖州市人民政府关于环境污染责任保险工作的实施意见 .［EB/OL］.（2018-01）［2021-11-09］. http://www.huzhou.gov.cn/art/2018/2/8/art_1229515045_1631452.html.

业进行补助，其中低风险、一般风险、中等风险、较高风险和高风险企业分别按照其当年缴纳保险费的 50%、45%、40%、35% 和 30% 进行补助。

全省范围内推广生猪保险与无害化联动机制。全国首创“安全生产和环境污染综合责任保险”落户衢州市试点，为企业提供全流程环境风险管理服务。创新生猪保险与无害化处理相结合的绿色保险“衢州模式”，提高了养殖户的生产效益，降低了保险公司的赔付率。

江西省

（1）积极开发绿色企业贷款保证保险产品。鼓励商业保险公司为绿色建筑提供风险保障，支持设立绿色保险公司或专营机构，提供特色保险服务，探索设立保险机构间交易市场。2013 年江西省开始环境污染责任保险试点，已上市 3 只绿色保险，包括环境污染责任险、农业大灾险、船舶污染责任保险，绿色保险的发展还有待加强。①

（2）积极开发绿色企业贷款保证保险产品。鼓励商业保险公司为绿色建筑提供风险保障；支持设立绿色保险公司或专营机构，提供特色保险服务；探索设立保险机构间交易市场。②

（3）发展绿色产业支持类业务。强化绿色产业技术、装备、产品、人员等方面的风险保障，积极发展绿色产品质量责任保险、绿色建筑保险、关键研发人员健康险或意外险等业务。加快发展绿色产业履约保证

---

① 江西省政府 . 江西省赣江新区建设绿色金融改革创新试验区总体方案［EB/OL］.（2017-06）［2021-12-03］. http://www.gov.cn/xinwen/2017-06/27/content_5205809.htm.

② 江西省政府 . 赣江新区建设绿色金融改革创新试验区总体方案［EB/OL］.（2018-01）［2021-12-01］. http://www.gov.cn/xinwen/2017-06/27/content_5205809.htm.

保险、科技保险、专利保险等业务，深化首台/套重大技术装备保险和新材料首批次应用保险补偿机制试点，支持企业开展科技创新，促进科技成果产业化发展。深化地方特色优势农产品保险试点工作，实施“一县一品”工程，加快发展农产品完全成本保险、收入保险、价格保险，推广“保险＋期货”模式，持续推进农业保险扩面、增品、提标。[①]

（4）建立正向激励引导机制。在内部资源配置、绩效考核、业务管理等方面做出有利于推动绿色保险发展的制度安排。财产险公司综合绩效考评指标体系中，应设置绿色保险考核评价指标，将绿色保险发展情况纳入对经营机构的综合经营考核及其班子成员的个人绩效考评，定期对相关条线、分支机构开展考评工作，并强化考评结果运用。

广东省

（1）对法人金融机构落户最高给予 2 000 万元奖励。对经认定的金融机构根据其对地方经济发展的贡献，最高前三年按照 100%，后两年按照 70% 的标准给予奖励。

（2）对企业购买绿色保险的，每家企业每年最高给予 10 万元补贴。

（3）对重点绿色金融机构和绿色企业高级管理人员参考上一年度已纳税额给予奖励，每人每年最高奖励 300 万元。对已经落户花都区的绿色金融机构和绿色企业的高级管理人员，首次在花都区购买自住房屋（限一套）的，可参考其购房款给予购房补贴，每人最高补贴

① 江西省银保监会. 江西保险业加快发展绿色保险的指导意见 赣银保监发〔2021〕12 号［EB/OL］.（2021-08）［2021-12-06］. http://www.cbirc.gov.cn/branch/jiangxi/view/pages/common/ItemDetail.html?docId=1002346&itemId=1513&generaltype=0.

300 万元。根据企业对地方经济发展贡献情况，向重点绿色金融机构和绿色企业配发人才服务卡，持卡人可享受本人及其家人优先入户、子女入托入学优质学位、年度免费健康体检等服务。[①]

（4）对注册地在花都区或项目发生地在花都区的企业按其投保绿色保险保费的 30% 给予补贴，每家企业每年最高补贴 10 万元。[②]

（5）对购买贷款保证保险、工程质量潜在缺陷保险、绿色农业保险、药品置换责任保险、碳排放配额质押贷款保证保险等创新型绿色保险产品的，按其保费的 50% 给予补贴，单个企业每年最高 30 万元；对购买环境污染责任保险、食品安全责任保险的，按其保费的 30% 给予补贴，单个企业每年最高 15 万元；对购买安全生产责任保险的，按其保费的 30% 给予补贴，单个企业每年最高 10 万元。

（6）鼓励保险资金以股权、债权、基金、资产支持计划等形式支持绿色产业发展。对保险业金融机构引入保险资金支持绿色产业发展的，按其当年新增引入保险资金总额的 0.01% 给予奖励，每个保险机构每年最高 200 万元。[③]

广东省已上市巨灾指数保险、环境污染责任险、蔬菜降雨气象指数险、绿色农保 +、绿色产品食安心责任保险、气象指数保险等 9 只

---

① 广州市花都区人民政府 . 广州市花都区支持绿色金融和绿色产业创新发展若干措施［EB/OL］.（2017-07）［2021-11-23］. https://www.huadu.gov.cn/xxgk/zcwj/zcjd/rdjd/content/post_4794961.html.

② 广州市花都区人民政府 . 花都区支持绿色金融创新发展实施细则［EB/OL］.（2020-01）［2021-12-03］. https://www.huadu.gov.cn/xxgk/zcwj/zcjd/wjjd/content/post_5633375.html.

③ 广州市黄埔区人民政府 . 广州市黄埔区广州开发区促进绿色金融发展政策措施［EB/OL］.（2020-04）［2021-11-23］. https://www.gz.gov.cn/sfxwj/qisfxwi/hpqlqbm/content/post8172754.html.

绿色相关保险，开展涉重金属行业试点。

贵州省

对应当投保而未及时投保的企业，按照属地管理原则，相关部门可采取下列措施[①]：

（1）将企业是否投保与建设项目环境影响评价文件审批、核发和换发排污许可证和危险废物经营许可证、清洁生产审核，危险废物转移联单管理、开展行业准入审查、上市环保核查、申报环保专项资金、建设项目竣工环境保护验收等制度的环境风险防范要求紧密结合。

（2）暂停受理企业的环境保护专项资金、重金属污染防治专项资金等相关专项资金的申请。

（3）将该企业未按规定投保的信息及时提供银行业金融机构，为其客户评级、信贷准入退出和管理提供重要依据。

（4）依法查处环境污染事故肇事单位。进一步加强对高环境风险、较高环境风险企业的风险管理和环保监管，依法加大对环境污染事故、事件肇事单位的处罚力度。

相关激励措施有：

（1）新区环保局在安排环境保护专项资金或重金属污染防治专项资金时，对投保企业污染防治项目予以倾斜。

（2）实行参保企业优惠政策。环保部门会同相关部门在污染治

---

① 贵州贵安新区管委会 . 贵安新区关于开展环境污染强制责任保险试点工作方案 黔贵安管办函〔2018〕49 号［EB/OL］.（2018-05-30）［2021-11-06］. http://www.gaxq.gov.cn/zwgk/xxgkml/jcxxgk/zcwj/xqwj/201812/t20181217_1985843.html.

理、风险源整治、应急处置能力建设等工作上对参保企业给予一定的政策倾斜，将风险企业参与环境污染责任保险情况纳入企业环境行为信息公开评价体系，同时作为企业参与各类创先评优、ISO14000 认证、上市融资等环保审核的重要内容。

（3）加大绿色保险产品创新力度，强化绿色产业风险抵御能力。鼓励保险机构根据新区产业规划，制订合适的绿色保险计划。依法鼓励在新区试点环境污染强制责任险。①

2017 年，贵阳市首次开展山地茶叶气象指数保险试点，已上市的保险有环境污染责任险，森林险和气象指数保险。

新疆维吾尔自治区

在环境高风险领域按程序推动制修订环境污染强制责任保险相关法律或行政法规，健全环境赔偿机制。在试验区推广环境污染强制责任保险。②

在环境高风险领域建立环境污染强制责任保险制度，选择在石油化工、重金属、危险化学品运输等高风险行业，将相关企业纳入应当投保环境污染强制责任保险的范围。③

① 贵州贵安新区管委会 . 贵安新区绿色金融改革创新试验区建设实施方案［EB/OL］.（2018-07-05）［2021-11-09］. http://www.gaxq.gov.cn/zwgk/xxgkml/jcxxgk/zcwj/xqwj/201812/t20181217_1985853.html.

② 中国人民银行等七部门 . 新疆维吾尔自治区哈密市、昌吉回族自治州和克拉玛依市建设绿色金融改革创新试验区总体方案［EB/OL］.（2017-06-23）［2021-12-23］. http://www.scio.gov.cn/xwfbh/xwbfbh/wqfbh/44687/44900/xgzc44906/Document/1698573/1698573.htm.

③ 新疆维吾尔自治区人民政府 . 关于自治区构建绿色金融体系的实施意见［EB/OL］.（2017-07-21）［2021-11-19］. http://upload.xh08.cn/2017/0721/1500633907861.pdf.

甘肃省

（1）健全地方性法规及规范性文件，鼓励环境高风险企业投保环境污染责任险，要求高危行业企业投保安全生产责任保险。创新绿色保险相关产品和服务，推动保险提标、扩面、增品。[①]

（2）鼓励保险机构在新区探索绿色保险创新产品和服务。按照“深绿”“中绿”和“浅绿”项目，分别给予参保企业 50%、40% 和 30% 的绿色保险保费补贴。鼓励保险机构为新区绿色产业发展提供中长期资金支持，按照实际到位资金的 5‰给予奖励。[②]

（3）组织开展绿色信贷、绿色保险、绿色债券等新业态新模式的创新案例年度评选，按照创新性和实效性原则，评选若干绿色金融改革创新典型案例，给予每个案例 10 万元的奖励资金。

（4）创新融资体制机制。依托新区绿色金融改革创新试验区建设，创新绿色信贷、绿色债券、绿色基金、绿色保险等政策、机制、产品、服务，探索设立新区绿色发展专项基金，支持绿色产业发展。[③]

福建省

福建省建立了绿色金融发展工作联席会议机制，出台了支持生态文明试验区建设行动计划，制定了区域性绿色金融监测指标体系，指

---

① 甘肃省兰州新区建设绿色金融改革创新试验区总体方案［N］. 兰州新区报，2019-12-24.

② 兰州新区管委会 . 兰州新区绿色金融发展奖励政策（试行）［EB/OL］.（2020-12-31）［2021-12-01］. http://www.lzxq.gov.cn/system/2020/12/30/030244587.shtml.

③ 兰州新区管委会 . 兰州新区国民经济和社会发展第十四个五年规划和 2035 年远景目标纲要［EB/OL］.（2021-05-31）［2022-01-02］. http://www.lzxq.gov.cn/system/2021/08/27/030397447.shtml.

导金融机构加快绿色发展转型。围绕碳达峰、碳中和的“30·60”目标，出台了《福建银行业保险业推进绿色金融发展的指导意见》，要求银行保险机构建立“绿色清单”，科学运用绿色标识，对清单内企业和项目优先给予融资支持。确立了“十四五”期间的工作目标，力争辖区绿色融资余额整体增速不低于各项贷款平均增速，绿色融资余额占各项贷款比重每年提升幅度不低于1个百分点。至2021年一季度末，辖区绿色融资余额2 650亿元，较2021年年初增长了7.2%。①

江苏省

江苏省在2018年10月印发的《关于深入推进绿色金融服务生态环境高质量发展的实施意见》中提出了三条关于加快发展绿色保险的实施意见。②

（1）开展环境污染强制责任保险。

（2）建立参加环境污染责任保险的激励约束机制。“将企业投保情况与环保信用评价、金融机构信贷支持等方面挂钩。加大财政支持力度，对符合条件的投标企业，按不高于保费的40%给予补贴。”

（3）鼓励保险机构参与环境风险治理体系建设。

---

① 福建省银保监局.关于银行业保险业推进绿色金融发展的指导意见，闽银保监发〔2021〕91号［EB/OL］.（2021-05-27）［2021-12-02］. http://www.cbirc.gov.cn/cn/view/pages/ItemDetail.html?docId=986482&itemId=920&generaltype=0.

② 江苏省财政厅.关于深入推进绿色金融服务生态环境高质量发展的实施意见，苏环办［2018］413 号［EB/OL］.（2018-10-10）［2021-11-07］. http://czt.jiangsu.gov.cn/module/download/downfile.jsp?classid=0&filename=8cfab87d222c4b389867682b9f2b5d88.pdf.

第九章

绿色基金

概　况

绿色基金主要指投向绿色产业的基金，是绿色项目股权融资的重要渠道。目前国内的绿色资金主要来源是绿色信贷和债券，但就项目的发展阶段来看，首先需要的是资本金支持，也就是股权融资。在资本市场支持碳中和战略行动中，国家和地方各个层面的绿色基金是重要力量之一，不仅提升了直接融资的比例，也切实支持了经济社会低碳转型。

根据《绿色投资指引（试行）》的要求，基金管理人应根据自身条件，逐步建立并完善绿色投资制度，通过适用共同基准、积极行动等方式，推动被投企业关注环境绩效、完善环境信息披露，根据自身战略方向，基于以下基本目标完成绿色投资。①

① 中国证券投资基金业协会．绿色投资指引（试行）[EB/OL].（2018-11-10）[2021-11-12]. https://www.amac.org.cn/aboutassociation/gyxh_xhdt/xhdt_xhgg/201811/P020191231541720273363.pdf.

- 促进绿色环保产业发展。将基金资产优先投资于直接或间接产生环境效益的公司及产业，发展节能环保产业链，促进清洁能源开发与使用、节能环保投资与环保标准改善。
- 促进资源循环利用与可持续发展。将基金资产优先投资于可再生能源及资源循环利用的公司及产业，引导产业结构向可持续发展方向积极转型。
- 促进高效低碳发展。合理控制基金资产的碳排放水平，将基金资产优先投资于资源使用效率更高、排放水平更低的公司及产业。
- 履行负责任投资，运用投资者权利，督促被投资企业改善环境绩效并提高信息披露水平。针对相关公司及产业适用更高的污染物排放标准和环境信息披露标准。

2016 年 8 月，七部委联合发布《关于构建绿色金融体系的指导意见》，明确提出设立绿色发展基金，通过政府和社会资本合作（PPP）模式动员社会资本，提出由中央财政整合现有节能环保等专项资金设立国家绿色发展基金，鼓励有条件的地方政府和社会资本共同发起区域性绿色发展基金，支持社会资本和国际资本设立各类民间绿色投资基金。① 这些构想正逐步落地。

我国绿色基金虽然取得了较快发展，但市场整体规模仍然较小，主要投向为新能源、环保、低碳技术等，其中新能源比重最高。根据

① 中国人民银行，财政部，发展改革委，环境保护部，银监会，证监会，保监会 . 关于构建绿色金融体系的指导意见［EB/OL］.（2016-08-31）［2021-11-05］. http://www.pbc.gov.cn/goutongjiaoliu/113456/113469/3131687/index.html.

基金业协会《基金管理人绿色投资自评估报告（2021）》①，我们可以看到基金业绿色投资体系正逐步建立。2021 年，基金业协会开展第三次自评估，获得有效样本 822 份，较 2020 年增长了 73.1%。

分类别看，公募基金②中，42.9% 将绿色投资明确纳入公司战略，83.9% 开展绿色投资研究，其中 13 家机构不仅披露战略目标，还披露了战略完成情况，但建立环境风险暴露应急处置机制的还较少（35.7%）。38 家样本公募机构发行或正在发行以绿色投资为目标的产品合计 106 只，其中 94.3% 样本基金遵循特定绿色投资策略，32.1% 样本基金主动采取措施促进被投企业提升绿色绩效。

私募证券机构③绿色投资体系建设进程慢于公募基金，14.7% 将绿色投资明确纳入公司战略，61.9% 开展绿色投资研究，披露绿色投资战略或目标，并披露目标完成情况的有 21 家，建立环境风险暴露应急处置机制的有 24.5%。12 家样本私募证券机构发行的以绿色投资为目标的产品合计 16 只，截至 2021 年三季度末基金净资产合计 7.0 亿元。其中 14 只遵循特定的绿色投资策略，2 只采取主动措施促进被投企业提升绿色绩效。

私募股权机构样本量共 345 家，绿色投资体系建设情况与私募

---

① 基金管理人绿色投资自评估报告（2021）[EB/OL].（2022-03-21）[2022-06-30]. https://www.amac.org.cn/aboutassociation/gyxh_xhdt/xhdt_xhyw/202203/P020220321629243070006.pdf.

② 截至 2021 年三季度末，公募基金资产净值合计 23.8 万亿元，其中，填写问卷的公募机构基金资产净值合计 19.4 万亿元，占比 81.5%；56 家样本公募机构基金净资产合计 17.8 万亿元，占比 74.8%。问卷覆盖公募基金行业样本比例较高，统计结果具有一定代表性。

③ 私募证券机构样本 388 家，较 2020 年增加 191 家，增长 97%；截至 2021 年三季度，样本私募证券机构管理基金规模 5 596.6 亿元。

证券机构相当。19.4% 将绿色投资明确纳入公司战略，50.4% 开展绿色投资研究，披露绿色投资战略或目标并披露目标完成情况的有 34 家，建立环境风险暴露应急处置机制的有 20.0%。46 家样本私募证券机构发行的以绿色投资为目标的产品合计 75 只，其中 68 只遵循特定的绿色投资策略，42 只采取主动措施促进被投企业提升绿色绩效。

在绿色投资领域，市场机构也非常关注 ESG 投资，尽管二者在覆盖面上不完全一致。根据基金业协会 2020 年发布的《中国基金业 ESG 投资专题调研报告（2019）》股权版与证券版①，我们可以看到，投资机构普遍关注 ESG/ 绿色投资并着手开展研究，主要的驱动力是降低风险，但在投资制度、流程和工具开发上较境外机构尚有完善空间。业务实践很大程度上受到可靠 ESG 信息与数据来源、评估方法与工具的制约，因此表现出对公司治理与环境信息关注度高，而且多数集中在投前与投中，投后管理、利益相关方沟通和信息披露较弱。

---

① 2019 年度中国基金业 ESG 投资专题调查报告 – 股权版［EB/OL］.（2020-03-31）［2022-06-30］. https://www.amac.org.cn/businessservices_2025/ywfw_esg/esgyj/ygxh/202007/t20200715_9820.html.
2019 年度中国基金业 ESG 投资专题调查报告 – 证券版［EB/OL］.（2020-03-31）［2022-06-30］. https://www.amac.org.cn/businessservices_2025/ywfw_esg/esgyj/ygxh/202007/t20200715_9819.html.

激励政策

国家层面

2011 年 10 月,《国务院关于加强环境保护重点工作的意见》中明确提出鼓励多渠道建立环保产业发展基金，拓宽环保产业发展融资渠道。

2015 年 5 月,《关于在公共服务领域推广政府和社会资本合作模式的指导意见》特别提出在节能减排等生态环境保护十三大领域积极推广 PPP 模式，并将推广 PPP 模式列为双引擎之一。

2015 年 9 月,《生态文明体制改革总体方案》提出“支持设立各类绿色发展基金，实行市场化运作”。

2016 年 8 月，中国人民银行等七部委联合发布《关于构建绿色金融体系的指导意见》，明确提出要设立绿色产业发展基金，通过政府和社会资本合作（PPP）模式动员社会资本，鼓励和支持有条件的地方通过专业化绿色担保机制、设立绿色发展基金等手段撬动更多的社会资本投资于绿色产业。

2016 年 11 月发布的《中共中央关于制定国民经济和社会发展第十三个五年规划的建议》中，明确提出“发展绿色金融，设立绿色发展基金”。

2018 年 11 月 10 日，中国证券投资基金业协会发布《绿色投资指引（试行）》，明确绿色投资原则与目标，要求基金管理人每年开展一次绿色投资情况自评估，并将自评估报告及《基金管理人绿色投资自评表》报送至协会。2019 年，基金业协会发布《关于提交自评估报告的通知》，作为《绿色投资指引（试行）》的具体实施文件。

地方层面

2019 年 1 月深圳市发布的《深圳市人民政府关于构建绿色金融体系的实施意见》第十一条提出探索设立绿色产业投资基金，在现行市政府投资引导基金政策框架下探索设立绿色产业投资基金，发挥财政资金的引导、放大效应，吸引有实力的机构投资者和社会资本向环保、节能、清洁能源、绿色交通和绿色建筑等领域的企业、项目进行投资。优先支持、参股符合国家绿色基金相关标准、绿色投资相关指引的绿色类子基金。政府出资的绿色发展基金要在确保执行国家绿色发展战略及政策的前提下，按照市场化方式进行投资管理。对绿色产业引导基金支持的、以 PPP 模式操作的绿色项目，优先推荐给发展改革部门、证券交易所进行资产证券化融资。①

2020 年 4 月广州市黄埔区发布的《广州市黄埔区人民政府 广州开发区管委会关于印发广州市黄埔区、广州开发区促进绿色金融发展政策措施的通知》第五条提出："由财政适度出资设立绿色产业引导基金，充分发挥财政资金的杠杆作用，按照不低于 1：4 的放大倍数

① 深圳市人民政府 . 深圳市人民政府关于构建绿色金融体系的实施意见，深府规〔2018〕29 号［EB/OL］.（2019-01-08）［2021-11-23］. http://www.sz.gov.cn/zwgk/zfxxgk/zfwj/szfwj/content/post_6577287.html.

吸引撬动社会资本形成子基金群投资绿色产业或项目，支持绿色技术创新企业融资。鼓励引导现有产业基金投资绿色产业和绿色技术创新企业。”①

江苏省于 2018 年 10 月印发的《关于深入推进绿色金融服务生态环境高质量发展的实施意见》中提出支持设立各类绿色发展基金，鼓励有条件的地方政府和社会资本按市场化原则联合设立绿色发展基金，政府出资部分可通过社会资本优先分红或放弃部分收益等方式，向社会资本让利。②

此外，江苏省还于该意见中提出用好省生态环保发展基金，支持省生态环保发展基金会同地方政府、相关行业设立区域性、行业性生态环保子基金，促进省内长江生态环境保护修复、环保产业发展、环保基础设施建设等。对省生态环保发展经济投资省内环保、节能、资源循环利用、新能源等成长期科技型绿色企业出现损失后给予损失金额 30% 的风险补偿，单个项目最高补偿 200 万。

① 广州市黄埔区人民政府，广州开发区管委会 . 关于印发广州市黄埔区、广州开发区促进绿色金融发展政策措施的通知，穗埔府规〔2020〕11 号［EB/OL］.（2020-04-24）［2021-12-20］. http://www.gz.gov.cn/gfxwj/qjgfxwj/hpq/qf/content/post_5803862.html.

② 江苏省财政厅 . 关于深入推进绿色金融服务生态环境高质量发展的实施意见，苏环办［2018］413 号［EB/OL］.（2018-10-10）［2021-11-10］. http://czt.jiangsu.gov.cn/module/download/downfile.jsp?classid=0&filename=8cfab87d222c4b389867682b9f2b5d88.pdf.

案 例

在经济社会整体低碳转型的浪潮中，各类市场主体积极参与，各级政府及国有资本发挥了较强的引导作用，发起成立了绿色引导基金、PPP 绿色项目基金等。也有些产业集团依托主业，发起设立相关产业绿色发展基金。同时，金融机构甚至个人投资者也积极发起绿色 PE/VC 投资基金。

案例一：国家绿色发展基金股份有限公司

2018 年 6 月，《中共中央 国务院关于全面加强生态环境保护 坚决打好污染防治攻坚战的意见》中提出设立国家绿色发展基金。国家绿色发展基金由财政部、生态环境部和上海市人民政府三方共同发起设立，国务院授权财政部履行国家出资人职责，财政部委托上海市承担绿色基金管理的具体事宜（见表 9.1）。①

国家绿色发展基金是国家级投资基金，在基金的投向和使用上，国家绿色发展基金将坚持“政策性、导向性、市场性”的功能定位，聚焦三个重点：

---

① 国家绿色发展基金 . 情况介绍［EB/OL］.（2021-12-1）［2021-12-20］. https://www.ngd-fund.com/about.

- 聚焦落实党中央、国务院确定的生态绿色环保中长期战略任务；
- 聚焦引导社会资本投向大气、水、土壤、固体废物污染治理等外部性强的生态环境领域；
- 聚焦推动形成绿色发展方式和生活方式，推动传统产业智能化、清洁化改造，加快发展节能环保产业，促进生态修复、国土空间绿化等绿色产业发展和经济高质量发展。

国家绿色发展基金首期规模 885 亿元，由中央财政和长江经济带沿线的 11 个省市地方财政共同出资，同时也吸引社会资本参与，成立“国家绿色发展基金股份有限公司”，以公司制形式参与市场化运作（见表 9.2）。绿色基金在首期存续期间主要投向长江经济带沿线上海、江苏、浙江、安徽、江西、湖北、湖南、重庆、四川、贵州、云南等十一省市。同时适当安排其他区域的项目，探索可复制可推广经验。

表 9.1 国家绿色发展基金发起单位①

单位名称		
中华人民共和国财政部	中华人民共和国生态环境部	上海市人民政府

表 9.2 国家绿色发展基金股东②

股东	认缴出资（万元）	股东	认缴出资（万元）
中华人民共和国财政部	1 000 000	湖北省财政厅	120 000
国家开发银行	800 000	江苏省政府投资基金（有限合伙）	120 000
中国银行股份有限公司	800 000	云南省财政厅	100 000

① 国家绿色发展基金．股东情况［EB/OL］.（2021-12-01）［2021-11-12］. https://www.ngd-fund.com/shareholder.

② 同①.

续表

股东	认缴出资（万元）	股东	认缴出资（万元）
中国建设银行股份有限公司	800 000	四川省财政厅	100 000
中国工商银行股份有限公司	800 000	湖南省财政厅	100 000
中国农业银行股份有限公司	800 000	上海农村商业银行股份有限公司	100 000
交通银行股份有限公司	750 000	江西省财政厅	100 000
上海浦东发展银行股份有限公司	700 000	重庆发展投资有限公司	100 000
上海久事（集团）有限公司	400 000	安徽省财政厅	100 000
上海国盛（集团）有限公司	400 000	贵州省财政厅	100 000
上海银行股份有限公司	200 000	上海电气投资有限公司	50 000
国家能源投资集团有限责任公司	150 000	中国节能环保集团有限公司	30 000
浙江省财政厅	120 000	龙元建设集团股份有限公司	10 000

备注：上海久事（集团）有限公司、上海国盛（集团）有限公司代持上海市政府出资，江苏省政府投资基金（有限合伙）代表江苏省财政厅出资，重庆发展投资有限公司代表重庆市财政局出资。

2021 年 7 月 15 日国家绿色发展基金股份有限公司、中国太平洋保险（集团）股份有限公司、中国宝武钢铁集团有限公司、建信金融资产投资有限公司签约共同设立宝武碳中和股权投资基金，总规模 500 亿元，首期 100 亿元。基金未来将依托中国宝武相关规划布局，聚焦清洁能源、绿色技术、环境保护、污染防治等方向，参与长江经济带的转型发展，跟踪国家清洁低碳、安全高效的能源体系建设，深度挖掘风、光等清洁能源潜在发展地区和投资市场上优质的碳中和产业项目。①

① 新华社 . 中国宝武发起设立总规模 500 亿元碳中和主题基金［EB/OL］.（2021-07-15）［2021-11-12］. https://baijiahao.baidu.com/s?id=1705348772684349562&wfr=spider&for=pc.

案例二：中美绿色基金

2016 年 11 月中美绿色基金成立，聚焦于清洁能源、绿色制造、绿色消费与绿色交通等四大赛道的股权投资。该基金与镇江和张家口两个城市合作，建立市级建筑节能和绿色发展基金，推动当地节能工作的开展，并将成功经验在国内其他城市进行复制和推广。

2017 年 12 月，在国内绿色产业相关领域的知名国有企业、民营企业等多元化投资人出资参与下，中美绿色一期旗舰基金完成首次关账。2019 年 2 月，中美绿色一期旗舰基金完成全部募集工作，基金总规模达 23 亿元人民币。2020 年 7 月，中美绿色基金管理有限公司完成基金业协会私募基金管理人登记，取得私募基金管理人资质，开始中美绿色二期旗舰基金募集。①

2020 年中美绿色基金快速发展，加入长三角生态绿色一体化发展示范区开发者联盟；联手呼和浩特，牵头“中国（草原）绿谷”项目，致力于建设中国北方大数据中心产城融合示范区；签约海门，发起“海门绿色健康谷暨海门生命科技小镇”项目，打造长江沿岸绿色低碳健康产业发展示范区；牵手株洲，全力打造一个产业兴旺、人居舒适、服务优质、商业繁荣、绿色低碳的现代化生态动力谷科技新城。

2020 年 12 月，在由中国科技金融促进会风险投资专业委员会和中国母基金联盟主办的“2020 中国母基金 50 人论坛”上，中美绿色

① 中美绿色基金 . 基金概况［EB/OL］.（2020-07-30）［2021-11-12］. http://www.china-usgreenfund.com/p/jijingaikuang.html.

基金荣获“中国最佳 ESG 投资机构 TOP10”奖项。[①]

案例三：安徽新安江项目生态补偿基金

2020 年，财政部协调亚洲开发银行及相关各方，积极应对新冠肺炎疫情的严峻挑战，加快开展亚行贷款项目磋商谈判和签约，全年共签约 12 个项目，重点扶持绿色发展和机制创新项目。其中，ADB 在安徽创设了新安江项目生态补偿基金，探索建立地方政府、企业与农民之间的生态补偿机制，借鉴国际先进规则和最佳实践经验，支持机制创新举措。[②]

ADB 新安江项目生态补偿基金旨在系统回顾并总结国内外生态补偿的实施情况和效果，梳理国内外绩效考核体系的评价指标体系和补偿标准计算方法，研究制定新安江流域补偿标准和流域生态补偿绩效评价体系，促进流域生态补偿机制评价案例研究并提出完善流域生态补偿机制的政策建议。该基金由国内 18 位项目管理人和 78 位生态补偿、节能环保、环境经济领域的专家与环境顾问领导，咨询服务预

---

① 中美绿色基金 . 中美绿色基金荣获 2020 中国母基金 50 人论坛“中国最佳 ESG 投资机构 TOP10”奖项［EB/OL］.（2020-12-20）［2021-11-14］. http://www.china-usgreenfund.com/a/32.html.

② 亚洲开发银行在华贷款规模创新高持续支持绿色发展和机制创新［N］. 潇湘晨报，2021-01-11.

算达 490 565 美元（见表 9.3）。[①]

表 9.3　项目成本估算

项目类别	项目内容	金额（美元）
竞争性项目	报酬及其他费用	487 685
非竞争性项目	意外开支	2 880
合计		490 565

案例四：2020 年多个省市设立绿色政府引导基金

2020 年多个省市成立绿色政府引导基金。

2020 年 11 月，广西绿色新兴产业基金在南宁成立，基金总目标规模为人民币 50 亿元，首期认缴规模 10.01 亿元，将重点服务绿色新兴产业发展，构建高端绿色家居全产业链发展格局，扶持高端制造业、电子信息及大健康产业等转型升级。

2020 年 11 月，辽宁省低碳绿色产业投资基金成立，基金整体规模设定为 30 亿元，首期 5 亿元，将通过政府引导，社会资本参与，金融机构放大，投资环保产业领域的优秀企业股权、环保领域重点工程项目、先进环保装备制造、智慧环保、碳汇交易等领域，以促进环保产业实现高质量发展。

2020 年 11 月，浙江省丽水市成立高质量绿色发展产业基金，总

① ADB.Study on the Establishment of Performance Evaluation System and Compensation Standard for Ecological Compensation in Xin'an River [EB/OL] . (2020-08-17) [2021-11-23] . https://selfservice.adb.org/OA_HTML/OA.jsp?OAFunc=XXCRS_CSRN_PROFILE_PAGE&csrnKey=7BFC8E8032D7F5C09836FBFE157A7F060B751BEC68A649C187538055C175BDD5&fromDER=Y&refresh_csrn=true.

规模 60 亿元，基金将按照“聚焦战略取向、突出政策引导、坚持市场运作、合理防范风险”的原则，采取定向基金、非定向基金、直接投资的模式进行运作，以股权投资方式重点投向精密制造、健康医药、半导体全链条、时尚产业、数字经济五大产业集群，以及环保、旅游、金融、文化、乡村振兴等重点产业。

2020 年 12 月，甘肃兰州新区成立第一支绿色基金，总规模 30 亿元，首期规模 10 亿元，按照“服务企业、风险可控、滚动投资”的原则，主要投向新区绿色化工、现代农业、生物医药等绿色发展重点领域，对新区优质绿色企业提供资金支持，为绿色企业注入发展新动能。

案例五：内蒙古自治区 PPP 绿色产业基金

2018 年 12 月内蒙古财信投资集团与蒙草生态在呼和浩特共同出资发起设立自治区 PPP 绿色产业基金，一期规模 3.5 亿元，用于支持内蒙古生态修复 PPP 项目，政府引导资金携手民营企业共同建设北疆生态安全屏障，打造靓丽内蒙古，为内蒙古的 PPP 生态项目顺利推进起到示范引领作用。

案例六：光大“一带一路”绿色股权基金

2020 年 4 月光大控股发起的光大“一带一路”绿色股权基金，目标规模 200 亿元，首期 100 亿元人民币，主要投向为绿色环境、绿色能源、绿色指导和绿色生活四个领域。同时，作为企业承担和履行社会责任的重要体现，有助于提升其社会声誉。由于具有较好的产业整合平台，以及强大的资本运作能力，其投资的绿色产业项目退出渠道也更通畅。

案例七：贵州省工业及省属国有企业绿色发展基金

为做大做强工业企业，推动产业转型升级和省属国有工业企业发展，贵州省设立了贵州省工业及省属国有企业绿色发展基金。贵州省人民政府授权省工业和信息化厅作为出资人，贵州省黔晟国资公司明确贵州黔晟股权投资基金管理有限公司作为基金管理人。初步设立工业及国企基金总规模 300 亿元，由省工业和信息化发展专项资金、省本级国有资本经营预算、省属国有企业和社会资本定向募集四部分组成。其中，省工业和信息化发展专项资金安排 40 亿元、省本级国有资本经营预算安排 10 亿元注入工业及国企基金，分五年到位。工业及国企基金 100% 投资于贵州省域内具有发展前景、成长性好的优质工业企业及省属国有企业。支持“十大千亿级工业产业”及“千企改造”、“千企引进”工程项目建设，优化国有企业产业布局及战略重组，推动企业改革发展、结构调整、转型升级。①

案例八：红杉中国碳中和技术基金

2021 年 3 月，红杉中国携手远景科技集团成立的碳中和技术基

① 贵州省工业和信息化厅.关于印发贵州省工业及省属国有企业绿色发展基金管理办法的通知（QFGD–2019–02006）[EB/OL].（2019–07–01）[2022–01–02]. http://gxt.guizhou.gov.cn/zwgk/xxgkml/zcwj/gfxwj/201907/t20190701_9578213.html.

金，总规模 100 亿，该基金是国内首支绿色科技企业携手创投机构成立的百亿规模碳中和技术基金，将积极与企业和政府合作，打造碳中和技术创新生态，重点投资和培育全球碳中和领域的领先科技企业，构建零碳新工业体系。

案例九：国家融资担保基金

农业是绿色产业的重要组成部分。为了解决小微企业和“三农”融资难、融资贵问题,2018 年 7 月，国家融资担保基金（以下简称“融担基金”）注册成立，9 月正式运营，首期注册资本 661 亿元人民币。①

截至 2021 年末，融担基金累计完成再担保合作业务 14 631.53 亿元，服务各类市场主体 118.10 万户，为推动缓解小微、“三农”融资难、融资贵做出了积极贡献。2021 年融担基金持续引导体系内合作机构优化调整业务结构，聚焦支小支农主业，推动降费让利实体经济。2021 年支小支农再担保合作业务规模为 7 449.76 亿元，单户 500 万元及以下支小支农业务规模达到 4 570.01 亿元，规模占比分别为 98.78%、60.59%，较国家政策要求分别高出 18.78、10.59 个百分点。再担保合作业务平均担保费率进一步降至 0.82%，较上年同期下降 0.13 个百分点，推动综合融资成本降至 6.01%，较上年同期下降 0.17 个百分点。②

① 国家融资担保基金 .［EB/OL］.（2022-05-31）［2022-05-31］. https://www.gjrdjj.com/aboutus/overview.html.

② 国家融担基金再担保合作业务继续快速发展 .［EB/OL］.（2022-01-20）［2022-05-31］. https://www.gjrdjj.com/content/details_20_1015.html.

案例十：碳基金

碳基金是指由政府、金融机构、企业或个人投资设立的专门基金，致力于在全球范围内购买碳信用或投资于温室气体减排项目，经过一段时间后给予投资者碳信用或现金回报，以帮助改善全球气候变暖。[①]

1997 年，世界银行启动原型碳基金 PCF。随后又启动了一系列碳基金。其他碳基金案例包括亚太碳基金（APCF）、意大利碳基金、日本碳基金、欧洲碳基金等。2007 年 7 月 20 日，我国宣布成立中国绿色碳基金。

原型碳基金（PCF）是全球第一个碳基金，设立于 1999 年，由世界银行集团的国际复兴开发银行担任基金托管人，资金总额为 1.8 亿美元。原型碳基金旨在通过“干中学”模式了解、测试并组建国际碳市场，资助的是实现温室气体减排的项目，它的投资覆盖 24 个位于全球发展中国家和转轨国家中不同部门的项目，包括能源、工业、垃圾管理、土地治理以及可再生能源等领域。在原型碳基金的所有项目中，65% 的项目位于东亚和太平洋地区，其次是拉丁美洲和加勒比海地区（17%），欧洲和中亚项目占 15%，非洲地区项目仅占 3%。原型碳基金的资助项目中资助份额较高的是工业温室气体减排、新能源、造林 / 再造林和能源效率，占比分别为 40%、38%、6% 和 3%。[②]

---

① 智库百科。碳基金 .［2021–11–29］. https://wiki.mbalib.com/wiki/%25E7%25A2%25B3%25E5%259F%25BA%25E9%2587%2591.

② 蒋金星 . 原型碳基金实践研究及其对中国的启示［EB/OL］（2016–10–11）［2021–11–14］. http://www.cnki.com.cn/Article/CJFDTOTAL-LVKJ201605097.htm.

亚太碳基金（APCF）是亚行代表基金参与者设立并管理的信托基金。该计划于 2007 年 5 月投入运营，是亚行正在进行的碳市场计划（CMP）的一部分，该计划为清洁发展机制（CDM）项目提供财政和技术支持。该基金旨在增加亚行发展中成员国的清洁能源及能源效率项目数量，协助基金参与者履行《京都议定书》规定的具有法律约束力的减排承诺，还旨在利用发达国家增加的投资改善亚太地区的能源获取状况。亚太碳基金以能源效率、可再生能源、甲烷捕获与利用三类项目为目标，基金参与者包括西班牙、卢森堡、瑞典能源署等国家与机构。①

意大利碳基金（ICF）在意大利政府、工业界和世界银行的三方合作下成立，旨在支持发展中国家和转轨国家的项目，以根据《京都议定书》建立的清洁发展机制和《联合国气候变化框架公约》建立的联合执行机制减少温室气体排放。该基金由世界银行管理的信托基金设立，寿命为五年（2004—2008 年），其主要活动是从有利于全球环境的项目中购买温室气体减排量，1 500 万美元的初始资本由意大利环境和领土部全额提供，之后开放给意大利私营及公共部门实体参与，最低门槛为 100 万美元。②

日本碳基金基金池名为“日本 GHG 减排基金（JGRF）”，拥有

① ADB.Asia Pacific Carbon Fund.https://www.adb.org/what-we-do/funds/asia-pacific-carbon-fund-apcf.

② The World Bank.An Italian Carbon Fund：a public-private partnership between the Government and Industry of Italy and the World Bank（English）[EB/OL].（2004-03-19）[2021-11-07]. https://documents.worldbank.org/en/publication/documents-reports/documentdetail/766111468774963599/an-italian-carbon-fund-a-public-private-partnership-between-the-government-and-industry-of-italy-and-the-world-bank.

约1亿4千万美元的承诺额，旨在从CDM/JI项目中购买信用期截至2012年的核证减排量（CERs）和减排单位（ERUs）。基金提供者为日本国际协力银行（JBIC）和日本政策投资银行（DBJ）两家政策贷款机构以及中部电力、日本能源等在内的日本主要31家私人企业。日本碳基金从风险管理角度出发考虑评估CDM项目，提出了环境完美性（Environmental Integrity）和项目的可存续性（Project Viability）两项必要条件。[①]

欧洲碳基金（ECF）是在欧盟排放交易体系下运作的第一个非政府碳基金，旨在购买欧盟排放交易体系下2012年前非碳汇的、有效的核证减排量，购买额度在50 000吨/年到1 000 000吨/年之间，并期望中国份额占到基金的30%~50%。欧洲碳基金的管理人为IXIS实业投资银行。2005年5月，欧洲碳基金被碳点公司（Point Carbon）评选为碳基金里的“最佳投资机会”。[②]

中国绿色碳基金于2007年7月20日在人民大会堂举办成立仪式，中国绿色碳基金是设在中国绿化基金会下的专项基金，属于全国性公募基金。该基金的建立，为企业、团体和个人志愿参加植树造林以及森林经营保护活动，从而增加碳汇以应对气候变化搭建了一个平台。基金先期由中国石油天然气集团公司捐资3亿元人民币，用于开展旨在吸收固定大气中二氧化碳为目的的造林、森林管理以及能源林基地建设等活动。据估算，这些捐款用于造林在十年内将吸收固定二氧化

---

① 增田正人. 日本碳基金与CDM项目评估［EB/OL］.（2005-10）［2021-11-23］. http://www.cdm.ccchina.org.cn/UpFile/File404.PDF.

② European Carbon Fund. 欧洲碳基金（ECF）在欧盟排放交易体系［EB/OL］.（2005-10）［2021-11-23］. https://www.docin.com/p-414919537.html.

碳 500 万 ~1 000 万吨。①

案例十一：绿色气候基金（GCF）

自 2018 年在联合国粮农组织支持下设计的巴拉圭的第一个绿色气候基金项目以来，粮农组织的绿色气候基金投资规模持续扩大，为各国筹措了 7.60 亿美元以上的资金。2020 年，绿色气候基金董事会批准了七个粮农组织项目，金额超过 3.37 亿美元。在这些项目中，投资中心对亚美尼亚、古巴、危地马拉和苏丹的项目设计提供了帮助，总金额超过 2.15 亿美元，占 2020 年粮农组织获批投资规模的 64%。②

投资中心支持中美洲经济一体化银行为洪都拉斯、尼加拉瓜和巴拿马编制了绿色气候基金建议书。中心还支持农发基金编制了两份在 2020 年获得资金支持的建议书，分别位于巴西和萨赫勒地区。粮农组织的气候投资规模不断扩大，主要侧重于采用更具战略性和综合性的项目编制方法，力求惠及最脆弱国家，特别是非洲撒哈拉以南国家。

---

① 中国绿化基金会 . 中国绿色碳基金成立仪式在京举行［EB/OL］.（2007-07-20）［2021-11-25］. https://www.cgf.org.cn/cgforgcn/contents/xwdt/2007072086.html.

② 联合国粮食及农业组织 . 绿色气候基金（GCF）. http://www.fao.org/support-to-investment/partners/gcf/zh/.

第十章

绿色租赁

概　况

绿色租赁指租赁机构为支持环境改善、应对气候变化和资源节约高效利用等经济活动所提供的租赁产品及服务。2017 年，金融租赁行业成立了首个绿色租赁发展共同体，推动租赁公司在绿色租赁业务领域的合作与交流。

从行业来看，绿色租赁主要覆盖清洁能源、节能环保、绿色出行、绿色建筑、生态旅游、智能制造等领域，主要设备包括太阳能光伏板、风电机、绿色船舶、新能源汽车、轨道交通装备、港口装备设备等。兴业金融租赁 2020 年在绿色金融相关标准的基础上，结合实践经验，提出了《绿色租赁行业标准目录》，梳理了十大类绿色产业相关资产目录及解释。[①] 但目前行业内尚无统一且权威的业务与统计评价标准。

---

① 兴业金融租赁发布首个绿色租赁行业标准［EB/OL］.（2020-09-23）［2022-06-30］. https://mp.weixin.qq.com/s/ekGQj2mlUKr6ayXKA4Tk0g.

案　例

案例一：中信金融租赁有限公司

中信金融租赁有限公司（以下简称“中信金租”）于 2015 年 2 月经中国银行业监督管理委员会批准筹建，注册资本 40 亿元人民币，注册地天津市滨海新区，2015 年 4 月 8 日正式开业。中信金租通过直接租赁、售后回租、经营性租赁等方式大力支持清洁能源、节能环保、现代交通等绿色产业发展。

截至 2020 年末，中信租赁绿色租赁业务余额达 365 亿元，占租赁业务总余额的 70%，资产质量良好。从节能减排量来看，约可实现年节约标准煤 777.64 万吨，二氧化碳当量 1 942.91 万吨，为助力实现碳达峰、碳中和做出有益实践。以垃圾发电为例，通过融资租赁支持，实现了垃圾“变废为宝”。中信租赁先后向浙能集团旗下的杭州萧山、江苏连云港、安徽芜湖 3 个垃圾焚烧发电厂提供融资租赁服务，投放总额突破 10 亿元。这 3 个垃圾焚烧发电项目集科技、环保、生态为一体，生活垃圾处理能力合计达 5 450 吨 / 日，发电上网电量达 3.8 亿度 / 年。①

① 经济参考报 . 助力碳达峰、碳中和 绿色租赁前景几何？［EB/OL］.（2021-05-24）［2021-12-09］. http://www.xinhuanet.com/fortune/2021-05/24/c_1127482481.htm.
深圳市科陆电子科技股份有限公司 . 关于控股孙公司开展融资租赁业务的公告［EB/OL］.（2015-10-16）［2021-10-19］. http://file.finance.sina.com.cn/211.154.219.97：9494/MRGG/CNSESZ_STOCK/2015/2015-10/2015-10-19/2013686.PDF.

案例二：平安租赁

平安租赁旗下能源冶金事业部重点聚焦绿色金融市场，围绕清洁能源、节能环保业务，以“绿融通”等专项融资租赁产品为抓手，持续为水电、风电、太阳能发电、垃圾发电、分布式光伏等绿色金融方向匹配综合金融服务，不断引导社会资金向绿色发展领域配置，为绿色金融产业发展、实体产业的绿色转型提供有力支撑。

截至 2020 年底，平安租赁已累计为 300 多家绿色金融相关企业提供逾 163 亿元资金支持。自 2013 年 12 月至 2020 年 9 月，平安租赁为 200 余家分布式光伏企业投资分布式光伏电站提供资金支持，支持分布式电站建设项目超过 200 余个，建设规模超过 600MW，引导社会资金投向优质分布式光伏项目，并通过自身行业地位促进融资租赁行业分布式光伏业务正向发展。同时，还帮助 20 余家风电企业、30 余家地面光伏企业减轻由国家补贴政策延缓带来的现金流压力，支持规模相当于现有全国可再生能源补贴缺口的 1.15%，提振了清洁电力企业经营稳定性，帮助 30 余家能源环保企业能够积极投身垃圾发电、工业污水提标改造、渗滤液处理、工业氮氧化废气处理等行业，引导了社会资金的注入。

2021 年 5 月，平安租赁能源冶金事业部绿色金融业务部在西藏地区落地的首单绿色扶贫直租赁项目，通过直租赁产品，为某央企新能源公司提供 7 000 万元资金用于建设地面集中式光伏电站，项目装机容量2万千瓦，每年发电量可达2 500万度，发电收入2 300万元。①

案例三：华夏金租

2015年，面对国家绿色发展战略带来的绿色金融发展机遇，华夏金租确立了以清洁能源为核心，以光伏发电行业为突破口的绿色租赁发展战略。经过近5年的不断探索和努力，公司与产业链条内的组件厂商、EPC施工方以及电站投资运营方等行业龙头企业建立了稳定的合作关系，将新能源电站业务扩展至全国16个省份，拥有的光伏和风力电站近百家，累计投放总装机量达到3.5GW。业务范围进一步扩展到绿色能源、绿色出行、污染治理三大板块。截至2020年9月末，公司绿色租赁业务余额达到336.72亿元，占比30.63%。绿色租赁业务已经成为公司规模、效益持续稳定提升的助推剂。

华夏金融租赁成立了绿色租赁扶贫项目小组，在山东省无棣县西小王镇60兆瓦光伏电站试点。这个光伏项目于2018年4月建成投产，标志着每年可为1 601户贫困户实现扶贫增收480万元。每年可为当地带来清洁电力1.1亿度，可满足近6.16万户家庭一年用电，约相当于节约标准煤3.85万吨、减少10.97万吨二氧化碳排放或29 920吨

---

① 中国新闻网．平安租赁获“陆家嘴金融城绿色金融综合发展平台绿色项目”认证［EB/OL］．（2021-03-26）［2021-11-09］．https://www.chinanews.com/house/2021/03-26/9440806.shtml.

新华网．绿色金融助力西部乡村振兴——平安租赁首单西藏绿色扶贫直租赁项目落地［EB/OL］．（2021-05-14）［2022-01-02］．http://finance.ce.cn/bank12/scroll/202105/14/t20210514_36558755.shtml.

华伍股份．关于开展融资租赁事项的公告［EB/OL］．（2021-06-16）［2021-12-09］．https://q.stock.sohu.com/cn，gg，300095，7685406124.shtml.

烟尘排放。同时还相当于减少 3 300 吨二氧化硫排放或 1 650 吨氮氧化物排放。该项目获得亚洲开发银行的认可，纳入支持京津冀区域大气污染防治项目计划，并为该项目提供了 1 亿元的配套资金支持。①

2018 年，山西漳泽电力股份有限公司控股子公司塔山发电通过华夏金融租赁有限公司开展融资租赁业务，融资人民币 2 亿元，租赁期限 3 年（36 个月），年租赁利率在同期银行基准利率 4.75% 的基础上上浮 8%，即 5.13%，采取浮动利率，等额本金半年后付租金。在租赁期间租赁资产所有权归华夏金租所有。自租赁合同履行完毕之日起，以 1 元回购价格将租赁资产所有权归还塔山发电公司。②

① 当代金融家 | 黎清：绿色租赁支持普惠金融的探索与思考［EB/OL］.（2021-03-03）［2022-06-30］. https://mp.weixin.qq.com/s/Y0VMSUx4S7rdvegqaNf3Qg.

② 山西漳泽电力股份有限公司 . 关于控股子公司塔山发电通过华夏金融租赁有限公司开展融资租赁业务的公告［EB/OL］.（2018-11-28）［2021-12-04］. https://q.stock.sohu.com/newpdf/201833707748.pdf.

第十一章

碳金融

概　况

碳金融，或称低碳经济投融资活动，是指出售基于项目的温室气体减排量或者交易碳排放许可证所获得的一系列现金流的统称（如图 11.1 所示）。简单来说，就是服务于限制温室气体排放等技术和项目的直接投融资、碳权交易和银行贷款等金融活动。[①]

从我国碳金融的发展历程来看，碳市场上线之前，北京、湖北、深圳、广州试点等地的交易所都尝试开展了相关的碳排放权交易的金融衍生品服务，多集中在基金、债券、质押融资、回购融资等项目。除场内交易外，也有交易者选择在场外进行衍生品交易，全国碳排放权配额的首笔期权交易就是采用了场外交易的方式（广州守仁环境能源股份有限公司与壳牌能源有限公司）。[②]

---

① 世界银行 . 碳金融十年［M］. 北京：石油工业出版社，2011.

② 碳排放交易 . 中国碳排放权交易产品、模式、市场和碳金融衍生品——浅谈十个点［EB/OL］.（2019-01-03）［2021-11-23］. http://www.tanpaifang.com/tanguwen/2019/0103/62745_8.html.

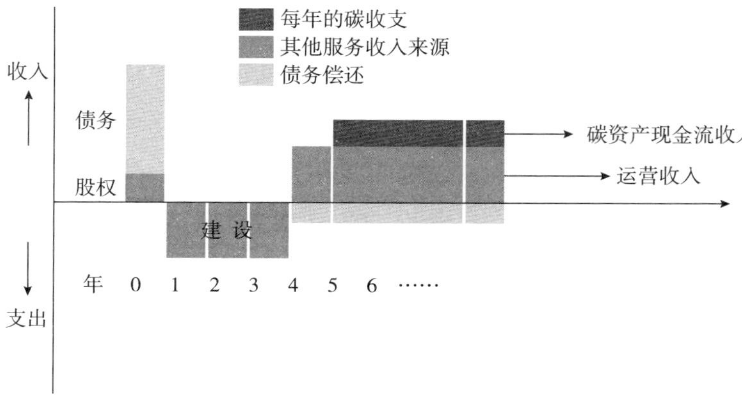

图 11.1 碳金融提供额外的现金流收入

激励政策

2014 年 5 月 9 日，国务院发布《国务院关于进一步促进资本市场健康发展的若干意见》(国发〔2014〕17 号)，提出发展商品期权、商品指数、碳排放权等交易工具，充分发挥期货市场价格发现和风险管理功能，增强期货市场服务实体经济的能力。①

2016 年 8 月 31 日，中国人民银行、财政部等七部委联合印发了《关于共建绿色金融体系的指导意见》(银发〔2016〕228 号，以下简称《指导意见》)，中国成为全球首个建立了比较完整的绿色金融政策

① 国务院 . 国务院关于进一步促进资本市场健康发展的若干意见 国发〔2014〕17 号［EB/OL］.(2014-05-09)［2021-11-04］. http://www.gov.cn/zhengce/content/2014-05/09/content_8798.htm.

体系的经济体。《指导意见》提出了有序发展碳远期、碳掉期、碳期权、碳租赁、碳债券、碳资产证券化和碳基金等碳金融产品和衍生工具，探索研究碳排放期货交易。发展基于碳排放权、排污权、节能量（用能权）等各类环境权益的融资工具，拓宽企业绿色融资渠道。①

2021 年 7 月 22 日，中国人民银行发布了《环境权益融资工具》（JR/T 0228–2021），明确了环境权益融资工具的分类、实施主体、融资标的、价值评估、风险控制等总体要求，以及环境权益回购、借贷、抵质押贷款等典型实施流程，为企业和金融机构规范开展环境权益融资活动提供了指引。②

碳金融产品

2022 年 4 月，证监会发布《碳金融产品》金融行业标准（JR/T 0244–2022），在碳金融产品分类的基础上，制定了具体的碳金融产品实施要求（见表 11.1）。③证监会《碳金融产品》标准将碳金融产品明确定义为：建立在碳排放权交易的基础上，服务于减少温室气体排放

① 中国证券投资基金业协会 . 中国人民银行等《关于构建绿色金融体系的指导意见》［EB/OL］.（2016–08–31）. https://www.amac.org.cn/businessservices_2025/ywfw_esg/esgzc/zczgsc/202007/t20200714_9845.html.

② 中国人民银行 . 金融标准全文公开［EB/OL］.（2021–07–22）［2021–12–25］. https://www.cfstc.org/bzgk/gk/view/bzxq.jsp?i_id=1926.

③【第 30 号公告】《证券期货业数据模型 第 4 部分：基金公司逻辑模型》等 4 项金融行业标准［EB/OL］.（2022–04–12）［2022–04–19］. http://www.csrc.gov.cn/csrc/c101954/c2334725/content.shtml.

或者增加碳汇能力的商业活动，以碳配额和碳信用等碳排放权益为媒介或标的的资金融通活动载体。本章后续内容也主要采用该行业标准中的定义。

表 11.1　碳金融产品分类

碳金融产品	产品归类
碳市场融资工具	碳债券
	碳资产抵质押融资
	碳资产回购
	碳资产托管
碳市场交易工具（碳金融衍生品）	碳远期
	碳期货
	碳期权
	碳掉期
	碳借贷
碳市场支持工具	碳指数
	碳保险
	碳基金

碳市场融资工具

碳市场融资工具（carbon financing instruments）指以碳资产为标的进行各类资金融通的碳金融产品，主要包括碳债券、碳资产抵质押融资、碳资产回购、碳资产托管等。

碳债券

碳债券（carbon bonds）是指发行人为筹集低碳项目资金向投资者发行并承诺按时还本付息，同时将低碳项目产生的碳信用收入与债券利率水平挂钩的有价证券。

案例：中广核风电成功发行国内首单“碳债券”[①]

2014 年 5 月 12 日，国内首单碳债券——中广核风电附加碳收益中期票据在银行间交易商市场成功发行。该笔碳债券的发行人为中广核风电，发行金额 10 亿元，发行期限为 5 年。主承销商为浦发银行和国开行，由中广核财务及深圳排交所担任财务顾问。债券利率采用“固定利率 + 浮动利率”的形式，其中浮动利率部分与发行人下属 5 家风电项目公司在债券存续期内实现的碳资产（中国核证自愿减排量，简称 CCER）收益正向关联，浮动利率的区间设定为 5bp 到 20bp。上述五个项目分别是装机均为 4.95 万千瓦的内蒙古商都项目、新疆吉木乃一期、甘肃民勤咸水井项目、内蒙乌力吉二期项目以及装机为 3.57 万千瓦的广东台山（汶村）风电场。根据评估机构的测算，CCER 市场均价区间在 8 元 ~20 元 / 吨时，上述项目每年的碳收益都将超过 50 万元的最低限，最高将超过 300 万元。

① 中广核风电成功发行国内首单“碳债券”[EB/OL].(2014-05-13)[2022-04-19]. http://www.sasac.gov.cn/n2588025/n2588124/c4005415/content.html.

碳资产抵质押融资

碳资产抵质押融资（carbon assets pledge）是指碳资产的持有者（即借方）将其拥有的碳资产作为质物 / 抵押物，向资金提供方（即贷方）进行抵质押以获得贷款，到期再通过还本付息解押的融资合约。碳资产（carbon asset）是由碳排放权交易机制产生的新型资产，主要包括碳配额和碳信用。碳排放权（carbon emission permit）是分配给重点排放单位的规定时期内的碳排放额度，包括碳排放权配额和国家核证自愿减排量。

1. 碳排放权抵（质）押贷款

碳排放权是指分配给碳交易纳入企业在使用期内的碳排放配额。碳排放权抵押贷款是指以碳排放权配额为抵押，在遵守国家有关金融法律、法规和信贷政策前提下，由银行业金融机构向符合条件的市场主体发放的、在约定期限内还本付息的贷款。这笔贷款鼓励优先用于企业节能、低碳、清洁生产和污染防治等技术提升和改造，也可用于实际生产经营，但不得用于国家禁止生产、经营的领域和用途以及通过各种形式违规流入股市、房地产等非实体经济领域。其额度按照市场化原则，根据碳排放权评估价值和抵押率综合确定。①

案例一：绍兴中成热电获批 6 000 万碳排放权抵押贷款额

2021 年 6 月 1 日，绍兴市出台《绍兴市碳排放权抵押贷款业务操作指引（试行）》，明确了贷款条件、用途和管理要求，切实把企业碳配额转化成了企业发展资金。这意味

① 柯桥区人民政府 . 碳排放权可抵押贷款［EB/OL］.（2021-06-28）［2022-01-09］. http://www.kq.gov.cn/art/2021/6/28/art_1488946_59080085.html.

着相关市场主体的“碳资产”可用来进行抵押贷款了。《指引》指出，碳排放抵押权贷款期限应在碳排放配额使用期限之内，碳排放抵押贷到期日不得超过碳排放配额使用期限的届满日。碳排放抵押贷款额度按照市场化原则，根据碳排放权评估价值和抵押率综合确定。碳排放抵押率应在碳排放权评估价值基础上按照一定比例设定，原则上不超过评估价值的 80%。贷款利率应参考中国人民银行公布的同期限同档次 LPR 利率并结合借款人信用情况合理确定。[①]

6 月 22 日，浙江省首批重点单位碳排放配额下达。绍兴涉及 14 家企业，预分配碳配额 1 666 万吨，估值约 6.7 亿元。配额下发后，中国人民银行绍兴市中心支行加强信贷政策引导，积极推动试点银行精准摸排企业需求。

绍兴中成热电有限公司是一家以原煤为主要原料，为 140 多家企业提供供热、供电服务的企业，供热能力达 500T/H，发电能力达 66MW，是绍兴市规模最大、设备最先进的热电企业之一。7 月 2 日，绍兴恒信农商银行根据企业低碳减排项目融资需求，参照全国碳交易市场价格为企业科学评估碳排放配额资产价值，为企业审批发放碳排放权抵押贷款 6 000 万元，利率为 4.35%，有力地支持了企业绿色循环发展。[②]

① 绍兴市生态环境局 . 绍兴市碳排放权抵押贷款业务操作指引（试行）[EB/OL] .（2021-08-20）[2022-01-09] . http://zjjcmspublic.oss-cn-hangzhou-zwynet-d01-a.internet.cloud.zj.gov.cn/jcms_files/jcms1/web3001/site/attach/0/a00779acb8764435be4a29444fc40b08.pdf.

② 徐绍峰 . 浙江省首笔碳排放权抵押贷款落地绍兴 [N] . 金融时报，2021-07-08.

案例二：山东玻纤集团获批 2 000 万碳排放权质押贷款

2021 年 8 月 13 日，沂水农商银行成功向山东玻纤集团发放碳排放权质押贷款 2 000 万元，质押碳排放权配额 70 余万吨，成为临沂市首笔发放的碳排放权质押贷款，实现临沂市金融法人机构碳排放权融资零突破。

山东玻纤集团股份有限公司系集玻璃纤维及其制品、发电、供热、贵金属加工、销售等产品于一体的综合性企业，目前在册职员工 3 000 人，总占地面积 80 万平方米，是沂水县第一家上市企业。因流动资金周转使用，通过其子公司沂水县热电有限责任公司名下碳排放权提供质押担保申请办理了碳排放权质押贷款。①

2. 碳排放配额质押融资

碳排放配额，是指政府分配给控排企业指定时期内的碳排放额度，1 单位配额相当于 1 吨二氧化碳当量。国家发改委制定国家配额分配方案，省发改委制定行政区域内分配指标，报国家发改委确定后实施。

碳排放配额质押贷款是金融机构以生态环境部门核定的碳排放权配额为质押，向符合条件的主体发放的贷款。

为帮助企业依托碳资产拓宽融资渠道，北京环境交易所与中国建设银行联合推出了碳配额质押融资等系列碳金融产品。碳配额质押融

① 人民资讯．山东临沂首笔碳排放权质押贷款落地沂水农商银行［EB/OL］.（2021-08-16）［2021-12-05］. https://baijiahao.baidu.com/s?id=1708237101176383449&wfr=spider&for=pc.

资是指借款人在正常经营过程中，可以以其合法持有、经中国建设银行和北京市碳排放交易主管部门认可的碳配额作为质押，并向中国建设银行申请的信贷业务。该碳配额质押融资产品的贷款期限根据贷款的品种及用途，参照一般公司类贷款期限规则设定，优先采用中国建设银行认可的抵质押担保措施，并提供碳配额质押作为有效补充，碳配额质押率依据北京环境交易所提供的碳配额交易价格报告确定。用以质押的碳配额还需要满足以下三个条件：碳配额由主管部门通过注册登记系统发放；碳配额可在北京环境交易所进行交易，具有一定流动性，可变现；碳配额不存在权利瑕疵，未设定抵押、质押或转让第三人。①

案例一：绿色交易所助力北京银行完成首单碳配额抵质押贷款

2021 年 9 月 16 日，北京绿色交易所与北京银行、北京盛通印刷股份有限公司正式宣布达成碳配额抵质押贷款合作协议。这笔 1 000 万元的碳配额抵质押贷款，是《环境权益融资工具》标准发布后，北京市达成的首单环境权益融资案例。本次碳配额抵质押贷款成功落地的过程中，北京银行为企业开辟了绿色通道，在 7 个工作日内完成了业务审批。绿色交易所为银企双方提供了企业碳配额资产冻结服务，并为碳配额资产提供市场化定价参考和交易处置平台。②

① 北京环境交易所 . 碳配额质押融资［EB/OL］.［2021-11-07］. https://www.cbeex.com.cn/article/ywzx/tjyzx/tjrfw/tpezyrz/.

② 北京绿色交易所 . 绿色交易所助力北京银行完成首单碳配额抵质押贷款［EB/OL］.（2021-09-17）［2022-01-02］. https://www.cbeex.com.cn/article/xxfw/zx/bsdt/202109/20210900062826.shtml.

案例二：浙江金华兰溪协鑫环保热电质押61万吨碳排放配额获批1 000万元贷款

兰溪协鑫环保热电有限公司是全国首批取得碳排放配额纳入交易的企业，是一家以供热为主、供电为辅的热电企业，也是兰溪经济开发区主要热力来源。兰溪协鑫环保热电有限公司积极探索碳达峰碳中和实施方案，实施蓄热调峰项目实现夜间富余热能收储，日减少蒸汽用量17.89吨，增加发电量约1 920千瓦时，达到减少能源消耗和碳排放目标，实现生态环境效益和经济效益双赢。因对兰溪女埠开发区供热增加，企业的流动资金需求出现短缺。

金华银行兰溪支行会同兰溪市金融办、中国人民银行兰溪市支行、兰溪市银监局、金华市生态环境局兰溪分局根据《金华银行碳权贷业务管理试行办法》完成企业碳排放权价值评估，针对企业61万吨碳排放配额，协助金融部门制定以碳排放配额为质押进行融资支持的服务方案，参考全国碳排放权交易市场价格确定授信额度，在中国人民银行征信中心动产融资统一登记公示系统进行质押登记和公示，最终成功发放碳排放质押贷款1 000万元，解决企业的资金需求。①

案例三：浙江春晖环保能源股份有限公司获批碳排放配额贷款1 000万元

7月30日，农行浙江省分行向浙江春晖环保能源股份

① 周兆木，黄桂凤等．浙江金华首笔碳排放配额质押贷款发放 61万吨碳排放配额贷出千万元［N］. 中国环境报，2021-08-13.

有限公司发放了碳市场碳排放配额（CEA）抵押贷款 1 000 万元，成为全国国有大型商业银行首笔碳排放配额抵押贷款。

浙江春晖环保能源股份有限公司近年来一直致力于绿色发展，是国内为数不多的集生活垃圾、污泥、生物质焚烧发电和集中供热于一体的新型环保能源企业。①

3. 专项贷款

根据世界卫生组织（WHO）的定义，VOCs（Volatile Organic Compounds）是在常温下，沸点 50℃至 260℃的各种有机化合物。在我国，VOCs 是指常温下饱和蒸汽压大于 70Pa、常压下沸点在 260℃以下的有机化合物，或在 20℃条件下，蒸汽压大于或者等于 10Pa 且具有挥发性的全部有机化合物。VOCs 参与大气环境中臭氧和二次气溶胶的形成，其对区域性大气臭氧污染、PM2.5 污染具有重要的影响。VOCs 是导致城市灰霾和光化学烟雾的重要前体物，主要来源于煤化工、石油化工、燃料涂料制造、溶剂制造与使用等过程。②

① 人民资讯．农行浙江省分行发放首单碳排放配额抵押贷款［EB/OL］.（2021-08-05）［2021-12-20］. https://baijiahao.baidu.com/s?id=1707232562145643212&wfr=spider&for=pc.

② 人民资讯．农行浙江省分行发放首单碳排放配额抵押贷款［EB/OL］.（2021-08-05）［2021-12-20］. https://baike.baidu.com/item/%25E6%258C%25A5%25E5%258F%2591%25E6%2580%25A7%25E6%259C%2589%25E6%259C%25BA%25E7%2589%25A9/10832612?fromtitle=VOCs&fromid=11001866.

案例：湖州市 VOCs 减排专项贷款

2020 年 7 月，中国银行湖州市分行联合湖州市环保局大气处共同开发“VOCs（挥发性有机物）减排贷”服务方案，专门为涉 VOCs 排放重点行业和企业引进先进工艺、研发绿色技术、升级绿色设备等提供授信支持。

为进一步强化创新方案的运用效果，中国银行湖州市分行作为全市首家金融机构，与湖州市生态环境局签署了《VOCs 减排企业专项金融服务框架协议》，共同开展支持 VOCs 减排企业专项行动。该方案得到了市金融办及市银保监等部门的高度认可，成功入围“2020 年度湖州市绿色金融创新案例名单”。

截至 2021 年 3 月末，VOCs 减排专项贷方案内已支持普惠小微客户 24 家，贷款余额 1.46 亿元。①

碳回购

碳资产回购（carbon assets repurchase）是指碳资产的持有者（即借方）向资金提供机构（即贷方）出售碳资产，并约定在一定期限后按照约定价格购回所售碳资产以获得短期资金融通的合约。

案例一：华通热力碳排放配额回购融资 1 330 万元

2014 年 12 月 30 日，中信证券股份有限公司与北京华远意通热力科技股份有限公司（简称“华通热力”）正式

① 新华社 . 中国银行浙江省分行：唱响“绿色”“普惠”金融协奏曲［EB/OL］.（2021-05-14）［2021-11-28］. http://app.xinhua08.com/print.php?contentid=1986700.

签署了国内首笔碳排放配额回购融资协议，融资总规模为1 330万元。此项回购融资协议的签署，实现了碳市场与金融市场的有机结合，标志着北京碳市场在碳金融产品创新方面又迈出了实质性的一步，是北京市碳排放权交易试点建设进程中的一个重要里程碑。开展碳排放配额回购融资，不仅拓展了重点排放单位的融资渠道，盘活了碳资产，降低了融资成本，减轻了实体企业运营负担，提升了节能减碳的积极性和主动性，而且也充分体现了碳排放配额的商品化和资产化属性，提升了社会对碳排放配额资产价值的认可，让金融创新更好地服务于节能减碳和实体经济发展。①

案例二：妈湾电力跨境回购交易400万吨配额

2016年3月19日，深圳能源集团妈湾电力有限公司（简称“妈湾电力”）与英国BP公司在深圳排放权交易所的牵线下，签订一份以400万吨碳排放配额为交易标的的碳资产回购协议。这是国内首单跨境碳资产回购交易业务。

在此次跨国合作过程中，作为碳资产回购业务甲方的妈湾电力有限公司，是深圳碳市场中配额量最大的管控单位。作为境外投资者的BP公司，以境外资金参与深圳碳市场交易，以约定价格购买妈湾电力公司管控的400万吨配额，妈湾公司将这笔境外资金用于企业的低碳发展。之后妈湾公司再按照约定的价格，从BP公司手中回购400万吨配额，从

① 北京环境交易所．碳配额回购融资．[EB/OL].（2021-12-01）[2021-12-03]. https://www.cbeex.com.cn/article/ywzx/tjyzx/tjrfw/tpehgrz/.

而完成跨境碳资产回购交易。①

碳资产托管

碳资产托管（carbon assets custody）是指碳资产管理机构（托管人）与碳资产持有主体（委托人）约定相应碳资产委托管理、收益分成等权利义务的合约。

案例一：湖北新发化工托管碳排放权 100 万吨

2014 年 12 月 9 日，湖北发布全国首单托管业务信息，该业务由湖北碳排放权交易中心促成，湖北兴发化工集团股份有限公司参与该项业务，共计托管 100 万吨碳排放权。其托管机构为两家，分别是武汉钢实中新碳资源管理有限公司和武汉中新绿碳投资管理有限公司。②

案例二：广州微碳托管碳配额 350 万吨

2016 年上半年，广州微碳投资有限公司与深圳能源集团股份有限公司下属的两家电力公司深圳市广深沙角 B 电力有限公司、深能合和电力（河源）有限公司达成协议，在广州碳排放权交易所办理了碳配额托管业务，这是广东第一

① 王海荣 . 深圳首创跨境碳资产回购融资［N］. 深圳商报，2017-01-05.

② 湖北碳排放权交易中心 . 碳资产托管［EB/OL］.［2022-01-09］. http://www.hbets.cn/list/30.html.

单碳配额托管项目，托管碳配额达 350 万吨。①

碳市场交易工具

碳市场交易工具（carbon trading instruments），即碳金融衍生品（carbon financial derivatives），指在碳排放权交易基础上，以碳配额和碳信用为标的的金融合约，主要包括碳远期、碳期货、碳期权、碳掉期、碳借贷等。

碳远期

碳远期（carbon forward）指交易双方约定未来某一时刻以确定的价格买入或者卖出相应的以碳配额或碳信用为标的的远期合约。

案例一：湖北碳排放权现货远期交易

2016 年 4 月 27 日，在“绿色发展与全国碳市场建设”会议上，“湖北碳排放权现货远期交易”产品上线交易，为全国首个碳排放权现货远期交易产品。产品上线当天，成交量达 680.22 万吨，成交金额 1.5 亿元人民币。②

---

① 联合国开发计划署 . 环维易为中国碳市场研究报告 2017 发布［EB/OL］.（2017-02-17）［2021-11-26］. https://www.cn.undp.org/content/china/zh/home/presscenter/articles/2017/02/17/the-launch-of-the-environomist-2017-carbon-market-research-report.html

② 荆楚网 . 湖北推出中国首个碳排放权现货远期交易产品［EB/OL］.（2016-04-27）［2021-11-20］. https://m.sohu.com/a/72054245_119861.

案例二：广碳所成功落地国内第一单碳排放配额远期交易业务

2016 年 3 月 28 日，广州碳排放权交易所（以下简称“广碳所”）为广州微碳投资有限公司（以下简称“广州微碳”）办理了碳配额远期交易合同的备案手续，标志着国内第一单碳排放配额远期交易业务的成功备案。碳排放配额远期交易业务能为交易双方规避未来碳配额价格浮动造成的风险，并能与碳资产组合成固定收益的产品，为企业进一步的衍生化（如资产证券化等）提供基础资产。

广州微碳在广碳所推出的《广州碳排放权交易中心远期交易业务指引》（以下简称《指引》）指导下，分别与两家水泥企业在 3 月初签订了碳配额远期交易合同，共计交易配额 7 万余吨，于 4 月下旬在广碳所进行交割。广碳所根据远期交易合同约定的交割日期提示交易双方完成交易，并按《指引》和相关法律法规配合主管部门对碳配额远期交易的相关活动进行监督，为企业碳金融业务的开展提供支持。①

碳期货

碳期货（carbon futures）是指期货交易场所统一制定的、规定在将来某一特定的时间和地点交割一定数量的碳配额或碳信用的标准化合约。

---

① 广碳所 . 广碳所成功落地国内第一单碳排放配额远期交易业务［EB/OL］.（2016-04-01）［2021-11-07］. http://www.tanpaifang.com/tanqihuo/2016/0401/51822.html.

碳期权

碳期权（carbon options）是指期货交易场所统一制定的、规定买方有权在将来某一时间以特定价格买入或者卖出碳配额或碳信用（包括碳期货合约）的标准化合约。

> 案例一：招银国金签署国内首笔碳配额场外期权合约
>
> 2016 年 6 月 16 日，深圳招银国金投资有限公司、北京环境交易所、北京某碳资产管理公司在第七届地坛论坛上，签署了国内首笔碳配额场外期权合约，交易量为 2 万吨。交易双方以书面合同形式开展期权交易，并委托北京环境交易所负责监管权利金与合约执行工作。①

> 案例二：全国碳市场碳排放权配额场外期权交易在广州达成
>
> 2017 年 7 月 19 日，全国碳排放配额首笔期权交易在广东达成。作为深圳排放权交易所战略会员的广州守仁环境能源股份有限公司与壳牌能源（中国）有限公司通过场外交易的方式，达成全国碳市场碳排放权配额场外期权交易协议。②

① 低碳领导力 . 中国碳市场的那些碳金融产品——碳期权［EB/OL］.（2016-07-25）［2022-01-03］. http://www.tanpaifang.com/tanqiquan/2016/0725/54944.html.

② 江德斌 .“碳配额期权首次交易”是碳市场创新探索的成果［N］. 南方网，2017-07-19.

碳掉期

碳掉期（carbon swaps），即碳互换（carbon swaps），指交易双方以碳资产为标的，在未来的一定时期内交换现金流或现金流与碳资产的合约，包括期限互换和品种互换。期限互换（term swaps）指交易双方以碳资产为标的，通过固定价格确定交易，并约定未来某个时间以当时的市场价格完成与固定价格交易对应的反向交易，最终对两次交易的差价进行结算的交易合约。品种互换（varieties swaps），即碳置换（carbon swaps），指交易双方约定在未来确定的期限内，相互交换定量碳配额和碳信用及其差价的交易合约。

案例：北京环交所落地国内首笔碳排放权场外掉期合约

2015 年 6 月 15 日，北京京能源创碳资产管理有限公司、中信证券股份有限公司、北京环境交易所在"第六届地坛论坛"上正式签署了国内首笔碳排放权场外掉期合约，交易量为 1 万吨。①

掉期合约的交易双方是北京京能源创碳资产管理有限公司、中信证券股份有限公司，二者以非标准化书面合同形式开展掉期交易，并委托北京环境交易所负责保证金监管与交易清算工作。②

---

① 倪元锦. 首笔碳排放权场外掉期合约签署交易量为 1 万吨［EB/OL］.（2015-06-16）［2022-01-01］https://china.huanqiu.com/article/9CaKrnJM6ex.

② 北京环境交易所 . 碳排放权场外掉期交易［EB/OL］.［2021-11-09］. https://www.cbeex.com.cn/article/ywzx/tjyzx/tjrfw/tpfqcwdqjy/.

碳市场支持工具

碳市场支持工具（carbon supporting instruments）指为碳资产的开发管理和市场交易等活动提供量化服务、风险管理及产品开发的金融产品，主要包括碳指数、碳保险、碳基金等。

碳指数

碳指数（carbon index）是为反映整体碳市场或某类碳资产的价格变动及走势而编制的统计数据。碳指数既是碳市场重要的观察指标，也是开发指数型碳排放权交易产品的基础，基于碳指数开发的碳基金产品列入碳指数范畴。

碳保险

碳保险（carbon insurance）是为降低碳资产开发或交易过程中的违约风险而开发的保险产品。目前主要包括碳交付保险、碳信用价格保险、碳资产融资担保等。

碳基金

碳基金（carbon fund）是依法投资碳资产的各类资产管理产品。

案例：武汉市政府牵头组建百亿级碳达峰基金

2021年7月16日，全国碳市场正式启动上线交易。在碳交易活动湖北分会场，武汉市人民政府、武昌区人民政府与各大参会金融机构、产业资本共同宣布，共同成立了总规模为 100 亿元的武汉碳达峰基金。这是目前国内首只市政府牵头组建的百亿级碳达峰基金。

据介绍，武汉碳达峰基金立足武汉，面向全国，优选“碳达峰碳中和”行动范畴内的优质企业、细分行业龙头开展投资。基金重点关注绿色低碳先进技术产业化项目，以成熟期投资为主。通过资本赋能加快绿色低碳转型提速，助力湖北省武汉市打造绿色低碳产业集群，实现中部绿色崛起。[①]

① 武汉市委网信办．两只“碳基金”诞生，武汉刮起“低碳旋风”[EB/OL].(2021-07-17)[2021-11-23]. https://baijiahao.baidu.com/s?id=1705534522312609960&wfr=spider&for=pc&searchword=%25E7%25A2%25B3%25E5%259F%25BA%25E9%2587%2591%25E7%259A%2584%25E6%25A1%2588%25E4%25BE%258B.

第十二章

可持续金融相关产品

转型债券

概况

近年来国际市场上已经出现了一些使用“转型”标签的债券，但是对于“转型”这一概念仍未有一个明确的、统一的标准。但毋庸置疑的是，转型债券是支持发行人实施其气候转型战略的融资方案，侧重于发行人对气候变化做出相关承诺和实践的可信度。

转型债券主要用于支持传统行业向低碳直至零碳转型，旨在为碳密集型行业中具有显著环境效益的项目带来稳定的资金。

国际资本市场协会（ICMA）发布的《气候转型金融手册》提出气候转型金融是指针对市场实体、经济活动和资产项目向低碳和零碳排放转型的金融支持，尤其是针对传统的碳密集和高环境影响项目、经济活动或市场主体。国际上气候转型债券被视为支持碳中和的重要绿色金融工具。目前国际市场上，一些符合“转型”概念的气候转型债券也与广义的可持续发展目标有关，例如意大利能源公用事业公司

Enel 于 2019 年发行的一种与可持续发展目标挂钩的公司债券。意大利天然气分销公司 SNAM 于 2019 年初发行的气候行动债券和一年后英国天然气分销公司 Cadent Gas Limited 向市场推出的“转型债券”。还有欧洲复兴开发银行（EBRD）于 2019 年发行的用于支持对“难减排”行业的能源效率进行投资的绿色转型债券等。这些债券都旨在帮助企业的高碳排放活动脱碳，并向净零排放转型。

国内目前相关实践较少，中国银行于 2021 年初制定并发布了《中国银行股份有限公司转型债券管理声明》。转型债券发行遵循 ICMA《气候转型金融手册》（2020），遵循 ICMA 相关原则的四大支柱，参考《欧盟可持续金融分类方案》中有关气候转型的行业经济活动分类、“避免碳锁定”原则及“无重大损害”原则。转型债券募集资金将用于支持已经投放或未来即将投放的合格项目。

2021 年 1 月 7 日，中国银行成功完成境外 50 亿人民币等值转型债券定价，此次债券发行交易包括 5 亿 3 年期美元和 18 亿 2 年期人民币两个品种，募集资金用于支持天然气热电联产项目、天然气发电及水泥厂余热回收项目，发行价格和订单规模双双刷新纪录。其中，美元发行利率 0.93%，发行息差 72 基点，人民币发行利率 2.80%，均为中资商业银行相应债券历史最低水平。此次发行的人民币品种最终订单实现超 5 倍认购，是近两年来中资金融机构人民币发行最高认购倍数。同时，发行得到境内外高质量和可持续发展类投资人大力支持，主权及超主权类机构在美元品种的投资占比达 31%。此次债券是中国银行公布《转型债券管理声明》后，在该框架下的首次发行交易，亦是全球首笔金融机构公募转型债券交易。[①]

案例

案例一：欧洲复兴开发银行（EBRD）首期 7 亿美元的 5 年期气候韧性债券[②]

发行人：欧洲复兴开发银行（EBRD）（见表 12.1）

评级：Aaa（穆迪）/AAA（标准普尔）/AAA（惠誉）

发行金额：7 亿美元

定价日期：2019 年 9 月 20 日

交割日期：2019 年 9 月 27 日

票面利率：1.625%（固定）SA 30/360

到期日：2024 年 9 月 27 日

赎回价格：99.466%

赎回收益率：1.737%

贴现与中间套利的比较：+15 个基点

再贴现与基准的比较：CT5 2024 年 8 月 1.250%+9.15 个基点

牵头经理：法国巴黎银行、高盛国际和 SEB

---

① 中国银行 . 中行成功发行全球首笔金融机构公募转型债券［EB/OL］.（2021-01-08）［2022-01-02］. https://www.bankofchina.com/aboutboc/bi1/202101/t20210108_18886517.html?keywords=%25E8%25BD%25AC%25E5%259E%258B%25E5%2580%25BA%25E5%2588%25B8.

② European Bank. EBRD's Green Bond Issuance［EB/OL］.［2021-11-22］. https://www.ebrd.com/work-with-us/sri/green-bond-issuance.html.

表 12.1 发行人概况

公司名称	欧洲复兴开发银行 European Bank for Reconstruction & Development（EBRD）
经济性质	国际性金融机构
注册资本	约 120 亿美元
公司简介	主要任务是帮助欧洲战后重建和复兴。该行的作用是帮助和支持东欧、中欧国家向市场经济转化，总部设在伦敦
公司状况	成立于1991年4月，旨在“促进向开放过渡”。业务涵盖农业综合企业、基础设施、运输和许多其他部门。金融投资项目是业务核心内容，同时提供商业咨询服务，促进贸易融资和贷款银团

欧洲复兴开发银行新发行的 5 年期债券，基于气候债券倡议组织于 2019 年 9 月 17 日公布的最新气候韧性原则。债券的收益被指定用于支持特定的气候适应性投资组合，通常属于以下三个类别中的一个：

- 具有气候韧性的基础设施（水、能源、交通、城市通信）；
- 具有气候韧性的企业和商业运作；
- 具有气候韧性的农业和生态系统。

这些债券的发行也符合绿色债券的四项核心原则以及欧洲复兴开发银行的原则以及环境和社会政策。

案例二：意大利天然气分销公司 SNAM 于 2019 年初发行气候行动债券[①]

发行人：SNAMS.p.A.（见表 12.2）

① Snam. Investor Relations［EB/OL］.［2021-12-09］. http://www.snam.it/en/Investor_Relations/debt_credit_rating/climate_action_bond.html.

评级：Baa2（穆迪）/BBB+（标准普尔）/BBB+（惠誉）

发行金额：5 亿欧元

定价日期：2019 年 2 月 21 日

交割日期：2025 年 8 月 28 日

年息率：1.25%

赎回价格：99.489（相当于与参考中间互换利率的 103 个基点的价差）

上市地点：卢森堡证券交易所

配售账簿管理：Banca IMI、巴克莱银行、法国巴黎银行、BofA Merrill Lynch、瑞士信贷、高盛、ING、Mediobanca 和 MUFG

结构化代理：美银美林

表 12.2　发行人概况

公司名称	SNAMS.p.A.
经济性质	上市公司（2001 年于意大利证券交易所的 FTSEMIB 指数）
注册资本	300 万里拉
公司简介	Snam 是世界领先的能源基础设施运营商，按市值计算是意大利最大的上市公司之一，负责管道的建设和运营以及天然气的分配和销售
公司状况	目前，业务范围遍布全球，当前运输网络（包括联营公司）超过 41 000 公里；总收入（ 不包括转账）达 26 亿欧元；调整后的净利润为 14 亿欧元；调整后的 EBIT 为 11 亿欧元

此次发行是欧洲第一笔气候行动债券，气候行动债券的收益将用于资助 Snam 公司在生物甲烷和能源效率方面的绿色投资，以及那些旨在改善 Snam 公司对环境影响的投资，因为其目标是在 2025 年前将甲烷排放量减少 25%。

案例三：2021 年中国建设银行发行 ESG 主题债券①

发行人：中国建设银行（见表 12.3）

评级：A（MSCI）/A1（穆迪）/ 新加坡分行：A 级 ESG（MSCI）

发行金额：20 亿元人民币

定价日期：2021 年 4 月 22 日

交割日期：2023 年 4 月 22 日

票面利率：2.85%（较指引价格低 30 个基点）

上市地点：同步在新加坡和中国香港交易所

此次债券募集资金将用于电力、天然气、制造、钢铁等行业中符合转型标准的项目。备选池中包括通过改建、升级天然气发电站以及钢铁厂废热发电回收系统以减少碳排放量。

表 12.3　发行人概况

公司名称	中国建设银行（China Construction Bank）
经济性质	大型国有银行
注册资本	1 942.302 5 亿元（2004 年股份制改革）
公司简介	中国建设银行主要经营领域包括公司银行业务、个人银行业务和资金业务，在 29 个国家和地区设有分支机构及子公司，拥有基金、租赁、信托、人寿、财险、投行、期货、养老金等多个行业的子公司
公司状况	中国建设银行拥有广泛的客户基础，与多个大型企业集团及中国经济战略性行业的主导企业保持银行业务联系，营销网络覆盖全国的主要地区。2016 年 6 月 30 日，英国《银行家》杂志发布《全球 1 000 家大银行排行榜》，中国建设银行排名第 2 位。2017 年 2 月，Brand Finance 发布 2017 年度全球 500 强品牌榜单，中国建设银行排名第 14 位。2018 年《财富》世界 500 强排名第 31

① 戴安琪．中国建设银行发行 ESG 主题债券［N］. 中国证券报，2021-04-16．http://www.cs.com.cn/yh/04/202104/t20210416_6158420.html.

可持续发展挂钩信贷

中粮集团 ①

2019 年 5 月中粮集团旗下海外平台中粮国际宣布与 21 家银行组成的财团签署协议，获得 23 亿美元的可持续发展贷款，这是全球大宗商品交易商所获得的最大额度的可持续发展贷款。

该融资工具包括三种：1 年期循环信贷额度、3 年期循环信贷额度和 3 年定期贷款额度。其利率与可持续发展绩效挂钩和一些企业发展目标相关联，包括：

- 中粮集团的 ESG 评级情况将逐年提高（由特定的 ESG 评级机构 Sustainalytics 提供）。
- 提高农产品的可追溯性，重点关注从巴西采购的大豆，由独立检查员每年开展评估。大豆的可追溯性直接关乎巴西树木的砍伐。

据了解，如达到既定目标，中粮集团将获得一定比例的利息减

① 中粮集团．中粮集团将可持续发展业绩指标纳入核心融资工具［EB/OL］.（2019-07-18）［2021-10-12］.http://www.cofco.com/cn/News/Allnews/Press/2019/0718/47898.html.

免，所得的收益将投资于进一步提高其在可持续发展重点领域的绩效，包括可持续供应链、职业健康和安全、环境、社区、恪守质量与治理标准五大方面。

加拿大 Gibson Energy Inc. 公司①

Gibson Energy Inc.2021 年 4 月 28 日宣布，获得 7.5 亿加元的可持续信贷融资，详见表 12.4：

表 12.4　Gibson Energy Inc. 可持续信贷融资信息

	获得时间	规模	期限	共同参与机构
	2021 年 4 月 28 日	7.5 亿加元	5 年循环	BMO Capital Markets （蒙特利尔银行资本市场）
目标	1. 到 2025 年，将范围 1 和范围 2 的排放强度降低 15%			
	2. 到 2025 年，将女性劳动力占比提升至 40%~42%，并将少数族裔劳动力比重提升至 21%~23%			
	3. 到 2025 年，女性在集团董事会占比至少达到 40%			
	4. 至少有一名董事会成员为少数族裔			

如以上 ESG 目标未实现，将增加借贷成本。

① Gibson Energy. Gibson Energy Enhances its Sustainability Leadership Through the Closing of its Sustainability–Linked Credit Facility［EB/OL］.（2021–04–19）［2021–10–09］. https://www.gibsonenergy.com/news/press–releases/122589/.

Summerset 集团[1]

Summerset 集团于 2021 年 8 月 27 日完成了约 12 亿美元的贷款融资，其中包括 7 亿美元的可持续发展挂钩贷款，详见表 12.5：

表 12.5　Summerset 集团可持续发展挂钩贷款信息

	获得时间	规模	生效	共同参与机构
	2021 年 8 月 27 日	7 亿美元	2021 年 10 月 1 日生效	Russell McVeagh 律所
目标	1. 从垃圾填埋场转移建筑垃圾			
	2. 推出失忆照顾客房和老年痴呆认证服务			
	3. 其他减排举措			

可持续发展挂钩债券

意大利国家电力公司 ENEL[2]

意大利国家电力公司 ENEL 于 2019 年 10 月面向机构投资者发行了一组多档可持续发展挂钩债券，总计 25 亿欧元，每档债券的目标设定都与可持续发展目标（SDGs）挂钩，详见下表：

---

① Lawfuel. Russell McVeagh In Largest Sustainability Linked Loan in 2021［EB/OL］.（2021-08-26）［2021-09-20］. https://www.lawfuel.com/blog/russell-mcveagh-in-largest-sustainability-linked-loan-in-2021/.

② 碳道 .【与可持续发展挂钩债券】雄心勃勃的债券新工具［EB/OL］.（2020-07-24）［2021-09-12］. https://www.ideacarbon.org/news_free/52361/.

表 12.6　ENEL 可持续发展挂钩债券信息

<table>
<tr><th>项目</th><th>信息</th><th>第一档</th><th>第二档</th><th>第三档</th></tr>
<tr><td rowspan="5">基本信息</td><td>面额</td><td>10 亿欧元</td><td>10 亿欧元</td><td>5 亿欧元</td></tr>
<tr><td>发行价格</td><td>99.123%</td><td>99.257%</td><td>98.922%</td></tr>
<tr><td>到期日</td><td>2024 年 6 月 17 日</td><td>2027 年 6 月 17 日</td><td>2034 年 10 月 17 日</td></tr>
<tr><td>基础利率</td><td>0.00%</td><td>0.375%</td><td>1.125%</td></tr>
<tr><td>所关联的 SDGs</td><td>SDG7：“经济实惠和清洁能源”</td><td>SDG7：“经济实惠和清洁能源”</td><td>SDG13：“气候行动”</td></tr>
<tr><td rowspan="5">5 个核心组成部分</td><td>1. 选择关键业绩指标（KPIs）</td><td>提升可再生能源发电装机容量占总装机容量的比例</td><td>提升可再生能源发电装机容量占总装机容量的比例</td><td>减少直接温室气体排放</td></tr>
<tr><td>2. 校准可持续性绩效目标（SPTs）</td><td>截至 2021 年 12 月 31 日，可再生能源发电装机容量占总装机容量的比例应不小于 55%</td><td>截至 2021 年 12 月 31 日，可再生能源发电装机容量占总装机容量的比例应不小于 55%</td><td>截至 2030 年 12 月 31 日，每千瓦时能源产出所对应的温室气体排放应等于或低于 125g 二氧化碳当量</td></tr>
<tr><td>3. 债券特征</td><td>如果 ENEL 未能达成其设定的可持续性绩效目标（SPT），债券利息率将会在 2022 年上升 0.25%</td><td>如果 ENEL 未能达成其设定的可持续性绩效目标（SPT），债券利息率将会在 2022 年上升 0.25%</td><td>如果 ENEL 未能达成其设定的可持续性绩效目标（SPT），债券利息率将会在 2031 年上升 0.25%</td></tr>
<tr><td>4. 信息报告与披露</td><td>ENEL 需发布可持续性发展报告，内容包括相关年度的可再生能源发电装机容量占总装机容量的比例</td><td>ENEL 需发布可持续性发展报告，内容包括相关年度的可再生能源发电装机容量占总装机容量的比例</td><td>ENEL 需发布可持续发展报告，内容包括相关年度的直接温室气体排放量</td></tr>
<tr><td>5. 认证</td><td colspan="3">ENEL 在发布可持续发展报告的同时，还应发布一份来自外部检验员的认证报告，需在年度报告发布后的 30 天之内发布，如没有进行认证，将会触发债券利息率的上升</td></tr>
</table>

H&M 集团①

H&M 集团于 2021 年 2 月 18 日宣布发行 5 亿欧元的可持续发展债券，详见表 12.7：

表 12.7　H&M 集团可持续发展债券信息

	发行时间	规模	期限	年利率
	2021 年 2 月 18 日	5 亿欧元	8.5 年	0.25%
到 2025 年预计实现的可持续发展目标	1. 将回收材料的使用比例提升到 30% 2. 将集团自身运营的碳排放量减少 20% 3. 将面料生产、服装制造、原材料和上游运输中碳排放量减少 10%			

CHANEL 集团②

CHANEL 集团于 2020 年 9 月发行 6 亿欧元债券，用于可持续发展和环保目标，详见表 12.8：

表 12.8　CHANEL 集团欧元债券信息

项目	发行时间	规模	期限	年利率	KPI
第一批	2020 年 9 月	3 亿欧元	2026 年 7 月	0.5%	如未能实现既定目标，将在到期日支付 50 个基点的现金溢价
第二批	2025 年 9 月	3 亿欧元	2031 年 7 月	1%	如未能实现既定目标，将在到期日支付 75 个基点的现金溢价
整体目标	所筹集资金将通过投资于开发可持续材料的初创企业、激励供应商转向可再生能源，以及在关键地区的社区层面为新的可再生能源项目提供直接金融支持				

① 赢商网 . H&M 集团发行 5 亿欧元可持续发展债券 获得 7.6 倍超额认购［EB/OL］.（2021-02-23）［2021-10-23］. http://news.winshang.com/html/068/1560.html.

② 赢商网 . CHANEL 发行 6 亿欧元债券 将用于可持续发展和环保目标［EB/OL］.（2020-09-27）［2021-08-30］. http://news.winshang.com/html/067/6911.html.

Ahold Delhaize 零售集团①

Ahold Delhaize 零售集团于 2021 年 3 月宣布发行其首只可持续发展挂钩债券，有助于集团加快实现其在健康和可持续发展路线图中设定的 ESG 目标，详见表 12.9：

表 12.9 Ahold Delhaize 零售集团可持续发展挂钩债券信息

项目	发行时间	规模	期限	年利率
	2021 年 3 月 11 日	6 亿欧元	2030 年 3 月 18 日	0.375%（按面值 99.63% 价格发行）
SPT	1. 范围 1 和范围 2 的二氧化碳当量排放量比 2018 年基线减少 29%			
	2. 以 2016 年为基准，食物浪费减少 32%			

Lafarge Holcim 建筑集团②

Lafarge Holcim 建筑集团于 2020 年 11 月发行建筑材料行业的首笔可持续发展挂钩债券，确认其在该行业可持续发展的领导地位，详见表 12.10：

① Sustainalytics Company. Second-Party Opinion：Ahold Delhaize Sustainability-Linked Bond Framework［EB/OL］.（2021-03-03）［2021-09-21］. https://www.aholddelhaize.com/media/10573/ahold-delhaize-sustainability-linked-bond-second-party-opinion-final.pdf.
Ahold Delhaize. Ahold Delhaize successfully priced its inaugural Sustainability-Linked Bond［EB/OL］.（2021-03-11）［2021-08-26］. https://www.aholddelhaize.com/news/ahold-delhaize-successfully-priced-its-inaugural-sustainability-linked-bond/.

② Lafarge Holcim. SUSTAINABILITY-LINKED FINANCING FRAMEWORK［EB/OL］.（2020-11）［2021-09-13］. https://www.holcim.com/sites/holcim/files/atoms/files/lafargeholcim_sustainability_linked_f inancing_framework_2020.pdf.

表 12.10　Lafarge Holcim 建筑集团可持续发展挂钩债券信息

项目	发行时间	规模	期限	年利率
	2020 年 11 月 17 日	8.5 亿欧元	2031 年	0.5%
SPT	到 2030 年，Lafarge 将： 1. 加快使用 ECO Pact、Susteno 等低碳和碳中和产品； 2. 回收 1 亿吨废旧副产品用于能源和原材料的再利用； 3. 扩大煅烧黏土的使用范围，开发具有新型黏合性的新型水泥； 4. 达到每吨水泥凝胶材料 475 净二氧化碳排放			

结构性绿债产品

法巴银行于 2014 年 2 月在亚太地区发行了其第一只权益挂钩的绿色债券，期限为 7 年。所得收益将用于开展多边环境项目，重点支持具有良好社会责任记录的企业和特定的气候友好型项目。

该债券已在全球筹资超过 70 亿美元，并已向欧洲的零售投资者广泛提供。发行负责人 Bennett 表示，这只绿债产品的最低购买门槛与之前发行的类似，零售投资者价格为 113 美元，非零售投资者价格为 10 万美元。①

① Su Chin Zhang. BNPP to launch first equity-linked green bond in Asia［EB/OL］.（2015-02-12）［2021-09-10］. https://www.structuredretailproducts.com/news/details/20280.

气候意识债券

欧洲投资银行（EIB）较早进入绿色债券市场并自 2007 年以来发行了“气候意识债券”。发行的债券用于欧洲投资银行领导的可再生能源和能源效率领域的项目。以下列出了 EIB 发行的一系列“气候意识债券”[①]：

- 2010 年 5 月：3 亿欧元（约合人民币 20 亿），但发行货币为澳元和南非兰特；
- 2012 年 11 月：7.5 亿瑞典克朗（约合人民币 54 亿）票据期限 11 年；
- 2013 年 7 月：6.5 亿欧元（约合人民币 43 亿）票据期限 6 年；
- 2013 年 9 月：2.5 亿欧元（约合人民币 16 亿）到期日至 2019 年 11 月；
- 2014 年 1 月：3.5 亿瑞典克朗（约合人民币 22 亿）票据期限 11 年；
- 2014 年 1 月：再次发行 3.5 亿欧元（约合人民币 23 亿）到期日

① BNP PARIBAS. The European Investment Bank and BNP Paribas Announce Launch of New Climate Awareness Product [EB/OL] . (2015-11-23) [2021-09-26] . https://group.bnpparibas/en/press-release/european-investment-bank-bnp-paribas-announce-launch-climate-awareness-product.

至 2019 年 11 月；

- 2014 年 10 月：10 亿美元（约合人民币 63 亿）票据期限 10 年；
- 2015 年 2 月：4 亿欧元（约合人民币 26 亿）票据期限 5 年。

附　录

相关政策

一、绿色信贷相关政策文件

序号	日期	文件名称	发文字号
1	1995.2.6	《关于贯彻信贷政策与加强环境保护工作有关问题的通知》	银发〔1995〕24 号
2	2007.7.18	《关于落实环境保护政策法规防范信贷风险的意见》	环发〔2007〕108 号
3	2007.11.23	《节能减排授信工作指导意见》	银监发〔2007〕83 号
4	2008.5	《绿色信贷环保指南》（原环保部）	—
5	2012.2.24	《绿色信贷指引》	银监发〔2012〕4 号
6	2013.2.7	《关于绿色信贷工作的意见》	银监办发〔2013〕40 号
7	2013.7.4	《关于报送绿色信贷统计表的通知》	银监办〔2013〕185 号
8	2014.6.27	关于印发《绿色信贷实施情况关键评价指标》的通知	银监办〔2014〕186 号
9	2015.1.13	《能效信贷指引》	银监发〔2015〕2 号
10	2015.9.21	《生态文明体制改革总体方案》	中发〔2015〕25 号
11	2016.8	《关于构建绿色金融体系的指导意见》	银发〔2016〕228 号
12	2017.12.26	《中国银行业绿色银行评价实施方案》	银协发〔2017〕171 号
13	2018.1.5	《关于建立绿色贷款专项统计制度的通知》	银发〔2018〕10 号

续表

序号	日期	文件名称	发文字号
14	2018.7.27	《银行业存款类金融机构绿色信贷业绩评价方案》	银发〔2018〕180 号
15	2019.2.14	《绿色产业指导目录（2019 年版）》	发改环资〔2019〕293 号
16	2019.12.30	《关于修订绿色贷款专项统计制度的通知》	银发〔2019〕326 号
17	2020.6.9	《关于绿色融资统计制度有关工作的通知》	银保监办便函〔2020〕739 号
18	2021.2.22	《国务院关于加快建立健全绿色低碳循环发展经济体系的指导意见》	国发〔2021〕4 号
19	2021.2.24	《关于引导加大金融支持力度　促进风电和光伏发电等行业健康有序发展的通知》	发改运行〔2021〕266 号
20	2021.5.27	《银行业金融机构绿色金融评价方案》	银发〔2021〕142 号
21	2021.12.8	《关于振作工业经济运行　推动工业高质量发展的实施方案的通知》	发改产业〔2021〕1780 号
22	2022.6.1	《银行业保险业绿色金融指引》	银保监发〔2022〕15 号

二、绿色债券相关政策文件

序号	日期	文件名称	发文字号
1	2015.12.22	《关于在银行间债券市场发行绿色金融债券的公告》	中国人民银行公告〔2015〕39 号
2	2015.12.31	《绿色债券发行指引》	发改办财金〔2015〕3504 号
3	2016.3.16	《关于开展绿色公司债券试点的通知》	上证发〔2016〕13 号
4	2017.3.2	《中国证监会关于支持绿色债券发展的指导意见》	证监会公告〔2017〕6 号

续表

序号	日期	文件名称	发文字号
5	2021.4.2	《绿色债券支持项目目录（2021 年版）》	银发〔2021〕96 号
6	2021.5.27	《银行业金融机构绿色金融评价方案》	银发〔2021〕142 号
7	2022.7.29	《中国绿色债券原则》绿色债券标准委员会公告	〔2022〕第 1 号

三、绿色保险相关政策文件

国家文件

序号	日期	文件名称	发文字号
1	2016.8.23	《中国保险业发展“十三五”规划纲要》	保监发〔2016〕7 号
2	2016.9.1	《关于构建绿色金融体系的指导意见》	银发〔2016〕228 号
3	2019.12.30	《关于推动银行业和保险业高质量发展的指导意见》	银保监发〔2019〕52 号
4	2021.2.22	《关于加快建立健全绿色低碳循环发展经济体系的指导意见》	国发〔2021〕4 号
5	2021.10.24	《2030 年前碳达峰行动方案》	国发〔2021〕23 号
6	2021.11.10	《国务院办公厅关于鼓励和支持社会资本参与生态保护修复的意见》	国办发〔2021〕40 号
7	2022.6.1	《银行业保险业绿色金融指引》	银保监发〔2022〕15 号

地方文件

序号	日期	文件名称	发文字号
1	2017.6.23	《浙江省湖州市、衢州市建设绿色金融改革创新试验区总体方案》	银发〔2017〕153 号

续表

序号	日期	文件名称	发文字号
2	2017.6.23	《新疆维吾尔自治区哈密市、昌吉回族自治州和克拉玛依市建设绿色金融改革创新试验区总体方案》	银发〔2017〕155 号
3	2017.6.23	《江西省赣江新区建设绿色金融改革创新试验区总体方案》	银发〔2017〕157 号
4	2017.6.30	《关于自治区构建绿色金融体系的实施意见》	新政办发〔2017〕132 号
5	2017.7.10	《广州市花都区支持绿色金融和绿色产业创新发展若干措施》	花办发〔2017〕27 号
6	2018.1.8	《湖州市人民政府关于环境污染责任保险工作的实施意见》	湖政发〔2017〕54 号
7	2018.5.30	《贵安新区关于开展环境污染强制责任保险试点工作方案》	黔贵安管办函〔2018〕49 号
8	2018.7.5	《贵安新区绿色金融改革创新试验区建设实施方案》	黔贵安管办发〔2018〕20 号
9	2018.10.10	《关于深入推进绿色金融服务生态环境高质量发展的实施意见》	苏环办〔2018〕413 号
10	2019.11.28	《甘肃省兰州新区建设绿色金融改革创新试验区总体方案》	—
11	2020.1.7	《花都区支持绿色金融创新发展实施细则》	花府办规〔2020〕1 号
12	2020.10.1	《兰州新区绿色金融发展奖励政策（试行）》	—
13	2020.4.22	《广州市黄埔区广州开发区促进绿色金融发展政策措施》	穗埔府规〔2020〕11 号
14	2021.5.31	《兰州新区国民经济和社会发展第十四个五年规划和 2035 年远景目标纲要》	—
15	2021.5.7	《关于银行业保险业推进绿色金融发展的指导意见》	闽银保监发〔2021〕91 号
16	2021.7.27	《江西保险业加快发展绿色保险的指导意见》	赣银保监发〔2021〕12 号
17	2021.10.8	《河北银保监局关于银行业保险业 发展绿色金融　助力碳达峰碳中和目标 实现的指导意见》	冀银保监发〔2021〕32 号

续表

序号	日期	文件名称	发文字号
18	2021.11.10	《关于推进青岛辖区绿色金融发展与支持黄河流域生态保护的指导意见》	青银保监发〔2021〕30号

四、绿色基金相关政策文件

序号	日期	文件名称	发文字号
1	2011.10	《国务院关于加强环境保护重点工作的意见》	国发〔2011〕35号
2	2015.5	《关于在公共服务领域推广政府和社会资本合作模式的指导意见》	粤府办〔2015〕44号
3	2015.9	《生态文明体制改革总体方案》	中发〔2015〕25号
4	2016.8	《关于构建绿色金融体系的指导意见》	银发〔2016〕228号

五、绿色租赁相关政策文件

序号	日期	文件名称	发文字号
1	2012.2.24	《绿色信贷指引》	银监发〔2012〕4号
2	2013	《绿色信贷统计制度》	银监办发〔2013〕185号
3	2016.8.31	《关于构建绿色金融体系的指导意见》	银发〔2016〕228号
4	2018.1.5	《关于建立绿色贷款专项统计制度的通知》	银发〔2018〕10号

续表

序号	日期	文件名称	发文字号
5	2018.5.8	《商务部办公厅关于融资租赁公司、商业保理公司和典当行管理职责调整有关事宜的通知》	商办流通函〔2018〕165号
6	2019.2.14	《绿色产业指导目录（2019年版）》	发改环资〔2019〕293号
7	2020.3.23	《非银行金融机构行政许可事项实施办法》	中国银行保险监督管理委员会令〔2020〕6号
8	2020.5.26	《融资租赁公司监督管理暂行办法》	银保监发〔2020〕22号
9	2020.7	《关于绿色融资统计制度有关工作的通知》	银保监办便函〔2020〕739号

六、碳金融相关政策文件

序号	日期	文件名称	发文字号
1	2020.12.30	关于印发《2019—2020年全国碳排放权交易配额总量设定与分配实施方案（发电行业）》《纳入2019—2020年全国碳排放权交易配额管理的重点排放单位名单》并做好发电行业配额预分配工作的通知	国环规气候〔2020〕3号
2	2021.1	《碳排放权交易管理办法（试行）》	生态环境部令第19号
3	2021.5.17	关于发布《碳排放权登记管理规则（试行）》《碳排放权交易管理规则（试行）》和《碳排放权结算管理规则（试行）》的公告	生态环境部公告2021年第21号
4	2021.6.1	《绍兴市碳排放权抵押贷款业务操作指引》	绍银发〔2021〕53号

七、可持续金融相关产品政策文件

序号	日期	文件名称	发文字号
1	2015.1.13	《能效信贷指引》	银监发〔2015〕2号
2	2015.4.25	《中共中央国务院关于加快推进生态文明建设的意见》	中发〔2015〕12号
3	2015.12.31	《推进普惠金融发展规划（2016—2020年）》	国发〔2015〕74号
4	2016.8.31	《关于构建绿色金融体系的指导意见》	—
5	2021.2.22	《关于加快建立健全绿色低碳循环发展经济体系的指导意见》	国发〔2021〕4号
6	2021.4.9	《2021年银行业保险业高质量服务乡村振兴的通知》	银保监办发〔2021〕44号
7	2021.4.11	《关于2021年银行业保险业高质量服务乡村振兴的通知》	银保监办发［2021］44号
8	2021.7.1	《四川银行业保险业高质量服务乡村振兴的指导意见》	—
9	2021.7.22	《关于新时代推动中部地区高质量发展的意见》	—
10	2021.8.9	《浙江银行业保险业支持“6+1”重点领域　助力碳达峰碳中和行动方案》	—
11	2021.8.19	《江西保险业加快发展绿色保险的指导意见》	赣银保监发〔2021〕12号

后 记

习近平主席提出“在 2030 年前实现碳达峰，并力争在 2060 年前实现碳中和”的目标，既是对全球共同积极应对气候变化的重大承诺，也为我国经济社会向绿色低碳与可持续发展模式转型提供了新动能。在落实“双碳”目标的过程中，经济增长模式与路径将产生深刻的变化，绿色金融是金融业与产业绿色转型的桥梁。

发展绿色金融既是推动我国碳达峰、碳中和目标实现的内在要求，也是金融机构自身实现低碳管理目标、有效管理环境和气候风险、抓住绿色转型投资机遇的必要手段。

此为绿金中心《绿色金融》系列书籍第一册《绿色金融：政策与产品》，在编辑整理过程中，诚挚感谢鞠建东教授的指导，衷心感谢康瑾龙、姚百惠、石家豪、吴越、张静依、邵丹青、徐稼轩、祝韵、伍可枫对本书的重要贡献，特别感谢徐薇、王梓瑶、吴初屏、郭冬妍、汪旖、刘怡彤等人参与编写，感谢孙天印与王博璐博士对本书提出的宝贵修改意见。本书从创意到编辑成册，还要特别感谢张欣老师所做的贡献。我们期望本书能够帮助关注和支持绿色金融的同仁及朋友们了解绿色金融知识，加强绿色金融能力建设，推进绿色金融研究和实践的发展，推动产品创新，在实践中不断迭代，实现绿色金融产品对低碳发展的促进作用，为我国实现绿色可持续发展与“双碳”目标尽绵薄之力！

由于时间和水平有限，书中疏漏之处在所难免，敬请读者不吝指正，待再版时予以补充修订！

清华大学国家金融研究院

绿色金融研究中心

2022 年 8 月